UITWAAIEN

Boekverzorging Villa Grafica

ISBN 978 94 6381 000 5

www.uitgeverijpodium.nl

DAPHNE DECKERS

UITWAAIEN

Geluk dicht bij huis

DAPHNE DECKERS X PODIUM

INHOUD

UITWAAIEN

Geluk dicht bij huis

Een positief boek over Nederland, daar had ik zin in. Er is zoveel gebeurd – en tegelijkertijd zo weinig – dat ik behoefte had aan een frisse blik. Een nieuwe start. Niet steeds terugdenken aan hoe het was, maar waarderen wat er ís.

Het blijft wonderlijk, hoe snel ons leven is veranderd. In januari 2020 waren er méér Nederlanders aan het werk dan ooit tevoren. De rente was laag, het vertrouwen hoog, de economie draaide als een zonnetje. En toen kwam corona. We weten allemaal hoe het verder ging: de patiënten, de faillissementen, de langdurige onzekerheid. Tijdens de eerste lockdown ontstonden er veel mooie dingen: hulpinitiatieven schoten uit de grond; er was veerkracht en gemeenschapszin. Maar het jaar was lang, het culturele leven schraal, het toekomstperspectief onduidelijk. Het verplichte thuiszitten bleek niet zelden een beproeving: de keukenvloer werd de werkvloer en kinderen moesten letterlijk en figuurlijk bij de les worden gehouden. Vóór corona waren er steeds meer mensen die het belang van een *digital detox* begonnen in te zien, maar nu waren we méér online dan ooit tevoren.

De tweede lockdown hebben we uitgezeten met een hoopgevende stip aan de horizon: het vaccineren was begonnen. Maar hoelang gaat het allemaal nog duren? We weten het niet. Ik heb me er inmiddels bij neergelegd dat we heel veel niet weten. Het 'maakbare leven' blijkt helemaal niet

te bestaan. O, wat was er voorheen veel dat je had willen hebben. Maar geluk blijkt nu vooral te bestaan uit willen wat je hebt. En wat hébben we in Nederland veel.

Ik heb eens iemand horen zeggen dat de meeste mensen reizen om in het buitenland te gaan bekijken wat ze thuis over het hoofd zien. Dat zette mij aan het denken: wat zien wij in Nederland over het hoofd? Zou je hier ook het onverwachte kunnen vinden, het weidse, het bijzondere – rust in een onrustige wereld? Ik had zo'n behoefte aan iets positiefs dat ik besloot een feelgoodlijstje te maken van alles wat ik leuk vind aan Nederland. Waar kom ik graag, waar zijn vrienden van mij geweest, wat wil ik zeker nog eens zien? Het journaal werd steeds somberder, maar mijn vrolijke lijstje werd steeds langer. Ik besloot een boek te schrijven over allerlei mooie en bijzondere dingen die er nog wél zijn. Dingen waar we eerder misschien een beetje overheen hebben gekeken, en hoe we daar geluk en gezelligheid in kunnen vinden.

Natuurlijk is het lang niet compleet, maar ik moest ergens beginnen. Bij het Nederlandse ontbijt bijvoorbeeld, dat met afstand het meest feestelijke ontbijt van de wereld is. Of bij onze liefde voor drop en de geschiedenis van het Haagse hopje. We hebben meer regen dan zon, meer fietsen dan inwoners en meer adembenemende natuur dan ik me ooit heb gerealiseerd. Ik wilde vertellen over het genot van stroopwafels en carnaval, over *Dutch design*, diversiteit en duurzaamheid. Over de Hollandse meesters, de oude én de nieuwe, en over verrassende Nederlandse uitvindingen, van de microscoop tot de oliebol, de moeder van alle donuts. Nederland is een gek land: als het nauwelijks tien graden is, gooien autorijders hun cabriodak al open. We hebben verjaardagkalenders op het toilet, bitterballen bij de borrel en alles met ananas noemen we 'Hawaï'.

En dan is er nog uitwaaien, een oer-Hollands begrip dat zich nauwelijks in een andere taal laat vertalen maar waarvan wij precies weten wat het is. Uitwaaien heeft menigeen door de coronatijd geholpen: even een frisse neus halen, een lekker stuk wandelen door weer en wind. Want wat er ook dichtgaat, de natuur blijft altijd open. Ik hoop dat dit boek je zal verleiden tot een leven in een lagere versnelling maar met een hoger geluksquotiënt, met fietsen, schaatsen, bloemen, veel *family time* en natuurlijk de Nederlandse keuken: wars van franje maar mét een kuiltje jus. Geniet van ieder jaargetijde, *go with the slow*, en laat je inspireren door de wijze woorden van Godfried Bomans: 'Het ware geluk is thuis te leven alsof men op vakantie is.'

Daphne Deckers, januari 2021

PS Ik heb dit boek grotendeels tussen de twee lockdowns geschreven, waardoor sommige formuleringen uit een andere tijd komen: de musea waren toen bijvoorbeeld gewoon open. Hopelijk gaat het nu snel weer de goede kant uit en kunnen we binnen afzienbare tijd weer genieten van alles wat Nederland te bieden heeft.

1

THUIS

Rustig wakker worden

Wat is het toch heerlijk om wakker te worden in Nederland: het ruisen van de bomen, het kwetteren van de vogeltjes, en de bladblazer van de buurman. Wij wonen in het dichtstbevolkte land van Europa, dus rustmomenten lijken soms ver te zoeken. Toch zijn ze dichterbij dan je denkt. Neem het ontbijt: het ideale moment om in alle rust je dag op te starten. Nederlanders hebben altijd graag samen aan de ontbijttafel gezeten; bijna iedereen is ermee opgegroeid. Ontbijten geeft niet alleen structuur aan je dag; het is ook een gezellig begin, een ritueel ijkpunt voordat iedereen alle kanten opstuift. Maar de laatste jaren is er een beetje de klad in gekomen. Veel forenzen halen onderweg naar hun werk een broodje bij de pomp, nemen een snelle hap op het station of kopen ergens een slurpyoghurt.

Als ik vroeger in Amerikaanse films en tv-series zag hoe iedereen 's ochtends de deur uit ging om ergens op straat een beker koffie te gaan halen, dacht ik: gelukkig hoeven wij dat niet; wij kunnen zélf een goed bakkie zetten. Maar wat denk je? Door de internationalisering zijn we er vrolijk aan mee gaan doen. Millennials zagen op hun stedentrips hoe kosmopolitische wereldburgers buiten de

Volgens het Rijksinstituut voor Volksgezondheid en Milieu drinkt de Nederlander ruim vier koppen koffie per dag en zo'n 190 liter per jaar; daarmee zijn wij één van de grootste koffiedrinkers van Europa.

deur ontbijten (wat velen van hen doen omdat ze geen volwaardige keuken in hun appartementje hebben) en dachten: dat kunnen wij ook. Dus daar kwamen de Nederlandse ontbijttentjes met de granola bowls, de havermout-chiapuddingen en de pannenkoeken met sojamelk. Hartstikke lekker, niks mis mee. Maar als je wat vaker je rust wilt pakken, zou je deze dingen ook thuis kunnen eten.

Tijdens de corona-crisis leidde de maandenlange stilstand van het woon-werkverkeer tot een hernieuwde kennismaking met het thuisontbijt. Ik zag vrienden hun eigen brood bakken, Bircher muesli maken en home made granola roosteren. Er kwamen tutorials hoe je je favoriete Starbucks-koffie thuis

De 29-jarige Nederlandse koopmanszoon Pieter van den Broecke bracht in 1617 vanuit Jemen als eerste een koffieplant naar Europa. Het 'zwarte water', zoals koffie destijds werd genoemd, was hier erg populair maar Arabische plantage-eigenaren verkochten alleen bonen: om hun handel te beschermen mocht geen enkele koffieplant de regio verlaten. Van den Broecke kocht een grote lading bonen in de stad Mokka, maar in de nacht vóór vertrek klom hij over de plantagemuur en stal daar met gevaar voor eigen leven een aantal stekjes. Zo is de koffieplant naar Europa gekomen. Van daaruit werd hij door Fransen en Portugezen over de rest van de wereld verspreid.

kon namaken (met véél karamelsiroop) en hoe je een fotowaardige chia-bowl in elkaar moest draaien. Toen we allemaal wat langer thuis zaten en er niet veel leuks meer was om naar uit te kijken en we het bijzondere in het gewone moesten gaan vinden, zag ik ook een herwaardering van het wat meer traditionele Nederlandse ontbijt. Was het een hunkering naar de veiligheid van vroeger? Of was het gewoon een gedoe geworden om speciale ingrediënten in huis te halen?

Hoe langer de lockdown duurde, hoe meer zin ik kreeg in een niet te ingewikkelde bruine boterham met kaas. Eitje erbij. Zelfs de klassieke eiersnijder kwam weer onder uit de la. Én ik at boterhammen met hagelslag. Kwinkslag, chocovlokken, vlokfeest – onze ontbijtstrooisels worden door toeristen niet zelden met verbazing bekeken: is dat allemaal chocolade? Voor op je brood? Jazeker. De allereerste hagelslag werd in 1936 geproduceerd en sindsdien is het strooisel fier op onze ontbijttafels blijven staan. Mijn dochter Emma woont in Los Angeles en ik vind het grappig te zien dat hagelslag daar alleen als taartdecoratie wordt verkocht. Amerikanen eten echt álles

Een boterham met tevredenheid: Volgens de Monitor Brede Welvaart 2020 (CBS) is en blijft Nederland nummer één in de EU als het gaat om 'tevredenheid met het leven'.

– maar dat dan weer niet? Ze weten niet wat ze missen. Eén van de eerste dingen die ik wil eten nadat ik langere tijd in het buitenland ben geweest, is een boterham met roomboter en hagelslag. Daar wordt een mens toch gelukkig van? Het is niet de meest verantwoorde ontbijtkeuze (ik zei vroeger tegen mijn kinderen dat ze zelf mochten strooien, maar alles wat niet aan een omgedraaide boterham bleef plakken, was te veel) maar een crisis buiten de deur is een goed excuus voor een feestje op je bord.

De bedoeling is dat je een beetje balans in je ontbijt probeert aan te brengen. Of dat Brinta is met plakjes banaan en basterdsuiker, of avocado-toast met een gepocheerd ei – dat is helemaal aan jou. Probeer het thuis ontbijten erin te houden, ook als je weer gaat forenzen. Het loont écht de moeite er een kwartiertje eerder voor op te staan. Een rustig ontbijt waarbij je de tijd neemt om te gaan zitten, is beter voor het opstarten van lichaam en geest. Wanneer je lopend eet, registreert je lichaam dat minder als voeding waardoor de kans bestaat dat je méér eet en toch met een minder verzadigd gevoel blijft zitten. Samen ontbijten beïnvloedt bovendien je stemming: vaste rituelen bieden rust en gezelligheid, en dragen bij aan je geluksgevoel. Zie het als een aangenaam startpunt vóór de dagelijkse drukte van lange files en volle treinen. Met een thuisontbijt begint iedere dag in jóúw tempo. Tik een eitje, zet een lekkere pot koffie, en neem de tijd om te genieten.

Christa Bruggenkamp (30) studeerde Visual Art en Designmanagement, maar besloot na haar studie molenaar te worden. In het Friese Witmarsum runt zij onder de naam 'mevrouw de molenaar' korenmolen De Onderneming, waar ze ieder weekend verse broden en andere ambachtelijke lekkernijen bakt. Tijdens de corona-crisis creëerde ze zoete broodjes die ze 'moedhoudertjes' noemde.

TIP

Wanneer je in een Engelstalig land een wentelteefje wilt bestellen, is het goed te weten dat het daar *French toast* heet, en niet *turn-around-bitch*.

'Deel je brood en het smaakt beter; deel je geluk en het wordt groter.'

PATER EN SCHRIJVER PHIL BOSMANS

Weet je wat ik ook mis als ik in het buitenland ben? Het Nederlandse brood. Tijgerbrood, oerbrood, maanzaadbolletjes, spelt – er is veel heerlijks om uit te kiezen. Vezelrijk brood bij je ontbijt is makkelijk, smaakvol en gezond, en de langzame koolhydraten zijn goed voor je bloedsuikerspiegel. Eén van mijn ontbijtfavorieten is het wentelteefje; een klassieker die in een Nederlandse tekst uit 1623 al bij naam wordt genoemd. Het werd vroeger vooral van oud brood gemaakt; dat heeft vast iets mee te maken gehad met de Hollandse aversie tegen verspilling. Een wentelteefje is één van de lekkerste (en snelste) ontbijtgerechten die je kunt maken, en ook nog eens favoriet bij kinderen.

Nu ik toch aan het opscheppen ben: hoe lekker is de Nederlandse kaas? Tot in alle uithoeken van de wereld kennen ze Gouda en Edammer, maar er zijn uiteraard veel meer soorten. Dat we ervan houden is duidelijk: de gemiddelde Nederlander eet 20 kilo kaas per jaar. Het allerlekkerst vind ik een vers gesneden, opgerold plakje van de kaasboer. Ook kaas uit het vuistje kan een echte delicatesse zijn. Het *seventies* partyhapje van een blokje kaas met een stukje ananas of mandarijn is niet voor niets helemaal retro – al zetten we er geen whiskyglas met sigaretten meer naast.

Wat staat er verder op de Nederlandse ontbijttafel? Zuivel. Elke supermarkt heeft een wand met zuivelproducten die je bijna nergens anders tegenkomt. Melk, karnemelk en yoghurt kennen de meeste landen, maar wij zetten nog een tandje bij met een overvloed aan drink-, room- en slurpyoghurt, allerlei soorten kwark en pudding en natuurlijk vla: gele vla, hopjesvla, slagroomvla, chocoladevla... er lijken iedere dag creaties bij te komen. Wist je dat het eten van al die zuivel medeverantwoordelijk is voor het feit dat wij tot de langste mensen ter wereld behoren? Wanneer er in een land voornamelijk plantaardige eiwitten worden gegeten, zijn de inwoners minder lang dan wanneer er meer dierlijke eiwitten worden geconsumeerd. Omdat Nederlanders van oudsher veel zuivel eten, zijn we behoorlijk uit de kluiten gewassen.

Een van onze grappigste culinaire gewoontes vind ik om alles met ananas 'Hawaï' te noemen. Nederlanders eten graag tosti's; ze horen samen met raketjes en snoepzakjes bij de standaarduitrusting van iedere sportkantine. De klassieke tosti maak je van twee gegrilde boterhammen met ham en kaas. Met een plakje ananas wordt het een tosti Hawaï. Een pizza met stukjes ananas is een pizza Hawaï. Kerriesaus met stukjes ananas is Hawaï-saus. En een Hawaïburger is een hamburger met een plakje ananas erbovenop. Zo houden we het lekker overzichtelijk.

PAS OP DE PLAATS

Jarenlang zijn velen van ons na het ontbijt meteen de deur uit gevlogen, maar tijdens de corona-crisis moest iedereen pas op de plaats maken. De blik werd naar binnen gericht – en wat hebben we daar gezien? Dat ons onderkomen wel een verfje kon gebruiken. Nederland sloeg massaal aan het klussen; bij de bouwmarkten waren de doe-het-zelf artikelen niet aan te slepen. Het is een heel menselijke reactie: als het buiten onzeker is, zoek je binnen naar rust en evenwicht. Ik heb het zelf ook ervaren: ik heb mijn kasten uitgemest en eindelijk eens wat orde in de chaos gebracht. Onze dochter Emma, die vanuit Amerika naar huis was gekomen, besloot haar oude slaapkamer een frisse, nieuwe kleur te geven. Mijn man Richard ging met onze zoon Alec de zolder opruimen. Ik vond het mooi om te zien hoe overal aan het 'thuisgevoel' werd gewerkt. Want laten we eerlijk zijn: dat was er in ons drukke leven een beetje bij ingeschoten. Zeker toen de kinderen nog tieners waren, voelde het gezinsleven bij mij thuis soms als een busstation waar de lijnen even stil bleven staan, voordat ze ieder weer hun eigen kant op gingen.

De lockdown leidde tot veel minder files en veel meer *family time*, maar na een aantal maanden werd ook duidelijk dat het niet altijd even makkelijk is om in zulke turbulente tijden de rust te bewaren. Het thuiswerken, het schooltje spelen,

'Nu thuis onze wereld is geworden, blijkt het daar veel weidser dan gedacht.'

MIJN BIJDRAGE AAN DE 'MUUR VAN VEERKRACHT', BOEKHANDEL BROEKHUIS TE ENSCHEDE de zorgen om kwetsbare familieleden, de economische onrust, de stress, de ruis – alles liep door elkaar op de plaats waar je juist zou moeten uitrusten: thuis. Geen wonder dat veel werknemers na maanden van Zoom-meetings stonden te springen om te mogen uitzoomen: werk is óók sociaal contact, persoonlijk overleg, ontmoetingen in de gang, een praatje bij de koffieautomaat. Je huis is bovenal je *thuis*, en liever niet een dependance waar de baas mag inloggen om mee te kijken met je werktempo. Juist nu het woon-werkverkeer weer is opgestart en er wordt bekeken in welke vorm we kunnen (of moeten) blijven thuiswerken, is het belangrijk dat we de werkvloer niet zomaar verplaatsen naar de keukenvloer. Als jij het handig vindt: prima. Maar maak goede afspraken. Niet iedereen heeft immers ruimte voor zo'n hippe *workpod* in de tuin. Je eigen huis is geen verlengstuk van kantoor, maar dé plek waar je kunt ontspannen.

Om meer rust in huis te creëren, zou je kunnen beginnen met het opruimen van de belangrijkste kamers. Je huis hoeft heus geen showroom te zijn; het is bedoeld om in te leven en een beetje rommel geeft gezelligheid. Maar feit is: een opgeruimd huis zorgt voor een opgeruimd humeur. Als je even wilt niksen, moet je niet eerst van alles opzij hoeven te schuiven.

Over dat 'niksen' wil ik het trouwens nog even hebben. Het woord kreeg in 2019

Pluspunten van thuiswerken:
geen reistijd, meer productiviteit, minder kantoorruimte nodig, betere concentratie, meer rust voor telefoongesprekken

Minpunten van thuiswerken:
minder goede ergonomische werkomstandigheden, meer nek- en schouderklachten, eventuele aanwezigheid van kinderen en/of partner, 'nooit klaar'-gevoel, weinig contact met collega's, sociale isolatie

Vier op de tien zelfstandig wonende huishoudens woont in een rijtjeshuis. Daarna volgen de vrijstaande woning, de twee-onder-een-kap en het appartement. Veel Nederlanders wonen dus dicht op hun buren. Investeren in een goede verstandhouding met de mensen naast je betaalt zich uit in woongenot, rust en levensgeluk.

BRON: ALLE AFLEVERINGEN VAN DE RIJDENDE RECHTER

opeens internationale allure: volgens het Amerikaanse *TIME Magazine* zou 'het Nederlandse niksen' na het Deense *hygge* en het Zweedse *lagom* zomaar hét nieuwe lifestyle-concept kunnen worden. Want hoe bijzonder was het dat wij niet alleen hard werkten en één van de sterkste economieën ter wereld hadden, maar dat we ook geregeld helemaal níks deden? Nu hebben wij in vergelijking met Amerika heel schappelijke werktijden en behoorlijk wat vrije dagen, maar hoe Nederlands ís niksen eigenlijk?

Er zit een zekere traagheid in het Nederlandse leven, even mooi als melancholiek verwoord in de beroemde dichtregels van Marsman: 'Denkend aan Holland, zie ik breede rivieren traag door oneindig laagland gaan.' Als ik terugkom

Niksen betekent letterlijk: even helemaal niets doen. Laat je geest rustig afdwalen; het maakt niet uit waar je aan denkt, zolang het maar geen doel heeft. Daarvoor hoef je niet te wachten op een vrije dag; pak die adempauze júíst wanneer je het druk hebt, al is het maar tien minuten.

van een reis en het vliegtuig de daling naar Schiphol inzet, word ik er altijd weer blij van: daar ligt het, mijn Nederland. Ik houd van de rechte lijnen in de polders, van het vele water en het heldere groen. Het is een landschap als geen ander; uitgestrekt en open, met wuivende rietkragen en opbollende bloemkoolwolken. Een landschap dat uitnodigt tot rust en reflectie. Nederlanders werken inderdaad hard, maar we hechten ook veel belang aan tijd voor onszelf. Geen enkele Nederlandse stad is als New York, *the city that never sleeps*. Zelfs in Amsterdam kun je na tien uur nergens meer een tafel in een restaurant krijgen. Spanjaarden gaan dan net aan een etentje beginnen, maar wij vinden het al snel mooi geweest. We koesteren onze vrije tijd en het lanterfanten – een woord dat ik persoonlijk leuker vind dan niksen, maar ik begrijp dat *lenterfenten* voor Amerikanen net wat minder *catchy* klinkt. Maar toch, als ik heel eerlijk ben, vermoed ik dat onze ouders beter waren in 'de edele kunst van het nietsdoen' dan wij.
Met onze telefoons hebben we de buitenwereld mee naar binnen genomen: de grenzen van werk en privé waren ook vóór de corona-crisis al behoorlijk vervaagd. Binnen één generatie lijkt ontspanning iets commercieels te zijn geworden dat je online moet kopen (games, tickets, ja zelfs meditatieve downloads) in plaats van iets dat er gewoon ís, gratis en voor niks, zodra

De mooiste dingen
in het leven zijn
geen dingen.

je overal de stekker uit trekt. Laatst las ik ergens de relax-tip: 'Koop een horloge'. Daarmee kon je de tijd zien zonder je telefoon tevoorschijn te halen, dus dat was alweer één afleidingsmoment minder. Als dit een serieus bedoelde tip is, weten we dan nog wel wat echte ontspanning betekent? Tot de komst van covid-19 liep de economie als een trein: in januari 2020 waren méér Nederlanders aan het werk dan ooit tevoren. Wanneer je aan iemand vroeg: 'Hoe gaat het met je?' kreeg je meestal als antwoord: 'Ik heb het heel druk!' Maar zou 'heel druk' een permanente gemoedstoestand moeten zijn? De lockdown heeft onze manier van leven abrupt tot stilstand gebracht. Naast een heleboel stress en economische onzekerheid kwamen er ook voorzichtig sprankjes van bezinning: een geslaagd leven is zeker niet alleen een hyper-productief leven. Meer werken betekent ook niet per definitie meer productiviteit. We leven in een tijd waarin we aangespoord worden om maar door, door, door te gaan. Om méér te kopen, méér te zijn. Maar worden we daar wel echt blij van? Moeten we niet eens dát gaan doen waarvan de Amerikanen dachten dat we het altijd al deden?

Nu we alle zeilen moeten bijzetten om de economie weer aan te zwengelen en iedereen blij is dat-ie nog een baan hééft, voelt het contraproductief om *juist nu* je rust te blijven pakken. Maar af en toe even lekker niksen is niet hetzelfde als je kop in het zand steken. Je hebt rust en verstilling nodig om de signalen te kunnen opvangen die je lichaam je geeft. Net zoals je even moet stoppen met eten zodat je maag zich kan realiseren dat hij vol zit, heeft je hoofd rustmomenten nodig om de overvloed aan informatie (die niet voor niets 'infobesitas' wordt genoemd) te verwerken. Burn-outverschijnselen en stressgerelateerde klachten steken de kop op wanneer mensen te lang doorgaan en de druk te hoog ligt. Iedereen kent het verstikkende gevoel wanneer er geen einde lijkt te komen aan je agenda. Je hele dag, week, jaar is al ingedeeld: nu moet ik dit, straks moet ik dat. Ik gebruik zelf graag het voorbeeld van oplaadbare batterijen: die moet je eerst helemaal laten leeglopen voordat je ze weer kunt opladen – dat is beter voor de

werking en de levensduur. Zou dat niet ook voor mensen gelden? Durf je rust te pakken, juist nu, jezelf af en toe helemaal leeg te laten lopen. Dat is ongetwijfeld ook goed voor ónze werking en levensduur.

Als je het moeilijk vindt om alles uit je handen te laten vallen en helemaal niks te doen, zou je kunnen beginnen met borduren, haken of breien: daar moet je op een ontspannen manier je koppie bij houden, en de repeterende handelingen zijn helemaal zen. Tijdens de lockdown-maanden heb ik met mijn zoon Alec een rijtje Lego-huizen gebouwd: ons 'coronastraatje'. Het was verrassend relaxed om duizenden blokjes in elkaar te klikken; je gaat er zo in op dat je geen tijd hebt om te piekeren. Omdat we heel rustig naast elkaar aan het werk waren, zijn we tot heel mooie gesprekken gekomen. Met mijn man Richard maak ik tijdens de

Hoe doe je dat eigenlijk, niksen? Je hoeft er om te beginnen niet 'goed' in te zijn. Bij meditaties en mindfulness-oefeningen (hoe heilzaam ook) denk ik toch geregeld: doe ik het wel goed? Ben ik genoeg 'in het moment'? Is dit de juiste houding? Om te kunnen niksen hoef je niet op een bepaalde manier te gaan zitten. Je hebt er ook geen speciaal matje voor nodig. Wil je gewoon een beetje op een bankje voor je uit staren? Prima. Waar het om gaat, is dat je je geest durft te laten dwalen. In het begin kan lummelen best vreemd aanvoelen. We zijn zo geconditioneerd om druk en intensief bezig te zijn, dat we zelfs bij veel vormen van ontspanning (zoals hot yoga, spinning of crossfit) nog steeds denken dat we hard moeten werken: 'Dat relaxen moet je met twee handen aanpakken! En die vermoeidheid moet je eruit zweten!' Of... je kunt gewoon even niksen.

vakanties geregeld een grote legpuzzel. Dat klinkt misschien als één stap verwijderd van de bejaardenbingo, maar het is gezellig en rustgevend. Het zoeken naar dat ene stukje is bijna meditatief – én aanstekelijk, want iedereen die langsloopt, doet mee. Pak jij liever een moment voor jou alleen? Ga in bad, zak onderuit op de bank, hang met een kopje koffie over het balkon. Beetje kijken, mijmeren. Het klinkt eenvoudig, en eerlijk gezegd ís het dat ook. Even niet presteren of consumeren, maar naar binnen keren. Moet je eens kijken hoe snel je daaraan went.

REYKJAVÍK

MAAK VAN JE HUIS EEN THUIS

Veel Nederlanders houden van een huis met karakter. We zien graag een oude, houten vloer of een erker, en een woonkamer met lichte muren en een open haard. Geïnspireerd door interieurontwerpers als Piet Boon, Jan des Bouvrie en Marcel Wolterinck combineren we dat met contrasterende moderne elementen, zoals stalen deuren of een stalen pui voor veel licht.

Om thuis goed op adem te kunnen komen, hoeft je interieur helemaal niet hip of duur te zijn. Het gaat om het *gevoel* dat het je geeft. Kies bijvoorbeeld voor een fijne hangbank of makkelijke loungestoelen in kleuren waar je rustig van wordt. Koop liever geen meubels die niet vies mogen worden; dat staat haaks op gemak en gezelligheid. Tweedehands meubels winnen snel aan populariteit; er komen steeds meer winkels en sites waar je mooie exemplaren kunt kopen. Gebruikte meubels zijn vaak uniek en karakteristiek; je haalt er 'leven' mee in huis.

De gratis Kringloop-app laat je de locaties zien van de ruim 900 kringloopwinkels in Nederland.

Natuurlijke materialen zoals hout zorgen niet alleen voor een ontspannen, geaarde *vibe*; ze

Nederlanders zijn dol op het sfeerlicht van kaarsen: we verbranden per persoon gemiddeld maar liefst 3,3 kilo kaarsen per jaar. Daarmee behoren we bij de grootverbruikers van Europa.

vormen ook een tegenwicht voor alle technologie waarmee we worden omringd. Een aaibaar vloerkleed en zachte kussens in verschillende maten en texturen stellen je in staat knusse hoekjes te creëren, zodat je overal met een kopje thee kunt gaan zitten. De meeste sfeer creëer je met warm, indirect licht: liever geen felle plafondspotjes die recht naar beneden schijnen maar dimlicht, wandlampen en schemerlampen. Probeer 'blauw' licht van computers, touchscreens en displays zo veel mogelijk uit het zicht te houden: het houdt je wakker en alert, terwijl je thuis juist wilt relaxen.

Weet je wat ook bijdraagt aan de rust in huis en een goed binnenklimaat? Kamerplanten. Ze filteren niet alleen de lucht en zetten CO_2 om in zuurstof, maar doen ook wonderen voor je humeur: door er alleen al naar te kijken, herstel je sneller van werkstress en overbelasting. Eén groene plant kan de sfeer in huis al veranderen; meerdere, weelderige planten in verschillende kamers geven een 'geworteld' gevoel.

Geluk is niet het grootste, het meest spannende of bijzondere. Geluk is vooral het kleine, het alledaagse, het sociale.

Als ik 's avonds mijn hond uitlaat, neem ik vaak een ongegeneerd kijkje in de verlichte woonkamers waar ik langsloop. Gordijnen? Daar doen we niet aan. Ze hangen er wel, maar tot verbazing van buitenlandse bezoekers gaan ze maar zelden dicht. Tijdens het Amsterdam Light Festival zat ik met Richard in een rondvaartboot. Terwijl we 's avonds door de grachten voeren, kon je in bijna alle huizen naar binnen kijken: mensen stonden te koken, keken tv, werkten nog wat achter een bureau. 'Hebben ze hier nergens gordijnen?' vroeg de Engelssprekende vrouw vóór ons aan haar

Iedere kamerplant heeft zijn eigen talent. Bamboepalm en philodendron hebben bijvoorbeeld luchtfilterende eigenschappen, terwijl een hortensia veel kan bijdragen aan een goede luchtvochtigheid in huis. Vraag bij het tuincentrum eens naar de gezonde eigenschappen van verschillende planten.

man. Het was mij eerlijk gezegd niet eens opgevallen; het is hier zo normaal. Juist omdát je overal licht ziet branden, zijn de grachten zo sprookjesachtig om doorheen te varen. Nederland is een open land, op alle fronten. Mensen vinden het zelden een probleem als ik wandelend met de hond even bij ze naar binnen kijk; vaak zwaaien ze zelfs naar me: 'Kijk maar, hoor. Ik heb niks te verbergen. Ik zit lekker op mijn bank te niksen.'

Nederland herbergt maar liefst 1,5 miljoen honden en 2,9 miljoen katten.

Een huisdier maakt van ieder huis een thuis. Mijn vader, een echte dierenliefhebber, zei altijd: 'Een hond is een paracetamol op pootjes.' Alleen al hun kwispelende aanwezigheid maakt je gelukkig: is er ooit iemand zó blij je te zien? Het hebben van een hond is ook gezond: je gaat een paar keer per dag een lekker stuk wandelen en wanneer je een hond aait, gaan je hartslag en je bloeddruk omlaag. Je kunt natuurlijk ook een kat, een cavia of een kaketoe aaien: alle dieren brengen

rust en gezelligheid. Ze worden iedere dag blij wakker, kennen geen wrok en oordelen niet. Huisdieren geven niks om spullen of uiterlijkheden; ze houden onvoorwaardelijk van je, en nemen je zoals je bent. Honden en katten weten van nature hoe ze moeten niksen: geef ze één streepje zon, en ze gaan er vol overgave in liggen.

Wanneer je thuiskomt uit je werk is het een goed idee om je meteen om te kleden: door makkelijke kleren aan te trekken creëer je een omslagpunt waarbij je het kantoorgebeuren aflegt en in de huismodus raakt. Probeer filestress buitenshuis al van je af te laten glijden. Dat is niet altijd even makkelijk, maar je geliefde is geen kliko waar je al je frustraties in kunt dumpen. Bij thuiskomst val je niet zelden midden in de avondspits: kinderen hangen aan je been, de hond wil eruit, er moet gekookt worden en er ligt een stapel post met nieuwe rekeningen. Toch loont het de moeite om eerst een moment voor jezelf te nemen zodat je niet van de ene opgejaagde situatie in de andere stapt. Misschien kun je hierbij geholpen worden door je partner, waarbij je elkaar de ruimte geeft even op adem te komen. Al zet je maar een kopje koffie voor jezelf om daarna rustig tien minuten uit het raam te staren. Luister naar de regen op het dak, een hond die blaft in de verte of de wind die de bomen doet ruisen. Laat het denken even los en probeer alleen maar te *zijn*. Het gebonk op de deur en het bijbehorende: 'Mamaaa, wat eten we?' komt snel genoeg.

DE NEDERLANDSE KEUKEN

In vergelijking met de Franse of Italiaanse keuken is de Nederlandse keuken niet bijzonder verfijnd. We zijn een volk van groente, vlees en aardappelen – al zijn die aardappelen niet bepaald Nederlands: ze zijn hier eind zeventiende eeuw door de Spanjaarden naartoe gebracht. Zij hadden het gewas op hun beurt weer in Zuid-Amerika opgeduikeld. Wat zijn dan wél typisch Nederlandse gerechten? Draadjesvlees. Een gehaktbal met rode kool. Spruitjes met uitgebakken spekjes. Of zijn het toch de hutspot en de stamppot andijvie met het kuiltje jus? Een groep Nederlandse chef-koks heeft zich ten doel gesteld onder de naam *New Dutch Cuisine* de vertrouwde en klassieke Nederlandse gerechten in een nieuw jasje te steken. Deze herwaardering van streekproducten valt samen met de trend om eten te bereiden met lokale ingrediënten: producten die uit de buurt komen zijn kakelvers en hebben een lagere klimaatbelasting.

Koken is voor veel Nederlanders een bron van plezier en ontspanning. We vinden het niet alleen leuk om te doen, maar ook heel leuk om naar te kijken: programma's als *Heel Holland Bak*t kunnen rekenen op een miljoenenpubliek. Nederland is een klein land, maar het herbergt meer dan 175 nationaliteiten die allemaal hun eigen gerechten hebben meegenomen. Veel van die gerechten zijn gemeengoed geworden, zoals de Indonesische rijsttafel, Turks brood, Indiase curry, Mexicaanse taco's, Japanse sushi, Spaanse tapas en Surinaamse roti. Door het leentjebuur is de Nederlandse keuken verrijkt met Arabische, Aziatische en Zuid-Europese invloeden – al hebben we er soms wel een potje van gemaakt. Italianen verafschuwen het snijden van spaghetti, en ananas mag volgens hen niet eens in de buurt van een pizza komen. Een *california roll* wordt in Japan niet of nauwelijks gegeten en heel wat 'Chinese' gerechten zijn voor Nederlanders bedacht (het geheim van de Chinese tomatensoep is een dot appelmoes) – zoals Frans Bauer ondervond toen hij de menukaart van zijn favoriete buurt-Chinees had meegenomen naar China.

Het avondeten is het uitgelezen moment om samen aan tafel te gaan. Even rustig bijpraten en elkaars dag aandachtig doornemen zijn óók waardevolle dingen die je als mens voeden. Als je moe thuiskomt, is de verleiding groot om onderuitgezakt voor de tv te gaan eten – dat gevoel herken ik heel goed. Maar het is niet alleen gezelliger om aan tafel te gaan, het is ook gezonder. Wanneer je tv kijkt, stop je je eten min of meer gedachteloos in je mond. Daardoor bestaat de kans dat je het minder goed proeft én dat je ongemerkt meer eet dan je misschien van plan was. Aan tafel eet je langzamer en bewuster, en de setting leent zich veel beter voor een goed gesprek. Mag je dan nooit voor de tv eten? Natuurlijk wel. Soms

'Meer plantaardig en minder dierlijk eten geeft minder risico op een groot aantal aandoeningen, vooral hart- en vaatziekten, diabetes, nierproblemen en hoge bloeddruk.'

ADVIES VAN DE GEZONDHEIDSRAAD

heb je gewoon zin om lekker onderuit te gaan. Ook je kinderen zullen het erg leuk vinden; zeker als het geen gewoonte is. Maar voor de meeste dagen geldt: neem de tijd, in je eentje of met je familie, en geniet van wat er op tafel staat.

Er zijn steeds meer aanwijzingen dat er een verband bestaat tussen wat je eet en hoe je je voelt. Dat ervaar ik zelf heel duidelijk als ik een vette bek ben gaan halen – wat trouwens best lekker is op z'n tijd. Maar na een 'maaltijd' van hamburgers en kipnuggets voel ik me opgeblazen en leeg tegelijk; het rommelt in mijn darmen en ik krijg er oprispingen van. En hoeveel ik ook heb

Wat doet een Nederlander op zijn frietjes? In ieder geval níét alleen ketchup, zoals de acteur Samuel L. Jackson al opmerkte in *Pulp Fiction*. Wat er wel op gaat? Dat verschilt per regio: mayonaise, pindasaus, joppiesaus of het Zuid-Limburgse zoer vleisj. En dan zijn er natuurlijk nog het frietje speciaal (ketchup of curry, mayonaise en gesnipperde uitjes), het patatje oorlog (mayonaise, satésaus en gesnipperde uitjes) en de kapsalon (friet met shoarma en ijsbergsla). Maar ook hierin bestaan regionale verschillen. Waar een klein land groot in kan zijn!

In mijn jeugd gingen we hooguit één of twee keer per jaar uit eten: op de verjaardagen van mijn ouders, of als we geld terugkregen van de Belasting. Het keuzemenu bestond uit twee restaurants: Van der Valk of de Chinees. Ik hoopte altijd op de Chinees, want ik vond het daar zó exotisch. Tegenwoordig zijn in de meeste steden alle keukens – van Afghaans tot Zambiaans – te vinden. Maar toen ik op de lagere school zat, was het 'Chin.Ind. Rest.' het toppunt van buiten de deur eten. Een aquarium met sierlijke vissen, rode lampions met goudkleurige flossen, porseleinen beelden van lachende Boeddha's, draken van houtsnijwerk, muzak van bamboefluiten – ik vond het allemaal even geweldig. Net als het 'tempeldak' van smaragdgroene pannen boven het afhaalloket. Zelfs het geweld waarmee het luik omhoog werd gegooid ('Nummer 36!') en het kille tl-licht dat erachter schuil bleek te gaan, deed niets af aan de betoverende ambiance. In 2020 is de Chinees-Indische restaurantcultuur toegevoegd aan de lijst met Nederlands immaterieel erfgoed. En terecht, want wie is er níét mee opgegroeid?

gegeten: binnen *no time* heb ik weer honger. Fastfood is vet en zout maar totaal niet voedzaam; je eet alleen maar lege calorieën. Daar wordt je buik niet blij van. Je darmen worden door hun uitgebreide zenuwstelsel ook wel 'het tweede brein' genoemd: een gezonde darmflora beïnvloedt niet alleen je gezondheid, maar ook je humeur. Te veel lege koolhydraten, bewerkte producten en snelle suikers kunnen je moe en prikkelbaar maken. Gun je lichaam een dagelijkse, positieve *boost* met verse ingrediënten, zoals groene bladgroenten, peulvruchten, vette vis, volkoren producten en (ongezouten) noten.

Ik zapte eens langs een sciencefiction-serie waarin mensen uit de toekomst terug naar het heden waren geteleporteerd. Een van hun eerste observaties was er een van afschuw: 'Kijk dan, wat erg, ze eten nog écht vlees… van dieren!' De serie ben ik vergeten, maar die ene zin is me bijgebleven. Ik eet heel graag een stukje vlees, maar ik ben ervan overtuigd dat we een vleesarme of misschien zelfs wel vleesloze toekomst tegemoet gaan. De mens is van nature een omnivoor; dat betekent dat ons lichaam is gemaakt om alles te eten, zowel plantaardige als dierlijke voeding. Op dit moment is de balans echter flink doorgeslagen naar de dierlijke kant: we eten meer vlees dan goed voor ons is, en te weinig groenten. Door een beetje met vlees te minderen maken we niet alleen een betere keuze

Weldadig voor je darmen: yoghurt, karnemelk, zuurkool, kefir, miso, kimchi, kombucha.

'Moodfood', voeding die je vrolijk maakt: bananen, avocado's, zalm, dadels, amandelen, broccoli, spinazie en chilipepers.

De aanbevolen 300 á 400 gram groente per dag klinkt als een bord vol, daarom kiep ik mijn groenten vaak in een pan en maak er goedgevulde soep van. Dat is snel klaar, altijd lekker, en supergezond.

De WUR (Wageningen Universiteit & Research) is in 2020 voor de vierde keer op rij uitgeroepen tot beste landbouwuniversiteit ter wereld*. Productieverhoging is niet meer het uitgangspunt; het groene denken krijgt steeds meer ruimte. Op de WUR-campus is een 'boerderij van de toekomst' geopend waarin ecologie leidend is en techniek dienend. Ook onderzoekt ze, zoals hier bij het Flevo-Landschap en biologisch landbouwbedrijf ERF in Flevoland, de resultaten van grootschalige 'strokenteelt': geen monocultuur meer op de akkers maar een slimme afwisseling van gewassen waardoor biodiversiteit toeneemt.

*Toegekend door QS Rankings, een internationale ranglijst van universiteiten.

voor onze gezondheid, maar ook voor het milieu. Bijna 15 procent van alle broeikasgassen in de wereld komt voor rekening van de veeteelt, en bijna 40 procent van alle landbouwgrond wordt gebruikt voor het verbouwen van diervoer. Niemand hoeft helemaal te stoppen met het eten van vlees, maar het kan best wat worstjes minder.

Er is op dit moment een aantal veelbelovende *try-outs* gaande met kweekvlees: dat is opgebouwd uit dierlijke cellen waardoor een 'echt' stukje vlees ontstaat, maar dan zonder dat er dieren voor zijn gedood. Kweekvlees zou een alternatief kunnen zijn voor de bio-industrie. Daarnaast zouden er nog steeds veehouderijen met echte koeien, varkens en kippen kunnen bestaan maar dan veel kleinschaliger, met een vrijer leven voor het vee. De Nederlandse boeren doen het overigens helemaal niet slecht wat betreft diervriendelijkheid. Ik ben opgegroeid op het platteland en mijn persoonlijke ervaring is dat veehouders veel om hun dieren geven, en dat ze het leven voor hun beesten zo plezierig mogelijk proberen te maken. En vergis je niet: er is een enorme berg aan reglementen waar een agrarisch bedrijf aan moet voldoen. Het is voor veehouders niet altijd even makkelijk om jouw hamlapje in de winkel te krijgen; daar komen heel wat voorschriften en protocollen bij kijken.

Kweekvlees is toekomstmuziek, maar vegetarische vleesvervangers zijn nu al volop verkrijgbaar. Mijn dochter Emma is vegetariër, en zij heeft mij op de vele mogelijkheden gewezen. Het Nederlandse bedrijf De Vegetarische Slager verovert de wereld met een assortiment aan vleesvervangers die qua smaak en textuur nauwelijks van 'echt' zijn te onderscheiden. Ook traditionele vleesproducenten bieden steeds vaker plantaardige varianten aan. Ik zou zeggen: probeer het eens, en switch één of meerdere keren per week naar een vleesvervanger.

DURF TE GENIETEN

Bestaat een gezond en gelukkig leven alleen maar uit rauwe groenten en tofu? Welnee. Er mag ook gezondigd worden. Al is zondigen misschien niet het goede woord; genieten lijkt me beter. Dat we momenteel in een wereldwijde crisis leven hoeft niet te betekenen dat je niet mag proberen het leven een beetje léúk te maken. Vreugde en optimisme zijn ook vormen van verzet! Die leuke dingen hoeven echt niet groots en meeslepend te zijn. 'Het zijn de kleine dingen die het doen,' zongen Saskia en Serge al in de jaren zeventig van de vorige eeuw. Maar hoe vaak zijn de kleine gelukjes van het leven achteraf niet juist de grote dingen gebleken? En al helemaal als zo'n klein gelukje een Bossche bol is. Of een Zeeuwse bolus. Of pavlova! Ja, van te veel snelle suikers krijg je een suikerdip, maar de plezierpolitie parkeren we nu even. Genieten mág. Theedrinken met een vriendin en jezelf daarbij trakteren op een paar (of een halve rol) lekkere koekjes is gezellig, en draagt ontegenzeglijk bij aan een *happy life*. En wat hébben wij een variëteit aan snoep en koekjes. Wanneer je opgroeit in Nederland vind je dat vanzelfsprekend, maar zodra je gaat reizen kom je al snel tot de conclusie: *The Nederlands take the cake.*

Wij hebben kletskoppen, likkoekjes, koffieleutjes, speculaasjes, alle soorten spritsen, Arnhemse meisjes, bokkenpootjes, mariakaakjes, gevulde wafeltjes, langetjes,

Nederland is verantwoordelijk voor eenderde van de gehele dropproductie van de EU. Nederlanders eten 2 kilo drop per persoon, per jaar. Daarnaast vinden we ook nog plek voor 4,5 kilo chocolade per persoon. Wow!

nizza's, san francisco's, mergpijpjes, boterkoek, peperkoek, bastognekoeken, roze koeken, eierkoeken, gevulde koeken, jan hagel, pennywafels, cocosringen, pimms, kanelli's, smoeltjes, krakelingen, café noir, Zaanse huisjes, scholiertjes, lange vingers… En dat is nog lang niet alles. Vroeger werd de Nederlander nog wel eens verweten dat je op visite maar één koekje uit de trommel mocht pakken, maar gezien de verkoopcijfers zijn we die fase nu ruim voorbij. De beste koekjes hebben wat mij betreft ook een goede dipfactor. Speculaasjes zijn bijvoorbeeld heel geschikt om in een hete drank te soppen: de smaak is perfect en ze breken niet meteen af. En langetjes zijn gemáákt voor warme chocolademelk.

Je hebt ongetwijfeld één koekje in deze opsomming gemist: de stroopwafel. Die verdient zijn eigen *shout out* want sinds 2015 heeft de *'stroepwafful'* gestaag Amerika veroverd. Het begon met de stroopwafels die de Nederlandse koekjesfabrikant Daelmans aan luchtvaartmaatschappij United Airlines ging leveren. Die werden zo'n doorslaand succes dat de Amerikaanse McDonald's een *Stroopwafel McFlurry* in het assortiment heeft opgenomen. Basketbalspelers van de NBA eten nu zelfs stroopwafels in de pauzes, als bron van snelle energie – al is dat wel een 'sportvariant' met honing in plaats van karamel. Stroopwafels worden in Amerika (net als poffertjes) vaak verkocht als *Dutch delicatesse* en dat zijn ze natuurlijk ook. Amerikanen leggen de stroopwafel graag op een warme koffie- of theekop; daar wordt de karamel een beetje vloeibaar van. Fabrikant Daelmans sprong hier geestig op in: zij verkopen Delfts blauwe mokken met een speciaal stroopwafelhoudertje. Op de mok staat een Nederlands 'spreekwoord': *Hold your waffle*.

En dan is er nog het Nederlandse snoep. Het past misschien niet helemaal (of: helemaal niet) in het advies van De Gezondheidsraad, maar het is nu eenmaal een feit: Nederlanders zijn gék op snoep. Ook hierin hebben we een uitzonderlijk gevarieerd assortiment: suikerhartjes, zoute rijen, zwartwitjes, bananenschuim, apenkoppen, groene erwtjes, spekkies, schuimblokken, schoolkrijt – het is een hele wand vol.
Maar wat we veruit het meest eten, is drop. De naam

Een andere populaire lekkernij is het Haagse hopje. De Haagse baron Hendrik Hop dronk veel koffie omdat hij geloofde dat dit een medicijn was tegen zijn jicht. Op een avond in 1794 liet hij een halfvol kopje koffie met veel suiker en room op een hete kachel staan. 's Ochtends proefde hij van het geharde restant, en was verrukt. Hij liet een suikerbakker een 'koffiebrokje' maken van zijn vondst, en dat werd het Haagse hopje: een lekkernij die tot ver over de landsgrenzen werd gegeten. Meer dan 225 jaar later is het koffiesnoepje onverminderd populair.

Veel Nederlanders, onder wie ik zelf, zijn opgegroeid met een verjaardagskalender op het toilet. Nu je alle verjaardagen met een notificatie in je telefoon kunt zetten, vrees ik dat de wc-kalender een zeldzame diersoort zal worden. Maar bij mijn moeder hangt er nog een!

van deze Nederlandse lekkernij is afgeleid van de originele bereidingswijze: een 'dropje' (drupje) zoethoutwortelextract. Van daaruit zijn we losgegaan met zoete drop, zoute drop, harde drop, zachte drop, muntendrop, autodrop, boerderijdrop, topdrop, trekdrop, honingdrop, droptoffees, dropmentos, drop-met-winegum... Toeristen vinden het allemaal even vies. Wij niet. Een puntzak met gemengde drop is één van de geneugtes van het leven. Weet je wat ík vies vind? *Liquorice*. Dat is weliswaar de Engelse vertaling van drop, maar wat in het buitenland als liquorice wordt verkocht, is niet te eten: het is hard en bitter. Nee, dan onze kokindjes, griotten of harlekijntjes – dat zijn kleine 'drupjes' geluk.

Nederlandse verjaardagen zijn een verhaal apart. Een buitenlandse vriendin van mij zei dat de setting haar deed denken aan groepstherapie omdat we allemaal in een kringetje op een stoel zitten. Ook de gewoonte om alle andere aanwezigen persoonlijk te feliciteren met de jarige is best een béétje bijzonder. Een Nederlandse verjaardag met bitterballen, vlammetjes en een taart van de HEMA mag dan geen uitbundige *fiesta* zijn, het is wél lekker gewoon en heel gezellig. We nemen een grote bos bloemen mee en een klein cadeautje, waarvan je ook meteen het bonnetje krijgt: 'Je mag het ruilen, hoor.' Het échte cadeau is dat iedereen er is: je vrienden, je familie. Vitamine S, van sociaal contact, is een wezenlijk onderdeel van een gelukkig leven. In veel andere landen moet je duidelijk aangeven wanneer je bij iemand langskomt, maar in Nederland is het meestal geen probleem wanneer je zomaar even komt aanwaaien. Thuis is waar iedereen welkom is.

Mijn vader is opgegroeid op een boerderij in Zuid-Limburg en daar hadden ze een *gooj* kamer: een 'nette' kamer, met alle mooie spulletjes waar alleen op zondag gebruik van werd gemaakt. Het was ook de kamer waar hoog bezoek werd ontvangen, zoals meneer pastoor. In de *gooj* kamer stond een kast met het *gooj* servies: een porseleinen servies met sierlijke vogelprints, voor speciale gelegenheden. Als kind was ik erg gefascineerd door dat servies: het was zo mooi, waarom zou je daar niet altijd van eten? Maar inmiddels doe ik het zelf ook: net als veel andere Nederlanders heb ik een 'net servies' dat alleen met Kerst uit de kast komt. Maar waarom eigenlijk? Hoe leuk is het om de tafel iedere dag met je mooiste servies te dekken? Laten we er vooral een klein feestje van maken. Ja, het zijn meestal bordjes waar je voorzichtig mee moet zijn en nee, ze kunnen vaak niet in de afwasmachine. Maar dat geeft toch niks? Met de hand afwassen is hartstikke zen.

Veel landen hanteren één zoen ter begroeting, sommige twee, maar de Nederlandse drieklapper van links, rechts, links is redelijk zeldzaam. Buitenlandse bezoekers vinden die derde zoen soms wat veel. Toen er tijdens de corona-crisis maandenlang niet gezoend mocht worden, bleek dat er ook behoorlijk wat Nederlanders zijn voor wie het niet direct hoeft, al die pakkerds. Vooral op de werkvloer werd het zoenen niet gemist.

'Er is een aantal basisdingen
dat je moet doen in het leven:
goed eten, goed slapen, en zorgen
dat je genoeg liefde geeft en ontvangt.'

RUTGER BREGMAN, SCHRIJVER VAN
DE MEESTE MENSEN DEUGEN

ONTSPANNEN SLAPEN

Hoewel je over het algemeen niets speciaals hoeft te kopen om thuis te ontspannen, zou ik toch één ding willen adviseren: investeer in een goed bed en matras. Je brengt maar liefst eenderde van je leven slapend door, dus de kwaliteit van het slaapkamermeubel is een investering in jezelf.

Een goede nachtrust is een belangrijk onderdeel van een gezond en gelukkig leven. Maar 'gewoon' in slaap vallen is voor veel mensen moeilijker dan het lijkt. Volgens een rapport van het Trimbos Instituut, het RIVM en de Hersenstichting (2018) heeft bijna een kwart van de Nederlanders problemen met slapen en kampt tien procent met chronische slapeloosheid. Te kort (of juist te lang) slapen kan op lange termijn het risico op hartfalen, diabetes of een beroerte verhogen. Maar slaaptekort heeft op korte termijn ook 'kleinere' gevolgen, zoals prikkelbaarheid, somberheid en een vertraagde reactiesnelheid, wat 's ochtends in de auto tot gevaarlijke situaties kan leiden.

De meeste mensen hebben acht uur slaap nodig om gezond te blijven. Slapen is een soort systeemcheck: je krijgt een lichamelijke en geestelijke onderhoudsbeurt zodat je er weer tegenaan kunt. Als je iedere dag één uur te weinig slaapt, heb je na een week bijna een hele nacht gemist. Dat noemen ze de 'slaapschuld', en die los je eigenlijk niet meer in. Probeer daarom écht de benodigde uren te pakken – je doet je hersenen er een groot plezier mee.

'Slaap is de beste meditatie.'

DALAI LAMA

Hoe geef je jezelf de beste uitgangspositie voor een goede nachtrust? Dat begint met de inrichting van je slaapkamer. Probeer daar een plek van te maken waar je tot rust komt: weinig meubels, opgeruimd en overzichtelijk (dat is bij mij nog een puntje van aandacht want ik heb De Stoel, waar alles overheen ligt), veel frisse lucht en géén tv. Een slaapkamer is bedoeld voor seks en slaap – een tv draagt daar niets aan bij. Sterker nog: hij werkt beide tegen. Weet je wat wél helpt tegen slaapproblemen? Seks! Na een orgasme komen er gelukshormonen vrij waardoor je sneller, meer ontspannen en gelukkiger in slaap valt. Aan de slag, dus. Want je weet wat ze zeggen: happy wife, *happy life*.

Luchtventilatie klinkt niet als een spannend slaap-kameronderwerp, maar het is belangrijker dan je misschien denkt. Een goed ventilatiesysteem zorgt voor een gezonder binnenklimaat én een betere slaap. Ook de temperatuur van je slaapkamer is van belang. Wanneer het te koud is zul je vaker wakker worden. Wanneer het te warm is heb je meer kans op nachtmerries. De ideale slaapkamertemperatuur verschilt per persoon, maar ligt ergens tussen de 16 en 21 graden. Twee aparte dekbedden is geen slecht idee, want het warm-koudgevoel van mannen en vrouwen wil nogal eens uiteen liggen.

Er zijn allerlei slaap-apps die via je smartwatch of fitbit niet alleen de geslapen uren registreren, maar ook de diepte en de kwaliteit van de slaap. Mijn man Richard heeft ook een tijdje zo'n app bijgehouden en hij werd er juist mínder ontspannen van. Als zo'n ding 's ochtends aangeeft dat je 'kwalitatief slecht' hebt geslapen, zakt de moed je meteen in de schoenen. Focus je liever niet op je exacte slaapdata, maar probeer overdag veel buiten te zijn of een flink stuk te wandelen. Eet voor het slapengaan geen dingen die zwaar op de maag liggen en wees voorzichtig met alcohol, energiedrankjes en koffie. En houd een vast ritme aan: dezelfde tijd naar bed en dezelfde tijd weer op.

TIP

Als ik moeite heb om in slaap te vallen, gebruik ik de 4-7-8 methode: je ademt 4 seconden in via je neus, houdt 7 seconden je adem vast en blaast 8 seconden via je mond uit. Werkt als een trein!

Druk jij ook graag op de *snooze*-knop van je wekker? Ik wel. Toch moet ik het niet meer doen. Het lijkt zo lekker, nog even doezelen, maar je lichaam raakt ervan in de war. Dat is klaar om op te starten, en door te *snoozen* druk je het terug de slaapcyclus in. Na een paar keer *snoozen* word je minder uitgerust wakker dan wanneer je meteen was opgestaan.

Je slaap-waakritme wordt gereguleerd door het natuurlijke licht. Deze uitgebalanceerde cyclus raakt verstoord door het vele kunstlicht waarmee we zijn omringd. Wanneer je voor het slapengaan nog even je zinnen wilt verzetten,

LET OP: Een gezonde slaap bereik je niet met slaap- of kalmeringsmiddelen; die zorgen hooguit voor een staat van bewusteloosheid. Worstel je met in slaap vallen, dan is cognitieve gedragstherapie een betere keuze, ook op de langere termijn.

lees dan een fijn boek – liever niet iets met moord en doodslag. Bij voorkeur een papieren boek, geen e-reader, die kun je weliswaar dimmen, maar een boek met papieren pagina's is rustgevender voor je ogen én vrij van blauw licht. Ook het blauwe licht van je smartphone heeft een negatieve invloed op het dag-nachtritme: wanneer je tot diep in de avond op je scherm kijkt, wordt de afgifte van het 'slaapstofje' melatonine vertraagd, waardoor je moeilijker de slaap kunt vatten.

Kortom, er zijn heel wat manieren om tot een betere nachtrust te komen, maar één daarvan is veruit het makkelijkst te bewerkstelligen en misschien wel het meest effectief: verban je telefoon uit de slaapkamer. Vergeleken met twintig jaar geleden slapen we tegenwoordig één uur per nacht minder, en dat verschil komt grotendeels door het gebruik van onze smartphones. Koop een simpele wekker om mee op te staan, dan hoef je je telefoon niet naast je bed te leggen.

Toen de telefoon nog aan een
draad zat, waren de mensen vrij.

NOG EVEN OVER DIE TELEFOON...

Het zal niemand verbazen dat veel mensen onrustig worden van hun telefoon: de stroom aan informatie, het meningencircus, de pushberichten, de notificaties... Het is om dol van te worden, maar we kunnen onze ogen er niet van afhouden. Mijn smartphone lijkt soms wel mijn pacemaker: hij bepaalt mijn hele ritme. Als ik mijn telefoon ben vergeten, móét ik terug naar huis. Hij is mijn agenda, mijn betaalpas, mijn navigatie, mijn fototoestel, mijn sociale levenslijn – maar ook een heel grote bron van onrust. Tijdens de corona-crisis heeft het internet zich van zijn meest waardevolle kant laten zien: dankzij het thuisonderwijs, thuiswerken en thuiswinkelen kon de maatschappij draaiende gehouden worden. Er werden boodschappen bezorgd bij ouderen die de deur niet uit durfden, jongeren bleven in contact met hun vrienden, musea gaven virtuele tours en via Instagram Live-events werd van alles georganiseerd, van demonstraties en fundraisers tot kookcursussen en optredens. Nu de wereld weer wat meer is opengegaan, is het van belang de blik ook weer wat meer te verbreden van het digitale naar het sociale. Heel makkelijk is dat overigens niet. Online media zijn zó

bedreven in het vasthouden (en financieel uitbuiten) van onze aandacht, dat ze een steeds groter deel van onze tijd opslokken. *Smart technology* is zó ontworpen dat we ermee bezig willen blijven: we willen likes krijgen, het volgende level halen, tv-series bingen, nog meer filmpjes kijken, ons druk maken (#ophef), niks missen van wat trending is. We leven in een aandachtseconomie waarin veel mensen de druk voelen om productief te zijn, alles mee te beleven en bovenal te consumeren. Vroeger vergeleek je je leven met dat van je buren, je vrienden of familie. Sinds de komst van sociale media kun je jezelf vergelijken met het hele land, ja zelfs met de hele wereld. En dat valt meestal tegen, want er is altijd iemand beter, sneller, mooier en succesvoller. Maar kijk: voor al je onzekerheden biedt het internet ook een oplossing. Je kunt reacties achterlaten en met wildvreemden in verhitte discussies verzeild raken (geloof me – ik ken het). Je kunt de make-up van een influencer kopen, of een reis boeken en net zo'n 'unieke' selfie maken bij Es Vedra (#blessed).

Of onttrek je op gezette tijden aan de mallemolen die je mobiel is geworden. Installeer timers op je apps: geef jezelf een beperkt aantal minuten per dag voor Twitter en Instagram. Ontspanningsapps als *Headspace* en *Calm* zijn fijn, maar je telefoon uitzetten is nog fijner. Verplaats je aandacht van het kleine scherm naar een veel groter scherm: de horizon. Ga naar buiten, de natuur in, leef, adem, kijk, ruik, en voer échte gesprekken met mensen wier mening je op prijs stelt.

Probeer jezelf te bevrijden van de drang naar digitale bevestiging door iedere dag geruime tijd offline te gaan. Het komt een gezonde, mentale balans ten goede.

'De wonderen van heel de wereld vind je terug in je eigen tuin!'

PATER EN SCHRIJVER
PHIL BOSMANS

2

NATUUR

De kracht van een groene omgeving

Tijdens de lockdown-maanden kon je het overal lezen: 'Ons huis is ons nieuwe landschap.' Het resultaat liet niet lang op zich wachten: de verkoop van tuingereedschap, zaaigoed, potgrond en planten schoot omhoog, net als van groentekassen, hokken en spullen voor het verzorgen van kippen en geiten. Misschien houdt het verband met het feit dat er in die periode ook 600 procent meer barbecues werd verkocht. Ik zal eerlijk zeggen dat ik er tot 2020 nooit écht rekening mee had gehouden dat de wereld getroffen zou kunnen worden door een pandemie, waardoor we maandenlang thuis zouden komen te zitten. Maar ik begrijp heel goed dat veel Nederlanders de coronatijd hebben aangegrepen om zich te omringen met méér groen. Dat is niet alleen gezellig, het is vooral ook heel gezond. Alleen al het kíjken naar bloemen en planten maakt een mens blij: groene bladeren maken je kalm, en bonte kleuren geven een goed humeur. De natuur geeft rust in een onrustige wereld.

Bijna 70 procent van de Nederlandse huishoudens heeft een tuin. Ik heb dat percentage twee keer gecontroleerd omdat ik het nauwelijks kon geloven, maar (verrassing!) Nederland is groter dan de Randstad. Het zal niemand verbazen dat de gemiddelde buitenruimte van mensen

Volgens de Tuinmonitor 2020 geeft de Nederlander zijn of haar tuin gemiddeld een 7,0. Grappig detail: 62% van de tuinbezitters vindt de eigen tuin mooier dan die van de buren. Het gras is dus níét groener bij de buren!

die in de grote steden wonen kleiner is dan die van mensen daarbuiten. Bij het woord 'tuin' hoef je overigens niet meteen aan een landgoed te denken: het doorsneehuis dat nu wordt gebouwd, heeft een tuin van gemiddeld 236m². De grootste tuinen van Nederland – tuinen van vele honderden vierkante meters – vind je voornamelijk in het noorden en oosten van het land. Slechts vier procent van de Nederlandse huishoudens heeft helemaal geen buitenruimte, zelfs geen balkon. Sinds de coronacrisis is iedereen het erover eens dat een huis of appartement waar je geen enkel 'buiten' hebt, niet meer van deze tijd is. Een frisse neus kunnen halen is wel het minste wat je van een woning mag verwachten.

Eén van de bijzondere dingen van de lockdown-maanden vond ik het ontstaan van www.deeltuinen.nl. Op deze (gratis) website konden mensen met een grote tuin en mensen met een 'tuinbehoefte' elkaar vinden. Zat je vast op een flat of bovenwoning en zocht je een veilig plekje om je rust te pakken, dan kon je op deze website aangeven waar je behoefte aan had: een relaxtuin, een logeertuin, een tuin waar oudere mensen even konden bijkomen of een tuin waar kinderen mochten spelen. Een waardevol initiatief dat nog steeds volop wordt gebruikt.

Eén van de bijzondere dingen van de lockdownmaanden vond ik het ontstaan van www.deeltuinen.nl. Op deze website konden mensen met een grote tuin en mensen met een 'tuinbehoefte' elkaar vinden. Zit je vast op een flat of bovenwoning, dan kun je op deze website aangeven waar je behoefte aan hebt: een relaxtuin, een logeertuin, een tuin waar oudere mensen even konden bijkomen of een tuin waar kinderen mochten spelen. Een waardevol initiatief dat nog steeds volop wordt gebruikt.

Een kwart van de Nederlandse huishoudens heeft een balkon. Wil je meer groen in je leven, dan is een balkon dé plek om mee te beginnen. Ik weet uit eigen ervaring dat de verleiding groot is om er een rommelhok van te maken: toen ik in Amsterdam woonde, had ik ook een deel van mijn inventaris op het balkon geparkeerd. Maar eigenlijk is het veel leuker om er een mini-oase van te maken met mooie bloemen, kleine feestlichtjes, een tafeltje dat je aan de reling kunt hangen en een lekkere relaxstoel met kussentjes. Met potten, hangmandjes en bladerrijke planten creëer je je eigen stukje stadsnatuur. Met een insectenhotel en een drink- en badderplaats voor vogeltjes lever je ook nog een mooie bijdrage aan de biodiversiteit. Een weelderig, groen balkon is een heerlijke plek om tot jezelf te komen.

Weet je wat ook leuk is om op je balkon te doen? Je eigen kruiden kweken. Daar heb je echt geen groene vingers voor nodig. Kruiden als tijm en rozemarijn gaan jaren mee; seizoensgebonden kruiden als munt bloeien

Op veel plekken in Nederland zijn 'pluktuinen' waar je tegen een bescheiden toegangsprijs je eigen bloemboeket bij elkaar mag plukken. Mijn ervaring is dat kinderen dit geweldig vinden om te doen. Is er misschien ook een pluktuin bij jou in de buurt?

van juli tot september. Met één zo'n plantje heb je de hele zomer verse blaadjes voor salades, muntthee en mojito's. Vraag bij het tuincentrum hoe je het beste kunt beginnen.

De tuin is de afgelopen jaren al steeds meer bij de woning betrokken door hem in te richten als verlengstuk van de woonkamer: met een pergola of terrasoverkapping, loungebanken, buitenlampen en een grote eettafel is binnen naar buiten gebracht. Maar sinds het coronavirus de vakantiebestemming voor onbepaalde tijd naar Tuinesië heeft veranderd, is Nederland écht losgegaan: er werden niet alleen volop buitenkeukens geplaatst, ook de opblaasbare zwembaden, *green eggs* en trampolines waren niet aan te slepen. In de Tuinmonitor van 2020 gaven Nederlanders aan ook méér groen in hun tuin te willen. Dat is een bijzonder goed idee. Gemiddeld is eenderde van het tuinoppervlak 'versteend': denk bijvoorbeeld aan een pad naar de voordeur, een eigen parkeerplek, een betegeld terras. Hoewel tweederde van het Nederlandse tuinoppervlak dus uit beplanting bestaat, zou het fijn zijn om dat nog wat verder op te schroeven. Een tuin met veel groen draagt bij aan de biodiversiteit en helpt wateroverlast bij regenval te voorkomen. Bomen en planten zorgen ook voor verkoeling, terwijl 'grijze' tegeltuinen juist warmte vasthouden.

Een tuin kan ook troost geven. Wat er ook gebeurt, welke tegenslagen er ook zijn: de natuur blijft bloeien, het groen blijft opkomen, de knoppen blijven ontluiken. Er hoeft maar één klein kiertje tussen de tegels te zijn, en een bloem zal zich erdoorheen wurmen – kopje naar de zon.

TUINTIPS

- Plant kleurrijke vlinderstruiken. Die trekken niet alleen dankbare bijen aan, maar ook citroenvlinders, koolwitjes, grote en kleine vos en atalanta's. Vlinders in je tuin horen bij de kleine gelukjes van het leven. Gelukkig bloeien de vlinderstruiken maandenlang!

- Zet een wormenhotel in je tuin. Er gaat groente-, fruit- en tuinafval in, en dankzij de wormen komt er voedzame compost uit. Handig voor je tuin, en milieubewust.

- Wanneer je zelf geen tuin hebt maar toch graag je eigen groenten of fruit zou willen kweken, kun je je inschrijven bij een volkstuin. Dat is een lap gemeenschapsgrond dat in afzonderlijke tuintjes is verdeeld. Tomaten, sla, aardbeien? Je mag naar eigen inzicht aan de gang.

- Bij jou in de straat kun je het gezellig maken door rondom de bomen kleurrijke bloemen te planten. De meeste gemeentes vinden zo'n boomtuintje prima, maar zoals je zult begrijpen mag je niets planten met diepe wortels. Houd het bij éénjarige planten, verschillende bollen of zomerbloemen. Je mag ook je eigen geveltuintje creëren: wip één of twee stoeptegels op, en plant een rijtje bloemen tegen de gevel van je huis. Let wel: als je het eenmaal hebt geplant, is het jóuw verantwoordelijk het netjes te houden.

De meest gehoorde reden waarom mensen hun tuin betegelen, is dat het scheelt in onderhoud. Een tuin vergt inderdaad het nodige werk – al is een natuurlijke, wildere stijl van beplanting misschien wat minder arbeidsintensief dan een gemanicuurd gazon dat je met een liniaal moet bijhouden. Het mooie van een tuin is juist dat jíj kunt bepalen hoe die eruit komt te zien. Richard vindt het leuk om te snoeien, en ik vind het juist heerlijk om met mijn handen in een zak verse potgrond te zitten. Met je handen in de aarde wroeten heeft iets rustgevends. Het klinkt misschien een beetje zweverig, maar je maakt op dat moment écht contact met de plantjes, met de grond en met de groei in de natuur. Tuinieren heeft iets van een zen-oefening: knippen, sproeien en schoffelen zijn ontspannende bezigheden. Daarna kun je met een kopje koffie voldaan genieten van je werk.

Ik vind het altijd leuk om te zien hoe Nederlandse gemeentes het straatbeeld opfleuren met bloemen. Er hangen bloemenmandjes aan de lantaarnpalen, vluchtheuvels staan vol met viooltjes, rotondes zijn aangeplant, en de groene bermen, met klaprozen en al, zijn goed onderhouden. Dat is toch heel bijzonder? Er zullen ongetwijfeld mensen zijn die denken: daar betalen we anders meer dan genoeg belasting voor! Maar tóch vind ik het mooi dat die aandacht er is. Als ik thuiskom van een reis en die bloemenmandjes in de Dorpsstraat zie hangen, kan ik daar oprecht blij van

Cato Slotboom uit Hilversum houdt zoveel van planten dat ze een *mini-plantenbieb* is begonnen, naar voorbeeld van de mini-boekenbiebs. De stekjes en zaden die ze buiten op straat in een kastje plaatst, mag je gratis meenemen. Maar het leukst is natuurlijk als jij een stekje van jóúw planten terugplaatst. "Neem mee en laat groeien" schrijft ze erbij. Ook in Rotterdam en Oisterwijk zijn inmiddels plantenbiebs. Zou jij er misschien ook een bij jou in de straat kunnen beginnen?

Royal FloraHolland is de grootste bloemenveiling ter wereld. In welk land je ook bloemen koopt, de kans is groot dat ze de dag ervoor in Nederland zijn verhandeld.

worden. Maar er zijn wel meer mensen die blij worden van Nederlandse bloemen: de rest van de wereld, bijvoorbeeld.

Iedereen weet dat Nederland 'in de bloemen' zit, maar het zou zomaar kunnen dat niet veel mensen weten hoe gigantisch groot onze bloemensector is. Ons kleine land is goed voor eenderde van de wereldwijde bloemen- en plantenhandel. In januari 2020 werd bekendgemaakt dat de Nederlandse bloemenexporteurs een recordomzet hadden geboekt: in 2019 was er voor maar liefst 6,2 miljard euro aan bloemen en planten geëxporteerd. Een maand later werd de wereld door het coronavirus overvallen en stortte de vraag naar bloemen met 80 á 85 procent in. De sector trilde op zijn grondvesten: vele miljoenen bloemen en planten konden niet worden verkocht en de banen van 150.000 mensen stonden op de tocht. Om te voorkomen dat al die bloemen moesten worden vernietigd, werden er websites opgetuigd waar je de bloemen rechtstreeks van de kwekers kon kopen, of via welke kweker je boeketjes naar eenzame ouderen of verzorgingstehuizen kon laten sturen. De bloemensector is inmiddels weer opgekrabbeld; mede doordat Nederlanders in de coronatijd veel meer bloemen en planten hebben gekocht voor hun eigen tuin. Dat deed me denken aan een tegeltje dat mijn oma vroeger in de gang had hangen: 'Geluk is de kunst een boeket te maken van de bloemen in je naaste omgeving.'

> **Nederland kent een gematigd zeeklimaat met relatief milde winters, milde zomers en neerslag gedurende het hele jaar. Dit klimaat heeft Nederland te danken aan de invloed van de Noordzee.**

Voor mensen uit warmere landen moet het lijken alsof wij in lichte ontkenning leven omtrent ons eigen klimaat. Twee stralen zon in maart en de hele buurt ruikt naar barbecue. De laatste jaren hebben wij ook een aantal zeer warme zomerdagen, maar om het Hollands te houden wordt het mooie weer afgewisseld met traditionele temperatuurdips. Maandag in een bikini, dinsdag in een gebreid vest? Wij draaien onze hand er niet voor om.

De drie fases van het Nederlandse weer: Het regent. Het is gestopt met regenen. Het gaat zo weer regenen.

Het bleke voorjaarszonnetje hoeft maar even te schijnen, of de Nederlander gooit het cabrio-dak van zijn auto al open: pet op, sjaal om, de zon schijnt dus we moeten genieten! Een cabrio is sowieso een typisch Noord-Europees verschijnsel. In landen waar het écht warm is, kijken ze wel uit: daar is het 's zomers veel te heet om zonder dak te rijden. Maar wij hebben heel sterk het gevoel dat we móéten profiteren van mooi weer. En mooi weer, dat betekent bij ons vooral droog weer. Als het ook maar even kan, gaan we op een terras zitten. Heaters erboven, winterjassen aan – het kan ons niks bommen, we willen naar buiten, hashtag genieten!

'Leven in Nederland lijkt op leven in een autowasserette,' zei een Italiaanse vriend van mij, en daar moest ik toen erg om lachen. De Nederlandse regen is inderdaad een natuurverschijnsel van formaat, maar we zijn er volledig op ingesteld. Ik heb eens gelezen dat Inuit veel verschillende woorden hebben voor sneeuw. Wij hebben ze voor regen. Het kan gieten, hozen of miezeren. Je hebt harde regen, slagregen, motregen en stromende regen. Het zeikt, het pleurt, het plenst, het klettert van de regen. Het kan ook nog pijpenstelen regenen. En als je helemaal pech hebt, fiets je door een wolkbreuk.

'Als je echt van de natuur houdt, vind je overal schoonheid.'

SCHILDER VINCENT VAN GOGH (1853-1890)

Maar hoeveel procent van de tijd regent het nu écht? Toen ik het percentage had gevonden, ben ik bij mijn vrienden om een schatting gaan vragen. 'Het regent minstens de helft van de tijd,' zei de één. 'Zeventig procent!' zei de ander. Nadat ik het aan tien personen had gevraagd, bleek dat iedereen ongeveer hetzelfde dacht: het regent in Nederland meer dan de helft van het jaar. En toch blijkt dat niet zo te zijn. Volgens de officiële cijfers regent het 93% van de tijd níét. Daar was ik best verbaasd over. Er blijkt in Nederland slechts 7% van het jaar neerslag te vallen in de vorm van regen, sneeuw, ijzel of hagel. Dat klinkt weinig, maar het staat gelijk aan ongeveer één uur en veertig minuten *per dag*. En laat dat nu precies de tijd zijn dat je op de fiets zit.

Volgens de cijfers valt de meeste regen in de herfst. Op nummer twee staat de zomer, dan de winter en dan de lente. Toen ik het las, dacht ik: dát is het natuurlijk, al die regen in de zomer. Daar komt het autowasserette-gevoel vandaan. Toch zien wij 'onze' regen zeker niet

alleen als iets negatiefs: we hebben er tenslotte een prachtig groen land voor teruggekregen. Tenminste, dat maken we onszelf graag wijs. Wanneer je door de stromende regen naar de tram moet rennen, is er altijd wel iemand die zegt: 'Goed voor de plantjes', of: 'Fijn voor de boer.'

Nederland kent vier seizoenen die elk hun eigen charmes hebben. ('Wat bedoel je, vier seizoenen,' zei diezelfde Italiaanse vriend, 'jullie hebben in de zomer warme regen, in de winter koude regen, en de rest zit ertussenin!') Maar welk seizoen het ook is, de Nederlander praat heel graag over het weer: hoe het was, hoe het is en hoe het gaat worden. Bijna iedereen gebruikt een regen-app zoals Buienradar. Zelfs op vakantie in het buitenland blijven we de weersomstandigheden scherp volgen. Stiekem genieten we nét een beetje meer als het op dat moment in Nederland blijkt te regenen.

Maar die regen heeft ook zo zijn voordelen. Het is het perfecte weer om mee binnen te zitten. Thuis op de bank hangen terwijl de regen tegen de ramen slaat is een heerlijke vorm van niksen. Dikke sokken aan, potje thee erbij... terwijl ik het omschrijf krijg ik er al zin in. Het roffelen van regen is ook een van de fijnste geluiden om mee in slaap te vallen. Op Spotify en meditatie-apps zijn er hele playlists van gemaakt, maar bij ons komt het gratis en voor niks uit de lucht vallen. Draai je lekker in je deken, en geniet.

Elke vier kilometer op de fiets in plaats van met de auto bespaart een uitstoot van één kilo CO_2. Dit geldt ook voor de elektrische fiets.

ONZE LIEFDE VOOR DE FIETS

—

De fiets is voor de Nederlander als een extra ledemaat: we zijn er volkomen mee vergroeid. Waar Nieuw-Zeeland meer schapen heeft dan inwoners, hebben wij meer fietsen. Voor zeventien miljoen Nederlanders zijn er bijna 23 miljoen fietsen in omloop, waaronder twee miljoen e-bikes en een almaar groeiend aantal lease-fietsen. Ik begrijp heel goed waarom Frans Timmermans, klimaat-coördinator van de EU, via zijn *Green Deal* ook de rest van Europa aan de fiets wil hebben: fietsen is plezier tussen je benen. Volgens het TNO-rapport 'Fietsen is groen, gezond en voordelig' maakt het je niet alleen fit en sterk; het geeft je ook een gevoel van vrijheid én het verbetert je humeur. Tijdens het fietsen maak je de hormonen endorfine en serotonine aan. Dezelfde stoffen die antidepressiva aanmaken, maar fietsen heeft geen bijwerkingen. Wanneer je een lekker stuk door de buitenlucht hebt gefietst, zijn je hersens verfrist en doorgewaaid. Door regelmatig te fietsen slaap je beter, je bloeddruk wordt lager en je bent minder vaak ziek.

Nederland kan bogen op ruim 35.000 kilometer aan goed onderhouden fietspaden. Per persoon fietsen we jaarlijks zo'n 1000 kilometer.

> ‘Bewegen is de sleutel voor een weerbaar en vitaal Nederland. Het is het tweede medicijn tegen alles.’
>
> JOOP ALBERDA, *CHEF DE MISSION* VAN DE OLYMPISCHE SPELEN IN SYDNEY

Een vriendin van mij fietst iedere dag ruim een uur naar haar werk. Dat lijkt mij gezien het Hollandse weer niet altijd even ideaal, maar zij vindt het juist heerlijk. Ze kan al haar werkstress ‘meegeven aan de wind’ zoals ze dat noemt, en anders had ze bijna net zo lang in de file gestaan: ‘En ik héb al de hele dag gezeten.’ Daar heeft ze natuurlijk gelijk in. In Nederland gaat een kwart van de werknemers op de fiets naar het werk; zelfs Mark Rutte gaat (tot verbazing van zijn buitenlandse collega’s) op de fiets naar het Torentje. Toen er tijdens de coronacrisis veel meer fietsen werden verkocht, bleek dat niet alleen voor de 'frisse neus' te zijn: steeds meer mensen besloten voortaan naar hun werk te fietsen. Volgens de Universiteit van Utrecht kom je niet alleen blijer op je werk aan wanneer je er op de fiets naartoe gaat, je leeft ook drie tot veertien maanden langer. Werknemers die op de fiets komen, zijn even fit als collega's die vijf jaar jonger zijn. Als je veel fietst, kan dat zelfs oplopen tot tien jaar.

Typisch Nederlands: méér geld uitgegeven aan een goed slot dan aan de fiets zelf. En je hebt vast ook al eens een plastic zak over je fietszadel gedaan!

Eén van de redenen waarom fietsen in Nederland zo populair is geworden, is het platte landschap. De grens tussen een heuvel en een berg is officieel 500 meter; de hoogste heuvel die wij hebben (de Zuid-Limburgse Vaalserberg) telt 322,7 meter. Dit heeft ons er niet van weerhouden iedere glooiing een berg te noemen, zoals de Tankenberg en de Amerongse berg, die ze in het buitenland dan weer minzaam *Dutch mountains* noemen. Richard en ik wonen in Muiderberg, en toen Zwitserse vrienden ons een keer kwamen bezoeken, vonden ze het erg geestig dat de 'berg' in Muiderberg een duindijk is.

Weet je wat buitenlanders ook bijzonder vinden aan Nederland? Dat niemand een fietshelm draagt. Op zich is dat niet helemaal waar: op een racefiets, mountainbike of speedpedelec wordt wel degelijk een helm gedragen. Maar op een gewone fiets? Nee, sorry, dat vinden we burgertrutterij. Het zal ongetwijfeld veiliger zijn, maar een fietshelm staat voor veel Nederlanders haaks op het vrije gevoel dat fietsen geeft. En daarbij: overal zijn brede en veilige fietspaden, zelfs in de drukke steden. Fietsers horen hier bij het straatmeubilair, dus automobilisten weten dat ze hen uit alle hoeken en gaten kunnen verwachten.

'Spring maar achterop bij mij, achterop mijn fiets. Ik weet nog niet waar we naartoe gaan, maar dat boeit me ook helemaal niets.'

UIT 'BAGAGEDRAGER' VAN RAPPER GERS PARDOEL

De Nederlandse fietser voelt zich niet alleen behendig en ervaren; hij is ook wettelijk goed beschermd, hetgeen hem behoorlijk zelfverzekerd (en soms een tikje overmoedig) heeft gemaakt. Dit tot afgrijzen van de toeristen die zich – met scheefgezakte helmpjes en wiebelend op hun huurfietsen – staande proberen te houden. Iedere dag slingert er een fietsfile door Amsterdam: mensen gaan op de fiets naar hun werk, kinderen gaan naar school, studenten naar de universiteit. Daartussen rijden ook nog moeders met kinderzitjes, vaders met bakfietsen, maaltijdbezorgers en fietskoeriers. Bijna niemand heeft geduld met toeristen die niet zo goed kunnen fietsen of die de regels niet kennen.

Door heel Nederland lopen prachtige fietsroutes. De LF-routes (langeafstand fietsroutes) zijn uitgezet als meerdaagse fietstochten, zoals de Maas-route (480 km) of de Zuiderzee-route (440 km). De knooppunt-routes, gerangschikt per provincie, zijn ideaal voor het maken van dagtochten. Alle routes met bijbehorende toeristische apps zijn te vinden op www.nederlandfietsland.nl

('Hé, pannenkoek, een fietspad is géén wandelpad!') Geen wonder dat heel wat bezoekers filmpjes op YouTube hebben geplaatst rond het thema: *How to survive biking in The Netherlands*. Die video's zijn best geestig, maar het zou ons sieren als we de zwabberende toeristen een beetje zouden ontzien.

De Nederlandse fiets heeft een iets ander model dan de meeste andere fietsen: wij hangen niet voorover maar zitten meer rechtop, met aandacht voor de juiste hoek van de benen. Het stuur van de populaire omafiets is breder, de wielen zijn groter, er zit een krat voorop en de stevige bagagedrager is geschikt om iemand achterop te nemen. Hoe romantisch ís het om achterop te zitten bij je vriend, jouw armen om zijn middel? Ik kan het me nog zo goed herinneren uit mijn studententijd: hoe ik na het uitgaan achterop sprong en samen door het sfeervol verlichte Utrecht zwierde, over de bruggetjes van de Oude Gracht... Maar waarom zou het alleen iets van vroeger zijn? Laat als je de volgende keer uit eten gaat de auto eens staan, en spring bij je geliefde achterop – het is een heerlijk gevoel. Een vriendin van mij is in Utrecht blijven wonen, en als ik 's avonds met haar over de grachten fiets, krijg ik meteen weer dat blije, ongedwongen gevoel: alsof alles mogelijk is, alsof alles bereikbaar is – vrijheid.

Er zijn drie grote fietsmerken: Gazelle (anno 1902), Batavus (1917) en Sparta (1920) die al zo lang kwaliteit leveren dat ze onderdeel zijn geworden van de Nederlandse cultuur. De laatste jaren is er een aantal succesvolle merken bij gekomen dat zich heeft gespecialiseerd in stadsfietsen, transportfietsen of e-bikes. Eén van die merken is Van Moof; zij maken stoere fietsen die ook in het buitenland populair zijn. Al hun fietsen hebben een geïntegreerde tracker in het frame. Wanneer een Van Moof-fiets wordt gestolen, sturen ze hun eigen

TIP

Een van de mooiste fietspaden van Nederland ligt bij Eindhoven. Kunstenaar Daan Roosegaarde heeft met zijn 'Van Gogh-Roosegaarde fietspad' drie Nederlandse klassiekers bij elkaar gebracht: lichttechniek, schilderkunst en de fiets. Geïnspireerd door *De Sterrennacht* van Vincent van Gogh creëerde Roosegaarde een 600 meter lang fietspad met duizenden steentjes die 's nachts oplichten wanneer je eroverheen fietst. Een magisch effect! Dit fietspad is onderdeel van de Van Gogh-fietsroute tussen Nuenen en Eindhoven, die langs plekken voert waar Van Gogh heeft geschilderd of geïnspireerd is geraakt.

bike hunters eropaf: teams die (op de fiets, uiteraard) op zoek gaan naar het ontvreemde exemplaar en hem bij de rechtmatige eigenaar terugbrengen. Da's de moderne en waarschijnlijk effectievere versie van 'met je reservesleuteltje de stad afstruinen'.

Hartstikke gezellig, die 23 miljoen fietsen, maar we moeten ze natuurlijk ook ergens kwijt. In de grote steden kun je je fiets niet zomaar ergens neerzetten: hij moet in een vak, rek, stalling of garage. Utrecht kan bogen op de grootste ondergrondse fietsparkeergarage ter wereld, met ruimte voor maar liefst 12.656 fietsen. Dat het de steden menens is, bleek wel uit de herinrichting van de duurste winkelstraat van Nederland: de P.C. Hooftstraat in Amsterdam. Daar werden een paar jaar geleden heel wat parkeerplaatsen opgeofferd aan fietsenrekken. 'Maar onze clientèle komt helemaal niet op de fiets!' sputterden de luxe Franse en Italiaanse merken. Nou, toen misschien nog niet. Maar als ze slim zijn gaan ze dat wel doen: een auto kun je in Amsterdam veel moeilijker kwijt.

UITWAAIEN

Fietsen is een geweldige manier om Nederland te leren kennen, maar ook te voet is er veel om van te genieten. Ons kleine, aangeharkte land kan bogen op meer wilde natuur dan je misschien zou denken. Nu is 'wild' hier niet dermate wild dat je er dagenlang in zou kunnen verdwalen, maar feit is: het Nederlandse landschap heeft een geheel eigen schoonheid, en verrassend veel variëteit.

Als corona mij íéts heeft geleerd, dan is het wel hoezeer ik kan bijtanken in de buitenlucht. Alles ging dicht, maar de natuur bleef open. Ik wandelde altijd al graag met mijn hond langs het strand, maar tijdens de lockdown waren die kleine uitstapjes een godsgeschenk. Om daar even op een bankje te mogen zitten en uit te kijken over het water was bijna therapeutisch. Dat gevoel heeft me nog steeds niet verlaten. Als ik nu over de dijk loop om even uit te waaien, besef ik eens te meer hoe rustig de aanblik van water me maakt. Het ruisen van de golven, het kabbelen van de vloedlijn, het verre zicht, de vliedende wolken: het is allemaal bijzonder kalmerend – én iedere dag gratis beschikbaar.

Net als niksen (het 'Nederlandse lifestyle-concept') heeft ook uitwaaien een internationaal moment gehad. Het Amerikaanse wetenschapsmagazine *Nautilus* schreef in 2019 een artikel over het 'typisch Nederlandse fenomeen': *outblowing*. Dat wij graag door de duinen of langs het strand gaan wandelen waar het vaak onstuimig waait, werd door *Nautilus* als heel gezond omschreven: 'Uitwaaien doe je om je hoofd even leeg te maken. Het wordt gezien als een prettige, makkelijke en ontspannende ervaring. Een manier om bij te komen van de druk van het dagelijks leven.' Hoewel ik er een beetje om moet lachen dat van de simpelste dingen een trend wordt gemaakt (*Outblowing*? Serieus?) is het stiekem best leuk dat onze Hollandse gewoontes internationaal worden gewaardeerd. De grap is natuurlijk dat het hier nagenoeg altijd waait, dus zelfs als je naar de Albert Heijn gaat ben je aan het uitwaaien. Maar wat *Nautilus* schrijft, klopt als een bus: wanneer de wind door je haren waait, wordt je hoofd als vanzelf schoongeveegd. Dus ga de duinen in, loop langs de kust en laat je meevoeren door de wind. Nadat je met gloeiende wangen bent thuisgekomen, kun je heerlijk onderuit zakken... en verder niksen.

'Kijk, luister en geniet. Mooier dan dit wordt het niet!'

CABARETIER JOCHEM MYJER, WADDEN-LIEFHEBBER

Op de lagere school hebben we allemaal de 'tv-tas' geleerd: een ezelsbruggetje voor de Waddeneilanden Texel, Vlieland, Terschelling, Ameland en Schiermonnikoog. Handig, maar ook een beetje armetierig voor de adembenemende schoonheid die het omschrijft. De Waddeneilanden staan niet voor niets op de Werelderfgoedlijst van UNESCO. Het uitgestrekte natuurgebied is het toppunt van rust en ruimte: het is er stil, groen en vredig, met weidse uitzichten en een overweldigende natuur.

Toen ik voor het eerst op Texel kwam, was ik erg verrast door de variatie in het landschap. Ja, het is het grootste en meest bezochte eiland, maar je zit elkaar bepaald niet in de weg. De hoge duinen en de brede stranden zijn groots en schilderachtig. Er zijn unieke vogelreservaten waar je excursies

Neem vooral een Dikke Tesselaar mee naar huis: een roomboterkoek gevuld met amandelspijs in de vorm van het eiland.

Op Vlieland eet je natuurlijk juthout (krentenbrood met suiker, boter en kaneel) met een 'vliekeurtje'!

kunt maken, maar je kunt natuurlijk ook wadlopen of op een robbentocht zeehonden gaan spotten. Volgens *Lonely Planet* heeft Texel 's werelds mooiste wandel- en fietsroutes door bos en duin, én veel schapen. Ieder jaargetijde heeft zijn eigen charme, maar zelf ga ik het liefst rond Pasen: dan is het lammetjestijd en is het eiland een genot om te bezoeken.

Zodra je van de veerboot stapt, voel je het al: het leven op Vlieland heeft een lager tempo – perfect om even helemaal bij te komen en je rust te pakken. Net als Ameland is Vlieland autoluw, dus het is een goed idee om een (elektrische) fiets

of tandem te huren. Vlieland is een geliefd watersportparadijs. Daarvoor is strandtent Paal 50 al jaren een begrip: je kunt er onder andere suppen, surfen en blokarten: karten over het strand met een surfzeil. Er zijn ook volop avontuurlijke activiteiten, zoals milieu-jutten, waarbij je helpt de stranden schoon te maken door zwerfvuil te verzamelen.
Aan de westkant van Vlieland ligt een interessant fenomeen: de Vliehors, een verbreed strand van 24 vierkante kilometer. Deze uitgestrekte zandvlakte wordt de 'Sahara van het Noorden' genoemd. Met een Parijs-Dakar-achtige gele truck kun je prachtige tochten maken door dit on-Nederlandse decor, en groepjes zeehonden spotten die bij laag water op de zandbanken liggen te dutten. Dit kan echter alléén als de rode vlag is gestreken. Want geloof het of niet: de Vliehors is bovenal een militair oefenterrein waar de Koninklijke Landmacht en haar NAVO-partners met scherp mogen schieten vanuit jachtvliegtuigen en helikopters, en waar per jaar 70 live bommen mogen worden afgeworpen. Raar maar waar!

Terschelling is een eiland met twee gezichten. Het is dé jongerenbestemming voor campingvakanties vol zon, zee en zuipen, maar een groot deel van het eiland is óók officieel stiltegebied. Er zijn mensen die absoluut niet tegen stilte kunnen, maar ik vind het juist heerlijk. De meeuwen, de krekels, het ruisen van het helmgras – meer heeft een mens toch niet nodig? Pas wanneer het ergens helemaal stil is, merk je door hoeveel lawaai we normaal gesproken worden omringd. In een stiltegebied kun je ook het 'innerlijke

Probeer eens een nobeltje of een robbenslok, twee typisch Amelandse likeurtjes.

lawaai' (de maalstroom in je hoofd) van je af laten glijden en gewoon even zijn. Het is trouwens niet alleen stil op Terschelling, het is er ook donker. Natuurreservaat De Boschplaat is één van twee Nederlandse *Dark Sky Parken*: gebieden zonder lichtvervuiling waar het 's nachts nog écht donker is, zodat je een heldere sterrenhemel kunt zien.

Net als de andere eilanden heeft Ameland tal van fiets- en wandelroutes, maar je kunt er ook een ECO-safari maken, waarbij je in een schattig (en stil) elektrisch terreinwagentje door de overweldigend mooie natuur mag cruisen. Een bezoek aan Ameland is niet compleet als je de vuurtoren niet hebt beklommen: het zijn liefst 236 treden, maar dan heb je wel een panoramisch uitzicht over de plek waar de Noordzee en de Waddenzee samenkomen.

Schiermonnikoog kan bogen op het breedste strand van Europa. Het eiland is zeer rustig en één groot natuurgebied: het grootste deel is Nationaal Park. November is wandelmaand op Schiermonnikoog; een heel bijzondere ervaring. Je moet een warme regenjas meenemen, maar daar krijg je wel wat voor terug: weidse vergezichten, dramatische wolkenpartijen, weerspiegeling in het wad en dan opeens een regenboog... Het is allemaal zo mooi en sereen dat je het gevoel hebt aan het einde van de wereld te zijn beland.

Er zijn veel boeken geschreven over de Wadden, en er bestaan allerlei websites die omschrijven wat je er allemaal kunt doen. Maar als ik je één ding mag meegeven: je kunt al die activiteiten natuurlijk ook laten. De Waddeneilanden zijn uitermate geschikt om eens helemaal niéts te doen. Gewoon een beetje wandelen over de brede stranden, leunend tegen de wind, de zonsondergang tegemoet... *Outblowing* volgens het boekje!

In 1868 werd op Terschelling in een aantal duinvalleien de uitheemse cranberry-plant ontdekt, vermoedelijk omdat er ooit na een storm een of meerdere vaten met cranberry's zijn aangespoeld. Sindsdien is Terschelling hét cranberry-eiland. Koop een lekker potje jam, of de Terschellinger Cranberry Honing Likeur. Alles wordt gemaakt van lokale cranberries, die in de wilde natuur worden geplukt.

Twee uur per week in de natuur verlaagt de kans op astma en allergieën, en verhoogt de levensverwachting.

BOSRIJK NEDERLAND

Rapper Typhoon (Glenn de Randamie) vertelde tijdens *Zomergasten* enthousiast over zijn puberjaren, waarin hij vaak naar het bos ging: 'Dan was ik de hele dag aan het chillen met God, in de natuur, teksten schrijven. Ik had zoveel lol in mijn eentje, gewoon door daar te zijn.' Ik heb nog nooit in het bos geschreven, maar ik begreep het gevoel dat hij wilde overbrengen. Een bezoek aan het bos is ook een van míjn favoriete manieren om me te ontspannen. Of ik nu stevig doorloop of alleen maar een beetje slenter met de hond – zodra ik ben omringd door groen denk ik nergens meer aan. De druk van mijn agenda, een naderende deadline; het verdwijnt allemaal in het niets. Tegelijkertijd staan mijn zintuigen op scherp. Zachte mosgrond, een bospad, een zandweggetje: iedere ondergrond voelt anders aan mijn voeten. Er hangen ook geuren die me gelukkig maken: die van naadbomen bijvoorbeeld, of het aardse aroma van natte bladeren in de vroege ochtend. In het bos wil ik niets liever dan heel diep inademen. Hier, tussen de planten en de bomen, wordt onze zuurstof gemaakt. Overal voel ik ruimte en verbondenheid. Ik voel lucht.

Op Bomenstichting.nl staan wandel- en fietsroutes langs de mooiste monumentale bomen in Nederland.

Weet je dat je het jawoord kunt geven in het bos? Staatsbosbeheer werkt samen met Trouwen in het Bos, een organisatie die groene trouwfeesten organiseert op de mooiste boslocaties.

De kalmerende werking van een bosrijke omgeving is geen verbeelding. Wanneer je bent omringd door bomen, daalt niet alleen je bloeddruk maar ook de aanmaak van stresshormonen. Je immuunsysteem wordt daarentegen extra gestimuleerd, waardoor je op wolkjes lijkt te lopen. Waarom mensen zich zo goed kunnen ontspannen in een groene omgeving? Dat heeft waarschijnlijk met onze verre voorouders te maken. Een bosrijk landschap gaf de oermens niet alleen veiligheid en beschutting, maar stond ook garant voor de aanwezigheid van dieren en eetbare planten en fruit.
Het gevoel dat de natuur heilzaam is, zit nog altijd in ons DNA verankerd. Wie te veel tijd in een drukke stad of betonnen

'De natuur wijst ons de weg naar huis.'
ECKHART TOLLE

kantooromgeving doorbrengt, krijgt een opgejaagd gevoel. De homo sapiens heeft tienduizenden jaren in de natuur geleefd; het grootstedelijke bestaan is eigenlijk pas iets heel recents. Ons digitale leven (wat zich alleen maar verder heeft uitgebreid met Zoom-vergaderingen en studeren op afstand) kan vervreemdend zijn: we missen de 'grond onder onze voeten'. Probeer daarom geregeld naar een groene omgeving te gaan: daar voelen we ons vrij en gelukkig.

Het Nationale Park De Hoge Veluwe wordt ook wel 'de groene schatkamer van Nederland' genoemd. Het natuurgebied behoeft nauwelijks aanbeveling want het is al decennia de populairste binnenlandse vakantiebestemming. In 2019 hielden Nederlanders ruim 1,7 miljoen vakanties op de Veluwe of de Veluwerand, en dat zal in de zomer van 2020 niet minder zijn geworden. Bezoek de Veluwe ook eens in een van de andere seizoenen; in de herfst en winter is het er minstens zo mooi. De diversiteit van het landschap is heel bijzonder: je hebt er bossen en heidevelden maar ook zandverstuivingen, vennen, veenmoerassen en duikpoelen. Daardoor leeft er een ongekende variëteit aan dieren op de Veluwe, van edelherten en moeflons tot meer dan honderd 'rode lijst'-soorten zoals de boommarter. Te midden van deze flora en fauna kun je op allerlei manieren de nacht doorbrengen: in een *tiny eco house* of

DE GROTE 5

Op staatsbosbeheer.nl kun je zien waar je een Landrover-safari kunt boeken, op zoek naar de Nederlandse Big Five. De Landrovers worden CO_2 neutraal gereden door compensatie via Trees for all.

boswachtershuisje; in een pipowagen, een boomhut (met glijbaan naar beneden) of bungelend in een boomtent die meewiegt met de wind. Zie je jezelf niet zo snel 2,5 meter boven de grond slapen? Bedenk dan dat het gezond is om af en toe dingen te doen die buiten je comfortzone liggen. Durf uit je routine te breken, schud de boel een beetje op en kijk wat het je brengt – maar wel eerst even plassen voordat je tent wordt opgetakeld.

Over de hele Veluwe zijn prachtige fietsroutes die je met je eigen fiets kunt

ondernemen of met een van de 1700 (gratis) witte fietsen bij het Kröller-Muller museum. Je kunt wandelroutes volgen, wild-observatieposten bezoeken of excursies maken met een natuurgids. Je kunt ook op een Landrover-safari gaan: de Veluwe herbergt vier van de Nederlandse Big Five. Iedereen kent 'de grote vijf' die je op een Afrikaanse safari probeert te spotten, maar ook in Nederland hebben we een lijst met dieren die wij tot onze nationale trots rekenen – ze hebben zelfs een eigen logo: ree, wild zwijn, edelhert, bever, zeehond.

Weet je wát leuk is? Een blotevoetenpad. Ik vond het een heel bijzondere natuurbeleving. Er zijn meer dan 25 blotevoetenpaden door heel Nederland; speciaal aangelegd om veilig zonder schoenen en sokken over verschillende ondergronden te kunnen lopen. Je wandelt over zand, gras, turf, mos, houtsnippers en stapstenen. Het pad leidt door water en (soms kniehoge) modder, langs fruitboomgaarden en bloemen. Door de ongelijke ondergrond schijn je alle grote en kleine spieren in je voeten en benen te trainen, en het zou ook wonderen doen voor je balans. Maar ik vond het vooral heel bevrijdend: het is een compleet andere sensatie en geeft een vrij gevoel. Vaker op blote voeten lopen is sowieso een goed idee: de meeste voeten vinden het heerlijk wanneer ze uit hun schoenen worden bevrijd. Wanneer blootsvoets door

Het BloteVoetenPark in Brunssum heeft het langste en meest uitgebreide blotevoetenpad van Nederland: de afwisselende natuurtocht strekt zich uit over 4 kilometer en is erg leuk (en modderig) om met kinderen te lopen.

de modder nog een stap te ver is, zou je ook binnenshuis kunnen beginnen. Ervaar hoe ontspannen het is, en hoe het je een gevoel van 'meer grip' kan geven.

Eén van de dingen die ik hoog op mijn verlanglijstje heb staan, is een kanotocht door het Nationale Park De Biesbosch. Dat lijkt me niet alleen avontuurlijk maar ook een oase van rust en ruimte. De Biesbosch is een ruig stuk 'natte' natuur. Icoon van het gebied is de bever, en onder begeleiding van een gids kun je bevertochten maken. Je kunt er ook meerdaagse kanotochten ondernemen waarbij je wildkampeert op onbewoonde eilandjes. Je peddelt door kleine, bochtige kreekjes die met overhangende bomen en planten een welhaast on-Nederlandse jungle-sfeer oproepen. In je eigen kano langs wilgenvloedbossen, grote kreken, beverburchten en rietruigten glijden – dichter bij de natuur kun je toch niet komen? Ook voor kinderen zijn er spannende kanotochten door De Biesbosch, waarin ze met een gids op zoek gaan naar een 'schatkist' en zelf een kampvuur maken om marshmallows te roosteren.

—

In De Biesbosch varen alleen elektrische fluisterboten om de natuur niet te verstoren. Zo kun je bijvoorbeeld een blokhutboot huren: een elektrisch woonbootje op zonnepanelen, dat je overal in het uitgestrekte natuurgebied mag aanleggen. Dat is drijven in rust.

—

Je kunt uiteraard ook wandelen en fietsen in De Biesbosch, maar verwacht geen gebaande paden: in dit ruige gebied loopt nog wel eens wat onder. Een deel van De Biesbosch is doorstroomgebied: een plek waar het rivierwater in en uit kan stromen, zodat de omliggende steden bij hoogwater niet onderlopen. Een mooi staaltje watermanagement dat een waterrijk vogelparadijs heeft opgeleverd, met ijsvogels, reigers en lepelaars. In De Biesbosch leven ook twee indrukwekkende arendsoorten: de visarend, met een spanwijdte rond de 1,7 m en de zeearend, de grootste roofvogel van West-Europa, met een spanwijdte van 2 tot 2,5 m. Het is uniek om deze twee roofvogels te zien vliegen of jagen.
Hoewel je in De Biesbosch mag paalkamperen (dat is wildkamperen met

maximaal drie tenten op plekken die zijn aangegeven met een officiële paal, wat natuurlijk niet echt 'wild' is maar zo wild als het wordt in Nederland) is het paalkamperen in de rest van het land drastisch teruggeschroefd. Zo heeft Staatsbosbeheer in 2020 haar 17 locaties opgeheven omdat mensen er te vaak een puinhoop van maakten – wat natuurlijk oneindig zonde is. Waarom is het zo moeilijk je rommel op te ruimen? Gelukkig zijn er ook nog natuurkampeerterreinen van NKTC, want lekker *back to basic* kamperen is een perfecte manier om lekker uit te waaien. Deze terreinen zijn de enige plekken waar je in de natuur je eigen kampvuur mag maken.

Een kampvuur doet iets met je. Het voelt veilig en knus en creëert verbondenheid: iedereen gaat er als vanzelf in stilte omheen zitten en gaat in de vlammen staren. Het bewegende vuur is bijna hypnotiserend om naar te kijken, met vonkjes die ronddansen als vuurvliegjes. Genieten van een kampvuur is een oergevoel dat ons nooit heeft verlaten. De warmte maakt rozig en het knappen en sissen is perfect om bij te niksen: het ruikt naar vrijheid en lome zomeravonden. Wanneer je in de vlammen staart, voel je al snel hoe je hele lichaam ontspant. Een kampvuur maakt doezelig en gelukkig. Er kunnen mooie gesprekken ontstaan met diepe gedachten – of niet. In stilte samen zijn is vaak al meer dan genoeg.

Zie je onderweg mooie of zeldzame insecten, planten of dieren? Meld ze aan bij www.waarneming.nl, het natuurplatform waarop iedereen de biodiversiteit en natuurrijkdom van Nederland kan vastleggen. Ook handig: de gratis app ObsIdentify. Maak een foto van een plant of dier, klik op de knop, en binnen een paar seconden krijg je de naam van de soort, plus aanvullende informatie.

RUIMTE OM TE ADEMEN

Voor mensen is de natuur op vele manieren helend, maar andersom is dit helaas niet het geval: de mens gaat niet altijd even zachtzinnig om met de 'groene longen' van onze planeet. Nederland is een klein en dichtbevolkt land, dus dat betekent dat we ons extra bewust moeten zijn van de impact van ons gedrag. Klimaat- en milieumaatregelen worden nog wel eens weggezet als onnodige en dure hobbyprojecten van doemdenkers en wereldverbeteraars, maar *alle* mensen hebben belang bij schone lucht, helder water en goed geïsoleerde huizen. Het komt onze leefwereld ten goede. Een schoon milieu geeft rust, overzicht, gezondheid en vertrouwen. Je kunt er letterlijk 'op adem komen'. Groene innovatie is een onmisbaar onderdeel van een gelukkig leven. Duurzaam hoeft niet alleen maar duur te zijn: de ontwikkeling van hernieuwbare energiebronnen en bio-afbreekbare grondstoffen stimuleert óók de economie, maar dan op een manier waar de wereld beter van wordt.

In de auto naar je werk? Zo kun je je CO_2-uitstoot helpen verminderen: zorg ervoor dat je banden altijd hard zijn opgepompt. Gebruik je airco zo weinig mogelijk. Rijd met de ramen dicht. En rijd vooral niet te hard.

Hoe heerlijk het ook is om uit te waaien langs de kust of om vakantie te vieren op de Veluwe, ook dichter bij huis zou je moeten kunnen uitwaaien. Laten we proberen om veel meer natuur terug te brengen naar de stad. Er zit ongetwijfeld economisch gewin in nóg meer kantoorgebouwen en hotels, horecagelegenheden en winkelcentra. Maar het zou toch niet zo moeten zijn dat je de stad uit moet vluchten om te genieten van schaduwrijk groen? Stadsparken, speelweides, wandelpaden en groene stilteplekken hebben een andere, minstens zo belangrijke winstfactor: ze komen het 'bruto nationaal geluk' ten goede.

In een aantal grote steden zijn ze al begonnen met een nieuwe vorm van stadsplanning. Zo komt er in Utrecht een geheel autovrije woonwijk, Merwede, waar maar liefst 10.000 huizen worden gebouwd. De wijk gaat grotendeels in haar eigen energie voorzien, met drie hectare zonnepanelen op de daken. Op de overige dakruimte komt beplanting, en ook tussen de huizen zal veel ruimte zijn voor groen. Buiten de woonwijk komen 'mobiliteitshubs' die voor autodelers zijn bedoeld.

'De grootste bedreiging voor onze planeet is de gedachte dat iemand haar wel zal redden.'

POOLREIZIGER EN KLIMAATACTIVIST ROBERT SWAN

Leiden is bezig met de aanleg van het Singelpark: een langgerekt groen lint rond de versteende oude binnenstad. Nieuwe en bestaande groene plekken worden aan elkaar geregen met bruggetjes en wandelpaden zodat er één geheel ontstaat.

Ook Rotterdam heeft plannen voor de aanleg van daktuinen. In 2030 moet het centrum één vierkante kilometer multifunctioneel dakoppervlak tellen, van groene daken en zonnepanelen tot dak-oases en bebouwing met *tiny houses*.

Een beter milieu heeft grote en ambitieuze plannen nodig, maar ook relatief kleine initiatieven kunnen effect hebben. Zo is Amsterdam begonnen met de aanleg van begroeide bushokjes: deze hebben een groeimat van sedumplantjes en een irrigatiesysteem van regenwater. De minituintjes dragen bij aan de groenbeleving in de stad en stimuleren de biodiversiteit door de komst van hommels, bijen en vlinders.

TIP

Ook bij jou thuis kun je op het dak van je schuur, carport of overkapping een groendak aanleggen. Zo'n laag van bloeiende sedumplantjes, kruiden en gewassen creëert niet alleen een groener leefklimaat, het zorgt ook voor isolatie, waterbuffering en luchtzuivering.

—

Volgens het Planbureau voor de Leefomgeving is Nederland binnen de EU koploper als het gaat om het gebruik van gerecyclede materialen. Er is uiteraard nog een lange weg te gaan, maar ik vind het mooi dat steeds meer mensen zich realiseren dat we de wegwerpmaatschappij moeten ombuigen naar een duurzame, circulaire economie. Wist je dat je hier al een bijdrage aan kunt leveren met een paar kleine veranderingen in je dagelijkse verzorging?

✦ Het Wereld Natuurfonds verkoopt *shampoobars* met een zeepschaaltje van bamboe. Iedere bar staat gelijk aan drie plastic flessen shampoo en gaat 75 wasbeurten mee. Er zijn verschillende versies voor elk haartype.

✦ Koop geen plastic wegwerpschermesjes. Koop liever een degelijk, vast scheermes waarvan je de mesjes verwisselt. En zet je douche even uit terwijl je je scheert.

✦ Gebruik geen natte doekjes die niet biologisch afbreekbaar zijn, en spoel ze zeker niet door je toilet. Gebruik liever een wasbaar doekje of een washandje.

✦ Beautyproducten komen vaak in kartonnen verpakkingen met dikke, papieren bijsluiters in twaalf talen. Vergeet niet ook díe te recyclen via het oud papier.

✦ Wist je dat het naar schatting één miljoen jaar duurt voordat glas in de natuur volledig is afgebroken? Probeer glazen potjes altijd te recyclen, of nog beter: te upcyclen door er een andere bestemming voor te vinden. Mijn vader bewaarde er bijvoorbeeld schroefjes in.

✦ Verruil plastic wattenstaafjes voor een houten variant, en wegwerpvijltjes voor een degelijk exemplaar dat jarenlang meegaat.

✦ Spuitbussen met haarlak of deodorant bevatten milieuonvriendelijke drijfgassen. Een spuitbus met een mechanische verstuiving of pompje is een goed alternatief, net als een rollerdeo.

—

Nu ik het toch over verzorgingsproducten heb: het is misschien leuk om te vermelden dat Nederland een aantal beautymerken heeft dat internationale bekendheid geniet, en dat het ook belangrijk vindt om verantwoord te ondernemen.

- Rituals heeft een aantal jaren geleden als eerste skincare merk ter wereld gekozen voor navulbare verpakkingen. Dit verlaagt de CO_2-uitstoot, plus het energie- en waterverbruik. De cadeauverpakkingen zijn van recycled plastic en afbreekbaar foam.
- Zenology plant een boom voor iedere online aankoop. Ze streven naar duurzaamheid en milieuvriendelijke verpakkingen. De producten bevatten huidvriendelijke ingrediënten; geen allergenen of kunstmatige kleuren.
- Naïf is een verzorgingsmerk voor baby's met alleen natuurlijke ingrediënten. Ze hebben een Zero Plastic Inside certificaat van de Plastic Soup Foundation. De tubes worden gemaakt van bioplastic, met als hoofdingrediënt suikerriet.

Na de plastic tasjes en de rietjes zou het misschien een idee zijn om op termijn de waterflesjes af te schaffen. In Nederland is er bijzonder weinig reden om water uit een plastic wegwerpflesje te drinken: het Nederlandse kraanwater is goedkoop én van spa-kwaliteit*. Voor 1 euro kun je het hele jaar water drinken, als je uitgaat van 1,5 liter per persoon per dag. Ons water is

zelfs van zo'n goede kwaliteit dat het als flessenwater wordt verkocht: zowel Bar-le-Duc als Sourcy wordt opgepompt uit een bron op de Utrechtse Heuvelrug. Utrechts kraanwater voor de prijs van flessenwater – het blijft een bijzondere deal.

*In huizen die vóór 1960 zijn gebouwd, kunnen soms nog loden waterleidingen liggen. Dit water is niet gezond om te drinken; vooral voor kinderen zijn de risico's groot. De leidingen moeten zo snel mogelijk worden vervangen. Kijk op www.loodinwatertesten.nl voor een check.

De 'plastic soep' (de enorme hoeveelheid plastic die in de oceanen drijft) bestaat natuurlijk uit veel méér dan plastic waterflesjes – al helpt het niet dat er wereldwijd iedere seconde (!) 15.000 van die flesjes worden verkocht. Het grote probleem van plastic is dat het niet vergaat; het is een permanente vorm van vervuiling. *Al* het plastic dat *ooit* in het milieu terecht is gekomen ligt daar nog steeds. Het verteert niet, maar valt in steeds kleinere deeltjes uiteen: de zogeheten microplastics. Die deeltjes zijn funest voor het leven in zee, maar ook voor ons: we eten ze op, we ademen ze in en we komen er nooit meer vanaf. De grootste vervuiler is wegwerpplastic. Gelukkig heeft de EU per 2021 een verbod ingesteld voor wegwerpplastic dat vaak in zee belandt: rietjes, borden, bestek, ballonstokjes en wattenstaafjes. Maar we hoeven natuurlijk niet op orders uit Brussel te wachten; we kunnen ook zélf de handen uit de mouwen steken. En dat gebeurt in Nederland volop.

TIP
Het Nederlandse bedrijf Dopper maakt al tien jaar mooi vormgegeven, herbruikbare waterflessen die je kunt vullen met kraanwater. Ze zijn initiator van de P.E.T. Free Movement waarmee ze mensen en bedrijven willen stimuleren zo weinig mogelijk plastic flessen te kopen zodat er veel minder plastic in het milieu belandt.

In Leiden is de gemeente begonnen met de Plastic Spotter: via de gratis app CrowdWater kun je doorgeven waar plastic en andere rotzooi in het water drijft. Deze data gebruikt de gemeente om na te gaan waar

'Wij hebben de aarde niet als een kostbare erfenis in beheer, maar wij hebben haar van onze kinderen te leen.'

CLAUS VAN AMSBERG, PRINS-GEMAAL VAN NEDERLAND (1926-2002)

'afvalhaarden' zijn, en hoe ze die beter kunnen bestrijden. Tegelijkertijd varen vrijwilligers met kano's door de grachten om het plastic eruit te vissen.

In Amsterdam en Rotterdam opereert Plastic Whale, een onderneming die met dertien eigen boten plastic uit het water vist. Deze boten zijn gemaakt van gerecycled plastic uit de grachten, maar Plastic Whale maakt inmiddels ook kantoormeubilair van het plastic dat ze ophalen. Je kunt meevaren met de Plastic Whale-boten en gewapend met een schepnet een bijdrage leveren.

De Nederlandse Plastic Soup Foundation ruimt geen plastic op, maar probeert te voorkomen dat het in de oceanen belandt: 'Als we niets tegen de plastic soep ondernemen, zal er in 2050 qua gewicht meer plastic in zee zijn dan vis', stellen zij op hun website. Eén van hun internationaal succesvolle campagnes is Beat the Microbead: opgezet om plastic microbeads uit beauty- en verzorgingsproducten te weren, zodat ze niet in zee terechtkomen.

Download de gratis Beat the Microbead-app en check hoeveel plastic jouw beautyproducten bevatten.

Soms hoor je zoveel doemverhalen over het milieu, dat je denkt: wáár zou ik kunnen beginnen? Zet het wel zoden aan de dijk als ik geen waterflesje meer koop? Dan blijven er immers nog 14.999 over – deze seconde.
Maar iedere gedragsverandering is er één. En wie weet wat je in gang zet? Veel grote projecten zijn immers begonnen met een klein gebaar. Neem de Nederlandse backpacker Tijmen Sissing. Hij was pas 20 jaar toen hij min of meer per ongeluk een wereldwijde beweging begon. Op zijn reis door Australië en Zuidoost-Azië verbaasde hij zich over het vele zwerfafval dat hij in de natuur zag liggen. Hij besloot de rommel te gaan verzamelen; een initiatief dat al snel de aandacht van de lokale bevolking trok. Hoe meer vuilniszakken hij wist te vullen, hoe meer publiciteit én hulp hij kreeg. Zijn spontane idee uit 2012 is inmiddels uitgegroeid tot een wereldwijde community van *trashpackers* die hun eigen omgeving of het land dat ze bezoeken willen helpen door zwerfafval op te ruimen.

Ook iets voor jou? Registreer je als trashpacker op www.trashpackers.org en help mee met het doel 100.000 zakken afval per jaar te halen.

Dit overzicht zou natuurlijk niet compleet zijn zonder Boyan Slat, de jonge Nederlandse uitvinder en CEO van The Ocean Cleanup. Hij droomde al jaren van een relatief eenvoudige manier om plastic uit zee te vissen, en ontwikkelde The Interceptor: een inmiddels wereldberoemde drijvende constructie met twee lange armen. Slat en zijn team kenden de nodige opstartproblemen, maar ze gingen onverstoorbaar door met de ontwikkeling. De nieuwste generatie van The Interceptor wordt inmiddels succesvol ingezet bij het schoonmaken van de oceanen.

Nog één laatste puntje: een duurzaam leven is geen wedstrijd. We hoeven elkaar niet de maat te nemen wie het 'het beste' doet op het gebied van het milieu. Sommige mensen kiezen voor een elektrische auto, een geïsoleerd huis of een dure warmtepomp, maar dat is financieel niet voor iedereen weggelegd. Anderen moeten voor hun werk of familie misschien wat vaker het vliegtuig nemen, maar dat wil niet zeggen dat zij niet op andere vlakken óók duurzamer proberen te leven. Het doel is progressie, niet perfectie. Iedereen zit op een ander punt in het proces. Maak je daarom niet druk over wat anderen doen, maar concentreer je op wat jíj kunt doen. Daar word je het gelukkigst van.

3

AMSTERDAM

Ontsnappen aan de drukte

Amsterdam is een bruisende, progressieve stad met een unieke energie. Een stad die in de wereld zijn gelijke niet kent. Nederland wordt ieder jaar door zo'n 20 miljoen buitenlandse toeristen bezocht, en de helft daarvan gaat naar Amsterdam. Voor een stad met iets minder dan een miljoen inwoners is 10 miljoen bezoekers een flinke kluif, om niet te zeggen: een logistieke nachtmerrie. Tijdens de lockdown heerste er opeens maandenlang een ongekende rust: geen bierfietsen, riksja's en rolkoffers, geen dronken toeristen die staan te pissen in de portieken. Amsterdammers konden eindelijk weer eens rustig over hun eigen grachten fietsen, kinderen speelden op straat, senioren waren opgetogen dat ze 'het oude Mokum' terug hadden.

'Sommige toeristen denken dat Amsterdam een stad van zonden is, maar in werkelijkheid is het een stad van vrijheid. En in die vrijheid vinden de meeste mensen zonden.'

UIT: *THE FAULT IN OUR STARS* VAN SCHRIJVER JOHN GREEN

‘Amsterdam leeft en ademt creativiteit. Je loopt een huis uit de zeventiende eeuw binnen, en opeens zit je in een broedplaats voor creatieve startups.’
ONTWERPER MARCEL WANDERS

De toeristenindustrie is een banenmotor die veel geld in het laatje brengt, maar lang vóór corona was er al discussie over de ongebreidelde groei van het aantal bezoekers. Goedkope vliegtickets en boekingssites als Airbnb hebben van Amsterdam een heksenketel gemaakt waar je het hele jaar over de hoofden kunt lopen. Nu de toeristenstroom weer op gang is gekomen, probeert de stad een nieuwe balans te vinden tussen bezoekers verwelkomen en (een deel van) de hervonden rust behouden. Toeristen zijn uiteraard niet alleen maar vervelend; we mogen er ook trots op zijn dat zoveel mensen ons land willen bezoeken. En bovendien: Nederlanders houden óók van citytrips.
Wij gaan net zo goed een lang weekend naar Londen, Venetië of Barcelona; steden die met dezelfde problematiek worstelen. Dan kunnen we moeilijk met de geheven vinger naar de reislust van anderen wijzen.

Iedereen begrijpt hoe belangrijk het toerisme is voor Amsterdam. Maar hopelijk worden de aantallen beter te behappen zodat de inwoners meer ruimte krijgen om te ademen.

En misschien kunnen we ook eens nadenken over de vraag wat voor sóórt toeristen we willen. Op de travelsite 'Far&Wide' las ik over Nederland: *'The standard of living is as high as the tourists in Amsterdams red light district.'* Is dat een kwalificatie die we zouden moeten willen? Maar laat ik de situatie vooral niet te somber schetsen. Er komen inderdaad veel toeristen voor de wiet en de Wallen, maar er komen er nog méér voor kunst en cultuur. Én voor de sfeer, want Amsterdam heeft iets unieks: avant-gardisme in een Anton Pieck-decor.

Ik heb in Amsterdam op zes adressen gewoond, van hartje centrum tot Buitenveldert, en op iedere plek heb ik genoten van de mensen en de dynamiek. Die dynamiek kan echter ook een keerzijde hebben. In een grote stad lijkt iedereen haast te hebben: toeristen willen in een zo kort mogelijke tijd zoveel mogelijk zien. Shoppers willen liefst alle winkels meepakken. Mensen die in de stad werken spoeden zich door de drukte, op zoek naar een parkeerplaats of een zitplaats in de tram: snel-snel doorlopen, anders

'Midden in het Westerpark is een stadstuin, of een broedtuin. Daar ga ik wel eens zitten om te kijken naar het water, de libellen en het hoge riet. Er is een wankel bruggetje. Het is zo verrassend idyllisch, een minivakantie bijna.'
ACTRICE JOY DELIMA

is hun pauze alweer voorbij. Uit onderzoek is gebleken dat inwoners van grote steden meer last hebben van een overprikkeld brein dan mensen die landelijker wonen. Er is zelfs een benaming voor: urbane stress, aangewakkerd door geluidsoverlast, verkeersdrukte en mensenmassa's.

TIP

Als ik vroeger met mijn kinderen naar het park ging, vonden we het leuk om samen de eendjes te voeren. We namen er speciaal oud brood voor mee. Totdat ik begreep dat eenden ziek worden van brood, en het niet opgegeten brood ratten aantrekt. Oeps! Beter van niet, dus.

Gebrek aan rust en stilte kan een opgejaagd gevoel geven maar wat mensen echt neerslachtig maakt, is gebrek aan sociaal contact. Wie iedere dag door heel veel mensen wordt omringd maar nagenoeg geen aanspraak heeft, kan zich erg verloren gaan voelen. Vrij toegankelijke, sociale plekken zijn goed voor de ziel: mensen hebben behoefte aan openbare plekken waar ze in de luwte kunnen samenkomen, waar je op een bankje een praatje kunt aanknopen, en waar kinderen kunnen spelen. In Amsterdam denk je dan natuurlijk als eerste aan de parken.

Iedereen kent het Vondelpark; het trekt maar liefst tien miljoen bezoekers per jaar. Toen ik nog in Amsterdam woonde, was ik er vaak te vinden; het voelde als de collectieve achtertuin. De schaduwrijke bomen, de vele waterpartijen en het uitnodigende gras maken van het Vondelpark dé perfecte plek om uit te waaien. De populariteit van het park heeft echter ook nadelen. In 2019 lieten bezoekers 350.000 kilo afval achter – een verbijsterende hoeveelheid. Maar in de coronazomer van 2020 stond de teller al op 425.000 kilo, en het jaar was toen nog niet voorbij. Er zijn allerlei *clean up*-activiteiten waar je als vrijwilliger aan mee kunt doen, maar kom op:

hoe moeilijk is het je eigen rommel op te ruimen? Misschien moeten de klassieke bordjes maar weer terugkomen: 'Laat niet, als dank voor 't aangenaam verpozen, den eigenaar van 't bosch de schillen en de dozen!'

Naast het Vondelpark heeft Amsterdam nog veel meer groene plekken, zoals Park Frankendael, met z'n heerlijke natuur-speeltuin; het Beatrixpark, waar je peuter verliefd zal worden op het pierenbadje met de zeemeerminnen, of het Amsterdamse Bos, dat maar liefst drie keer zo groot is als Central Park in New York. Daarnaast zijn er nóg 30 parken, die je allemaal kunt vinden op www.amsterdam.nl

Eén van de relatief nieuwe Amsterdamse parken is Park Schinkeleilanden, in de buurt van het Olympisch Stadion. De opzet van dit park vind ik heel bijzonder. De vier groene Schinkeleilandjes hebben ieder een eigen bestemming gekregen, en zijn met fietspaden verbonden. Op het Tenniseiland is een aantal tennisverenigingen ondergebracht; het Voetbaleiland herbergt voetbal, watersport en atletiek. Parkeiland is bedoeld voor recreatie; daar kun je wandelen, picknicken of luieren in het gras, en Natuureiland bestaat uit een ruig stuk natuur dat vooral een ecologisch karakter heeft. Het 'dode stronkenbos' (zo noem ik het maar even; het heeft vast een andere, meer verantwoorde naam) op Natuureiland werd al snel een Instagram-hit: samen met de aalscholverpalen geven de stronken zo'n fotogeniek effect dat menigeen er speciaal voor naar de Schinkeleilanden is gefietst.

De brug naar Park Schinkeleilanden is vernoemd naar architect Jan Wils; hij ontwierp het Olympisch Stadion voor de Olympische Spelen van 1928. Wist je dat hij ook de olympische vlam heeft bedacht? Pal naast het stadion situeerde Wils de Marathontoren, die als oriëntatiepunt moest dienen. Boven op die toren brandde het eerste olympische vuur in de geschiedenis: het idee was dat gedurende de dag de rook overal te zien zou zijn, en 's avonds de vlam. Sindsdien is het vuur een onlosmakelijk onderdeel van de Olympische Spelen, maar het zou nog tot de Spelen van 1936 duren voordat de fakkel door een atleet het stadion werd binnengedragen.

Andere rustige binnenplaatsen waar je vergeet dat je in hartje Amsterdam bent:

- Het Museumcafé van het Amsterdam Museum, wat eeuwenlang het Burgerweeshuis was
- Brasserie OCCO in The Dylan
- Het spectaculaire tuinterras van restaurant Lion Noir
- De weelderig groene binnentuin van The Grand, het voormalige stadhuis

Beton en stenen houden warmte vast, terwijl bladerrijke bomen juist voor verkoeling zorgen. Nu we in Nederland steeds vaker met een hittegolf worden geconfronteerd, is de aanplant van extra bomen niet alleen leuk en gezellig – het wordt ook noodzakelijk voor de leefbaarheid van de stad. De gemeente Amsterdam heeft hierin grote ambities: voor 2025 wil ze 10.000 parkeerplekken opheffen en meer ruimte maken voor groen, fietspaden en speelplaatsen.

Er zijn ook andere manieren om in Amsterdam te ontspannen. Ga bijvoorbeeld eens naar de Hortus botanicus, een groene oase midden in de stad. De oorsprong van deze collectie exotische planten dateert uit 1638; daarmee is de Hortus één van de oudste botanische tuinen ter wereld. De verzameling omvat inmiddels ruim 4000 planten, bomen en geneeskrachtige kruiden. Het is heerlijk om tussen al dat groen rond te dwalen, en rustig tussen de vlinders te gaan zitten. Weet je waar ik ook van kan genieten? Sfeervolle binnenplaatsen. Ze liggen vaak in het hart van een historisch gebouw; een luwteplek te midden van het stadslawaai. Achter de Hermitage bevindt zich bijvoorbeeld de Hoftuin, een 'verborgen' pareltje waar je zó langs loopt als je niet weet dat het er ligt. Het is een schaduwrijke tuin met picknicktafels en lekkere zitjes, waar je je eigen boterhammetje kunt eten maar er is ook een restaurant. In de keuken werken dak- en thuislozen, en er wordt vooral met biologische ingrediënten gekookt.

Toen ik eind jaren '80 voor het eerst in Amsterdam kwam wonen, werd ik door vrienden meegetroond naar een 'geheim' plekje. We gingen door een onopvallende deur op het Spui, en opeens stonden we in het Begijnhof: een middeleeuws hofje vol prachtig gerestaureerde huisjes

Heb je ze al eens gezien, de uitbundig versierde fietsen van Flower Bike Man? De Amerikaan Warren Gregory woont al jaren in Amsterdam. Hij heeft er een hobby van gemaakt oude of gedoneerde fietsen op te tuigen met kunstbloemen en andere vrolijkheid. Gregory parkeert zijn creaties op mooie plekjes in de stad om zo een glimlach aan mensen te ontlokken.

(waaronder één van de twee laatste houten huizen in Amsterdam) waar de tijd leek te hebben stilgestaan. Het hofje is een heel bijzondere stilteplek – en wordt inmiddels ook als zodanig aangeven in álle reisgidsen waardoor het bepaald geen stilteplek meer is. Maar ik zou er zeker eens gaan kijken, vooral 's ochtends vroeg.

Ook de Oude Kerk wordt aangeprezen om haar serene rust en stilte – en dat terwijl zij midden op de Wallen staat. Het gebouw is echter zó groot dat het de toeristenstroom prima kan verwerken. Zodra je er binnen stapt, voel je de onthaasting. De Oude Kerk stamt uit 1306 en is daarmee het oudste nog bestaande gebouw van Amsterdam. Op zondag komen er nog steeds kerkgangers naar de mis, maar het monumentale gebouw wordt nu vooral gebruikt voor kunsttentoonstellingen. De kloostertuin heeft zijn eigen koffiebranderij en een lieflijk terrasje.

Vanuit de Oude Kerk is het niet ver naar het dakterras van NEMO Science Museum: het hoogste stadsplein van Nederland. Er worden concerten gegeven op het dak, je kunt er yogales nemen, de buitententoonstelling Energetica bekijken, of he-le-maal niks doen en lekker onderuitgezakt genieten van het prachtige uitzicht over Amsterdam.

In kattencafé Kopjes in De Baarsjes kun je koffiedrinken, een lekker taartje eten én knuffelen met een van de 7 loslopende poezen en katten. Alles is ingesteld op de dieren; ze zijn helemaal op hun gemak. Een ultiem relaxmoment in een drukke stad.

TIP

Wanneer je je partner zoent terwijl je onder de Magere Brug door vaart, zal de liefde voor altijd blijven. Dus huur een romantisch sloepje of boek een rondvaart, en ga ervoor!

'Amsterdam is een heerlijke stad om te verlaten en aan te komen.'

SIMON CARMIGGELT, SCHRIJVER EN COLUMNIST (1913-1987)

Ergens gezellig kunnen zitten en uitkijken over het water komt behoorlijk in de buurt van het ultieme niksen. Amsterdam grossiert in dat soort locaties. Overal langs het water kun je terrassen vinden waar je vaak ook je bootje kunt aanleggen. Van super chic (Amstel Hotel) tot super relaxed (Hannekes Boom) en van Surinaams (Waterkant) tot sushi (The Harbour Club) – in Amsterdam lonkt overal het water.

Wat geeft een stad (of land) een relaxte, gastvrije en verwelkomende uitstraling? Wanneer je er in alle rust jezelf kunt zijn. Nederland staat bekend als een liberaal en vrijgevochten land, met Amsterdam als vlaggenschip. In 2001 voltrok zich hier onder zeer veel internationale belangstelling het eerste officiële homohuwelijk ter wereld: vier stellen werd in de echt verbonden door de toenmalige burgemeester Job Cohen. Ik hoop dat dit veilige gevoel ook in de toekomst behouden zal blijven. De vrijheid om zélf te bepalen van wie je wilt houden is een voorrecht dat we *actief* zullen moeten bewaken en koesteren.
Te midden van alle hippe tenten waar ze kombucha en koffie met havermelk serveren, blijkt de bruine kroeg in Amsterdam nog steeds te floreren. Wat ik zo fijn en vertrouwd vind aan dit type café, is dat de sfeer en de aankleding nooit zijn veranderd. Het heet een bruine kroeg omdat de muren, het behang, de gordijnen en de schilderijtjes bruin zijn verkleurd door decennia (of langer) van sigarettenrook. Ook nu er binnen niet meer gerookt mag worden, staat het huiselijke

Het oudste nog bestaande huis van Amsterdam, Warmoesstraat 90, dateert uit 1485. Het pand op zich is niet heel speciaal, maar bijzonder is wel dat hier Eagle Amsterdam is gevestigd: de oudste (1979) en meest bekende gaybar van Amsterdam.

In de Roemer Visscherstraat staat een opmerkelijke rij huizen: de Zevenlandenhuizen (1894) van architect Tjeerd Kuipers. Elk van de aaneengesloten zeven huizen vertegenwoordigt een bouwstijl uit een ander land. Kun jij zien welke landen zijn bedoeld?

Het Amsterdamse Noorderparkbad is uitgeroepen tot één van de mooist vormgegeven zwembaden ter wereld. Leuk detail: ze vangen er regenwater op, maken het schoon en gebruiken het in het zwembad.

interieur van de bruine kroeg nog fier overeind: Perzische tapijtjes op de tafels, koperen pannen aan de wand, een houten vloer met zand. Een biljarttafel in het midden, veel verschillende biertjes op de tap, doppinda's en ossenworst. Een bezoek aan een bruine kroeg is een vleugje nostalgie dat je bijna onder *slow living* zou kunnen scharen.

Er zijn twee bruine kroegen die strijden om de titel 'oudste café van Amsterdam': Café De Druif nabij Entrepotdok en In 't Aepjen op de Zeedijk. Beide worden genoemd in zeer oude zeemansverhalen, maar het Aepjen staat al vermeld als herberg-café op de stadskaart van Cornelis Anthonisz uit 1544. De kroeg zit in één van de twee overgebleven originele houten huizen van Amsterdam (het andere staat in het Begijnhof). De uitdrukking 'in de aap zijn gelogeerd' zou in dit café zijn ontstaan; misschien wel door zeelieden die letterlijk en figuurlijk de boot hadden gemist door

'Ik houd van de mix van mensen in Amsterdam. Een mix van verschillende etniciteiten en culturen is altijd stimulerend. Het geeft meer pit aan het leven, maakt het meer gevarieerd.'

FOTOGRAAF ANTON CORBIJN

ETEN UIT ALLE WINDSTREKEN

—

Lekker eten is een van de pijlers onder een gezond en gelukkig leven. In Amsterdam heb je niet alleen veel keuze in wát je wilt eten, maar ook in hoe. Zo kun je dineren in een ronddraaiend panoramarestaurant (A'DAM Toren), op een booreiland (REM Eiland), helemaal in het donker (Ctaste), in een volledig roze restaurant (MaMa Kelly) of in een restaurant dat alleen avocado's gebruikt (The Avocado Show). Maar het leukste aan Amsterdam is dat het maar liefst 180 nationaliteiten herbergt, wat zich heeft vertaald in een rijkdom aan buitenlandse smaken. Van Afghaans tot Zuid-Afrikaans: in Mokum kun je echt álles eten. Dat hoeft natuurlijk niet in een restaurant te zijn: thuis nieuwe recepten uitproberen is een heerlijke manier van ontspannen. Op de Dappermarkt, alom geroemd als de meest multiculturele markt van Amsterdam, vind je alle mogelijke specerijen en ingrediënten.

World of Food is een grote, multiculturele foodcourt in Amsterdam-Zuidoost, waar je het beste *streetfood* uit alle windstreken kunt krijgen, zoals Surinaams, Indiaas, Afrikaans en Indonesisch. Meer dan dertig smaakmakers verkopen hier hun lekkerste gerechten, onder het motto: 'Verbreed je culinaire horizon.'

TIP
De oprichters van het internationaal succesvolle Amsterdamse modemerk Daily Paper (zie pagina 330) hebben samen met MOAK een pannenkoek ontwikkeld: The Infamous, een pannenkoek met pindakaas en chocolade. Veel Hollandser wordt het niet!

Volgens een aantal jonge Nederlandse chef-koks kon ook onze vaderlandse keuken wel een frisse blik gebruiken. Zij hebben zich toegelegd op de New Dutch Cuisine, met als doel lokale producten in een nieuw jasje te steken. Eén van de restaurants die kookt volgens de New Dutch Cuisine is 'Felix' in cultuurhuis Felix Meritis. Dit imposante gebouw aan de Keizersgracht werd in 1788 geopend door een kring van kunstenaars en wetenschappers, als symbool van verlichting, intellectuele vrijheid en tolerantie. Het is een 'huis voor de nieuwsgierige geest', met culturele programma's vol creatieve invalshoeken.

Het NK Pannenkoeken bakken valt meestal samen met de Horecava in RAI Amsterdam. Daar zijn overigens ook andere Hollandse wedstrijden, zoals 'het lekkerste frietje' en 'de lekkerste tosti'.

Het kleinste pannenkoekenhuis van Europa is gevestigd aan de Grimburgwal 2, in een Amsterdams huis uit 1539. Het piepkleine eettentje biedt plaats aan 18 personen. Er liggen Delfts blauwe tafelkleedjes en er hangen een heleboel ouderwetse theepotjes aan het plafond. Er wordt zo veel mogelijk gewerkt met biologische streekproducten.

De duurste pannenkoek van Nederland serveren ze bij MOAK Pancakes in Amsterdam: hij heet *The Golddigger* en kost maar liefst €100 euro. Wat je daarvoor krijgt? Een driedubbele pannenkoek met ijs en gesmolten chocolade, eetbare bloemen, gouden blaadjes en een glas rosé champagne, geserveerd op een Versace-servies met gouden bestek.

Genieten van New Dutch Cuisine in één van de mooiste panden van Amsterdam is misschien een béétje aan de chique kant. Gelukkig is er ook nog overal de gewone Old Dutch Cuisine van stamppot, erwtensoep, poffertjes en pannenkoeken. Met name die laatste nemen we behoorlijk serieus. We hebben de pannenkoek niet uitgevonden (hij bestaat al honderden jaren) maar in alle bescheidenheid kunnen we wél zeggen dat hij in Nederland is geperfectioneerd. De Fransen hebben hun dunne crêpes en de Duitsers de dikke Pfankuchen, maar de Nederlandse pannenkoek is nét even anders: lekker groot, niet te dun maar zeker ook niet te dik. Poedersuiker en de oer-Hollandse stroop maken het geheel compleet.

DENIM CAPITAL OF THE WORLD

Amsterdam is een creatieve stad die altijd openstaat voor nieuwe ideeën. Door de dynamische mix van culturen ontspruiten hier steeds weer nieuwe talenten en merken die de internationale mode en muziek weten te beïnvloeden, zoals de succesvolle streetwear-brands Filling Pieces en Patta (gedragen door Drake en Kanye West), die op hun beurt weer jong talent promoten. De Amsterdamse filmmaker Emmanuel Adjei maakte in 2014 voor Patta de commercial ‘Concept of Wind’. Inmiddels is Adjei wereldberoemd. Hij maakte onder andere twee videoclips voor Madonna, en werd door Beyoncé gevraagd als een van de regisseurs voor haar veelgeprezen ‘visual album’ *Black is King* (2020).

Volgens de Nederlandse *Vogue* is Amsterdam uitgegroeid tot *Denim Capital of the World*: nergens anders worden zoveel jeans gedragen én innovatief ontworpen als hier. Met merken als G-Star RAW, Kings of Indigo, Denham en Amsterdenim drukt Amsterdam zijn stempel op de internationale business. Je kunt hier zelfs ‘denim dokter’ worden: samen met ROC Amsterdam heeft House of Denim de enige Jean School ter wereld opgezet: een mbo-opleiding tot *denim developer*: experts in duurzaam denim-ontwerp. De Jean School heeft samenwerkingen met grote denimmerken, zijn eigen denim wasserij en een Denim Academy voor workshops en events.

Wanneer je wilt overnachten in Amsterdam kun je het zo gek maken als je zelf wilt, van het superluxe zes(!)sterrenhotel TwentySeven tot hostels. Je kunt slapen in een hijskraan (Faralda Crane Hotel), tussen de palmbomen (Hotel Jakarta), in 'de blokkendoos' van Rem Koolhaas (Nhow RAI), op een begraafplaats (WesterVilla) of in een oogverblindend interieur (The Duchess). Nu ben ik natuurlijk niet het VVV, maar ik wil toch even drie hotels aanstippen die ik zelf erg leuk of bijzonder vind.

✦ Het SWEETS Hotel bestaat uit een collectie van 28 brugwachtershuisjes die zijn omgetoverd tot tweepersoons hotelkamers. Wat een geweldig idee om de leegstaande mini-huisjes op deze manier te hergebruiken. De unieke 'kamers' liggen op zeer verschillende locaties met uitzicht over de grachten en de havens.

'Het is alsof je je familie moet verlaten. De kunst blijft alleen achter, terwijl die gemaakt is om gezien te worden.'

TACO DIBBITS, DIRECTEUR VAN HET RIJKSMUSEUM, OVER DE GEDWONGEN SLUITING DOOR DE CORONA-CRISIS

✦ Het Four Elements Hotel Amsterdam op IJburg is het eerste *Zero Energy Hotel* ter wereld: het voorziet volledig zelfstandig in zijn eigen energiebehoefte. Door gebruik te maken van de natuurlijke elementen is het luxehotel, inclusief milieuvriendelijke inrichting, volledig klimaatneutraal. En dát met een mooi terras aan het water en een schitterende skybar.

✦ De Windketel is het kleinste hotel van Amsterdam. Dit industriële monument uit 1897 is een vrijstaand, achthoekig watertorentje, gelegen in een autovrije eco-wijk bij de Westergasfabriek. Het is duurzaam verbouwd tot een appartement voor twee personen, ingericht met *Dutch design*. Hoe schattig!

KUNST ALS RUSTPUNT

In 2017 werd Amsterdam, met zijn enorme aanbod aan theaters, musea en kunstgalerieën, uitgeroepen tot meest culturele stad van de wereld, volgens de ranglijst *The World's Most Cultural Cities.* Het Rijksmuseum haalde in het Rembrandtjaar 2019 nog een bezoekersrecord – en toen kwam corona. De maandenlange sluiting en het gebrek aan buitenlandse toeristen heeft een flinke dreun uitgedeeld aan onze kunst- en cultuursector. Van alle museumbezoekers komt ongeveer een derde uit Nederland; de rest zijn internationale gasten. Toen de musea weer open mochten, bleven vooral de oudere bezoekers thuis; misschien waren ze nog een beetje huiverig zich bloot te stellen aan

grote groepen mensen. De realiteit was anders: wie in de zomer van 2020 naar de Amsterdamse musea is geweest, had de *Nachtwacht,* het *Melkmeisje* en de *Zonnebloemen* nagenoeg voor zich alleen.

Gelukkig trekken de bezoekersaantallen van de musea inmiddels weer wat aan. En terecht: kunst brengt rust in een onrustige wereld. Uit onderzoek is gebleken dat het kijken naar kunst gevoelens van stress reduceert en het immuunsysteem stimuleert – vandaar dat er in veel ziekenhuizen kunst aan de muur hangt. Er zijn zoveel verschillende musea, die zoveel moois bieden om van te genieten. Kijken naar kunst is een mentale vakantie. Ik vind alleen al de sfeer in een museum heerlijk ontspannen. Mensen lopen in alle rust langs de schilderijen, blijven even staan of gaan op een

Dwars door het Rijksmuseum loopt een fietstunnel waar jarenlang een verbeten strijd over is gevoerd. Het fietspad is een belangrijke verkeersader, maar na de verbouwing van het museum bleek de rij voor de kaartverkoop óók in de tunnel te staan: het 'fietstunnelconflict' was geboren. Met aan de ene kant het Rijkmuseum, die de dagelijkse fietsdrukte niet veilig vond én geen chique aanblik bovendien, en aan de andere kant de Fietsersbond die stelde dat deze fietsroute er al 125 jaar lag en veelvuldig werd gebruikt. Het conflict is heel hoog opgelopen, met inzet van advocaten, verkeersexperts en de brandweer, maar uiteindelijk werd besloten dat de fietstunnel mocht blijven. Buitenlandse media begrepen er niets van (hoezo kunnen die fietsers niet gewoon moven?) maar ik vond de hele discussie juist typisch Nederlands. Misschien kan het conflict te zijner tijd zelf het museum in, als tijdscapsule van de Amsterdamse cultuur.

bankje zitten om een object in zich op te nemen. Je hoeft niet veel van kunst te weten om er toch van te genieten. Je bent ook niet verplicht het allemaal even mooi te vinden, of erin te zien wat 'men' zegt dat je erin moet zien. Het gaat er volgens mij meer om hoe jíj het ervaart: wat voel je erbij, wat doet het met je, zet het je aan het denken? De filosoof Alain de Botton heeft daar enige jaren geleden een experiment mee gedaan door 150 kaartjes bij objecten in het Rijksmuseum te vervangen, omdat hij de originele teksten 'te sturend' vond. Het idee daarachter vond ik heel inspirerend: wat zie je zélf, wanneer je niets weet over de tijd waarin het is gemaakt of wat de bedoeling was van de maker?

De tuin van het Rijksmuseum wordt gebruikt voor buitenexposities, en is vrij toegankelijk voor iedereen. De beeldentuin is uitgegroeid tot een heerlijk rustpunt, midden in de drukke stad. Onder de schaduw van oude bomen kunnen bezoekers genieten van planten en bloemen. Kinderen spelen graag met de vrolijke fontein en de espressobar zit in een 18e-eeuwse tuinkoepel uit Haarlem. Wat ik wel grappig vind: qua bezoekers-aantallen staat het Sexmuseum óók in de top-5, maar dat wordt niet vaak vermeld. Blijkbaar is dat een andere tak van sport.

Ik ben in veel verschillende musea geweest, maar mijn favorieten zijn de

De best bezochte musea van Amsterdam zijn:

1. **Het Rijksmuseum**
2. **Het Van Gogh Museum**
3. **Het Anne Frank Huis**
4. **NEMO Science Museum**
5. **Het Stedelijk Museum**

Ik weet nog goed dat Emma op een zondagmiddag de keuken binnen kwam stormen: ‘Mamaaa, ik ben zó stom geweest! En nu weet ik niet wat ik moet doen!’ Er schoten meteen allerlei doemscenario’s door mijn hoofd (Seks! Drugs! Alcohol!), maar het bleek iets cultureels te zijn – in de ogen van een puber evengoed een heel groot drama. ‘Ik heb me vergist in de week,’ zei ze paniekerig, ‘en nu moet ik vóór morgen voor school iets cultureels hebben gedaan. Kun jij me nu nog effe naar het Stedelijk Museum rijden?’

Dus daar gingen we: vol gas naar Amsterdam voor bewijsstuk A (een entreekaartje) en bewijsstuk B (een foto bij een kunstwerk). Onderweg bleef ik maar doorzagen over die ene vraag die je sowieso nooit aan een puber moet stellen: ‘Waarom heb je dit niet veel eerder gedaan?’ Dus de sfeer werd er niet beter op. Maar eenmaal binnen, sloeg de stemming wonderwel om. Emma moest namelijk een kunstwerk uitzoeken om een verslag over te schrijven, maar wat je in het Stedelijk allemaal aan conceptuele kunst ziet staan... daar kun je de droogkomische humor van een tiener heel goed bij gebruiken.

Zo struikelden we in de eerste zaal meteen over een houten tafeltje met daarop een forse, uitgehouwen steen. Dit kunstwerk van Lawrence Weiner heet: *Wat op de tafel staat, staat op de tafel*, en liet Emma en mij in verbijstering achter. Dan was er nog een muurgroot, neon kunstwerk onder de welluidende naam: *Pizza, pasta, sushi.* En wat te denken van een doek dat helemaal zwart is geverfd? Of drie looprekken met Amerikaanse nummerborden eraan vast?

We hebben regelmatig gegierd van het lachen (cultuurbarbaren die we zijn) en uiteindelijk werd het één van de leukste uitjes die ik in die tijd met mijn dochter heb gehad. Dat op zich was al een hele kunst. In de auto naar huis zei Emma dat ze haar verslag moest doen over een kunstwerk dat haar had ‘geraakt’, en dat ze voor de neon-installatie *Pizza, pasta, sushi* had gekozen. ‘Ja?’ vroeg ik opgetogen, ‘voelde je daar iets bijzonders bij?’ Emma haalde haar schouders op. ‘Weettiknie. Ik vind het gewoon alle drie lekker.’

STEDELIJK
MUSEUM
AMSTERDAM

oudheidkundige collecties; daar kan ik wegdromen bij objecten die duizenden jaren geleden zijn gemaakt: een ketting van glaskralen, een leren schoen, een aarden kruikje. Een méns heeft dat gekleid, genaaid of geregen – een mens zoals jij en ik. Soms lijkt het alsof ik de energie van die persoon nog kan voelen. In musea met oude meesters kan ik enorm genieten van het handwerk: de zichtbare penseelstreken, de structuren in de verf. In moderne musea val ik geregeld van de ene verbazing in de andere: sommige objecten begrijp ik niet, andere vind ik ongelooflijk inspirerend. Er is er altijd wel iets dat je raakt, een sculptuur die je verwondert,

'Ik denk niet aan alle ellende maar aan al het mooie dat er nog is.'

ANNE FRANK, *HET ACHTERHUIS*

Je kunt natuurlijk De Grote Vijf bezoeken (plus het Sexmuseum, uiteraard) maar zelf ben ik ook gecharmeerd van deze twee:

Museum Willet-Holthuysen **Dit lijkt wel een tijdmachine: zodra je door de deur stapt, ben je in een schitterend ingericht grachtenhuis uit de late negentiende eeuw. Abraham Willet (1825-1888) en Louisa Willet-Holthuysen (1824-1895) hebben hun leven gewijd aan het verzamelen van kunst, antiquiteiten, meubelen en beelden. Na hun dood schonken zij Herengracht 605 en de complete inrichting aan de stad Amsterdam. Je ziet de prachtige 19e-eeuwse vertrekken in hun originele staat: de balzaal, de koepelkamer, de grote salon… Het is allemaal een lust voor het oog, alsof de tijd heeft stilgestaan.**

Het Scheepvaartmuseum **Heel geschikt om met kinderen te bezoeken, onder andere door de replica van het VOC-schip 'Amsterdam' uit 1748. En wat een prachtige binnenplaats! Ook bijzonder: de** ***Atlas Maior*****, het duurste boek van de 17e eeuw. Het is een wereldatlas van de befaamde Nederlandse kaarten- en globemaker Willem Blaeu.**

een schilderij dat je meeneemt naar een andere tijd. Een bezoek aan een museum is een kleine vakantie voor het hoofd.
OSCAM, het Open Space Contemporary Art Museum in Zuidoost, wil een plek bieden voor jonge kunstenaars en talenten uit mode en design die een connectie hebben met de Bijlmer: 'Kunst ontstaat niet alleen in het elitaire centrum, maar ook in de jeugdcultuur in Zuidoost.'

Jan van der Heyden (1637-1712) was niet alleen een beroemde schilder van stadsgezichten, hij ontwierp ook de straatverlichting van Amsterdam. Hierdoor werd Amsterdam in de late 17e eeuw gezien als de lichtstad van Europa. Door het grote succes werd de 'Jan van der Heyden-lantaarn' in veel steden in binnen- en buitenland geplaatst. Op de Magere Brug kun je de lantaarns nog steeds zien: daar is het originele ontwerp gereconstrueerd. Maar Jan van der Heyden had nog meer talenten. Hij bedacht ook de buigzame brandweersslang, en samen met zijn broer Nicolaes ontwierp hij de wendbare brandweerpomp met spuit. Van der Heyden organiseerde de vrijwillige brandweer, en werd de eerste brandweercommandant. Daarnaast ontwierp hij baggermolens en schepraderen, en werkte hij mee aan technieken voor waterbeheersing en dijkonderhoud.

ROL DE POLDER IN

Wanneer je langere tijd in een grote, drukke stad verblijft, kun je een opgesloten gevoel krijgen. Dan moet je er even uit: kop in de wind, ogen gericht op de horizon. Een mooi, weids uitzicht maakt mensen rustig; dat schijnt een evolutionair overblijfsel te zijn uit de tijd dat we de vijand – mens of dier – graag van verre zagen aankomen. Het gaf ons honderdduizenden jaren een veilig gevoel, dus het is niet gek dat ons lichaam nog steeds hetzelfde reageert op een mooi vergezicht: *o, wauw.* Schouders omlaag, rust en ruimte. En je bent er zó, want Amsterdam wordt aan alle kanten omgeven door een magnifiek polderlandschap. Dus pak de fiets, en rol lekker de stad uit. Je lichaam is niet gemaakt om zoveel te zitten (op kantoor, in de auto, voor de tv) maar om te bewegen; je hersenen krijgen er een oppepper van. Dat 'bewegen' hoeft geen topsport te zijn: langdurige inspanning van lage intensiteit is het meest weldadig voor ons lichaam. Zoals fietsen!

Op de boerderij de Fruittuin van West kan iedereen van juni t/m oktober zijn eigen fruit komen plukken – je kunt kiezen uit twintig soorten. De Fruittuin heeft ook een bio-winkel, een tuincafé met slow coffee en huisgemaakte, biologische lekkernijen.

Met een halfuurtje fietsen ben je in Landelijk Noord: een groen en pittoresk deel van Amsterdam dat vaak over het hoofd wordt gezien. De waterrijke dorpjes Durgerdam, Holysloot en Ransdorp zijn langzaam aan de hoofdstad vastgegroeid maar hebben hun eigenheid weten te behouden. De houten dijkhuisjes, veerpontjes en ophaalbruggetjes ademen één en al onthaasting. In het uitgestrekte polderlandschap kun je een kanosafari boeken en in alle rust door de schilderachtige natuur peddelen: langs oer-Hollandse dorpjes, weilanden en waterplanten. Je krijgt er een picknickmand bij, vol biologische producten uit de Beemster. www.wetlandssafari.nl

Ook aan de zuidkant van de stad heb je een ruime keuze aan mooie fiets- en wandelroutes. Wanneer je langs Ouderkerk aan de Amstel fietst, moet je even op 't Kampje gaan kijken: daar staat het kunstwerk *Elieser* van Erwin de Vries. Elieser was een tot slaaf gemaakte man van Afrikaanse afkomst, die in 1610 naar Nederland werd gebracht en hier in 1629 overleed. Er is een jaarlijkse herdenking bij het beeld, ter nagedachtenis aan Elieser en alle ontvoerde en tot slaaf gemaakte Afrikanen.

De sierlijke Nesciobrug, Europa's langste fiets- en wandelbrug, strekt zich uit over het drukbevaren Amsterdam-Rijnkanaal en verbindt Amsterdam met IJburg. Van daaruit kun je via een mooie route verder fietsen richting Muiden en Muiderberg. Een bezoekje aan het vestingstadje Muiden is bijzonder aan te raden. De intocht van Sinterklaas in het kleine haventje, aan de voet van het Muiderslot, is sprookjesachtig. In het haventje ligt ook de boot van prinses Beatrix: De Groene Draeck, een Lemsteraak die zij op haar 18e verjaardag van het Nederlandse volk cadeau heeft gekregen.

Het Muiderslot, de middeleeuwse waterburcht waar schrijver en dichter P.C. Hooft decennialang heeft gewoond en gewerkt, is door Tripadvisor uitgeroepen tot 'mooiste kasteel van Nederland'. Prompt is het door het toeristenbureau omgedoopt tot *Amsterdam Castle*, wat natuurlijk een giller is. Maar ze willen er waarschijnlijk mee aangeven dat je er zó bent: het waterrijke

De attractie *This is Holland*, te vinden naast het EYE Filmmuseum, is een 5D vliegsimulator waarmee je 'in de buitenlucht' over heel Nederland vliegt. De spectaculaire reis, inclusief special effects van wind, nevel en geur, voert je over de Waddenzee en de Deltawerken, langs de grachten en de tulpenvelden, over de Veluwe en allerlei andere prachtige plaatsen in Nederland – samengesteld door de makers van 'De Nieuwe Wildernis'. Bijzonder aan te raden, met prachtige muziek; je wordt helemaal verliefd op Nederland!

'De mooiste Nederlandse
gebieden zijn de uitgestrekte
weidevelden, het laagland.
Ik hou van bomen in de
verte, kalme wolken boven
het al even kalme land.'
SCHRIJVER RONALD GIPHART

Gooise Meren ligt – zeker voor buitenlandse begrippen – op een steenworp van Amsterdam.

Ik woon zelf een dorp verder, in Muiderberg, dat eind 19e eeuw dé badplaats voor Amsterdammers was. Badgasten kwamen met de trekschuit uit de hoofdstad, en later met de stoomtram die door de vele botsingen de 'Gooise Moordenaar' werd genoemd. Er verrezen in die tijd mooie badhotels in Muiderberg, en statige buitenhuizen van rijke Amsterdammers. Door de aanleg van de Afsluitdijk begin jaren '30 van de vorige eeuw verloor Muiderberg het contact met de zee: het stilstaande zoete water trok steeds minder toeristen, zeker toen die ook met de trein naar Zandvoort konden gaan. De badhotels zijn verdwenen, maar Muiderberg is nog steeds een kleine strandoase met ondiep water dat ideaal is voor kinderen. Er is ook een kite-strand dat heel populair is bij surfers.

Over Zandvoort gesproken: tussen Zandvoort en Noordwijk ligt ook een schitterend natuurgebied: de Amsterdamse Waterleidingduinen. Het is niet direct naast de deur dus fietsen zit er niet in, maar in de lijn van *Amsterdam Castle* noemt de toerismesector de strandregio tegenwoordig heel optimistisch *Amsterdam Beach,* en dat klinkt al een stuk dichterbij. In de Amsterdamse Waterleidingduinen zie je herten en prachtige vogels, zoals rietzangers en aalscholvers. Als ik daar rondloop, tussen al die dieren en het uitbundige groen, vind ik het een bijzonder idee dat het Amsterdamse drinkwater onder mijn voeten wordt gefilterd.

De Waterleidingduinen doen de voorzuivering van 66% van het Amsterdamse drinkwater – en dat al sinds 1853. Het water wordt opgepompt uit het Lekkanaal en naar het duinzand geleid, waar het in drie maanden tijd op een natuurlijke manier wordt gefilterd. Daarna gaat het water nog naar een laatste zuiveringsinstallatie waar er drinkwater van wordt gemaakt.

Kunst

het hier is het nu
neem de ruimte voor rust en gedachten
het nu is het hier, haal diep adem

(het later zal wachten)

EKE MANNINK, MUURPOËZIE IN ZUTPHEN

4

LENTE

Genieten van alles wat tot leven komt

De Nederlandse lente is het perfecte jaargetijde voor *slow living.* Bloesem siert de bomen, hommels en vlinders dansen door de tuin. Nu de natuur tot leven komt, is het fijn om zelf gas terug te nemen en te genieten van al het moois om je heen. De schittering van de zon op het water, het fluiten van de vogels, de vele knoppen in het groen – overal is vitaliteit en energie. Hoe heerlijk is het om op je rug in het gras te liggen en de wolken langzaam aan je voorbij te zien trekken? Wanneer je in Nederland opgroeit, realiseer je je niet altijd hoe mooi de Nederlandse luchten zijn. Het Hollandse landschap wordt omlijst door wolken: we hebben bloemkoolwolken, schaapjeswolken, stapelwolken... Ze steken dramatisch af tegen de blauwe lucht en geven diepte aan de horizon. In mijn tienerjaren moest ik een uur door de polder naar school fietsen, en bij donkere aambeeldwolken dacht ik alleen maar: 'Nee hè, daar komt regen aan.' Inmiddels kan ik zo'n schilderachtige lucht bijzonder waarderen. Jacob van Ruisdael (1628-1682), een van de beste schilders van de Gouden Eeuw, heeft er prachtige doeken van gemaakt. Zijn wereldberoemde landschappen hebben de Hollandse luchten zó goed getroffen dat we de typisch Nederlandse wolkenformaties 'Ruisdael-wolken' zijn gaan noemen.

De lente is hét seizoen van de tulp. Mensen van over de hele wereld komen speciaal naar Nederland om onze tulpenvelden te bewonderen. De Keukenhof in Lisse is de grootste bloementuin ter wereld; het lentepark trekt jaarlijks 1,5 miljoen bezoekers uit 100 landen – en dat terwijl het

Er zijn veel verschillende tulpen, in alle kleuren, soorten en maten. De bekendste 'basismodellen' zijn de enkele tulp, de dubbele tulp, de papegaaitulp, de triomftulp en de Darwintulp.

maar acht weken open is. We zijn in Nederland door zoveel bloemenpracht omgeven dat we er soms een beetje blasé over zijn: 'O, tulpen, dat is iets voor toeristen.' Niets is minder waar. Pak de fiets en ga erop uit, want in de lente is er ongelooflijk veel moois te zien. Neem de Tulpenroute door de Noordoostpolder in Flevoland: een panoramische tocht langs duizend hectare bloeiende tulpenvelden die je te voet, met de fiets of met de auto kunt afleggen. Al die kleuren, zo ver als het oog reikt. Geen wonder dat de Tulpenroute door *National Geographic* is uitgeroepen tot één van de mooiste routes ter wereld. Ook de Keukenhof Fietsroute is een fraaie tocht langs eindeloze bloemenvelden in de Bollenstreek. Het is net een filmdecor, al die uitbundige hyacinten, tulpen en narcissen. Je wordt er vrolijk van, en het stelt op een bepaalde manier ook gerust: wat er ook gebeurt in de wereld, de lente kan in ieder geval níét gecanceld worden.

Hoe oer-Hollands de tulp inmiddels ook is, de bloem komt oorspronkelijk uit het Ottomaanse Rijk, het huidige Turkije. Iets wat ik tot mijn schande pas heb geleerd toen wij in Istanboel op bezoek gingen bij de familie van mijn schoonzus Hayat, en we speciaal voor de gelegenheid 'Hollandse' tulpen en bloembollen hadden meegenomen. Het feit dat er voor de deur van ons hotel een tulpenfestival aan de gang was, maakte de zaak alleen maar gênanter: de tulp is zelfs de nationale bloem van Turkije. Hoewel Nederland officieel geen nationale bloem heeft, wordt de tulp door bijna alle Nederlanders zo gezien. We zijn er tenslotte ook al zo'n 425 jaar mee in de weer.

De naam 'tulp' is afgeleid van de Turkse naam voor tulband: *tülbend* (dit vanwege de gelijkenis tussen de vorm van de geopende bloem en een tulband). Rond het jaar 1550 had de sultan Süleyman een paleistuin vol prachtige tulpen. Hij schonk bollen aan belangrijke gasten, zoals de Vlaamse ambassadeur Ghislain de Busbecq die lovend over de Turkse tulpen had geschreven. In 1562 arriveerde voor het eerst een vracht tulpenbollen in Antwerpen. Jaren later kwamen een paar bollen in handen van Carolus Clusius, een professor aan de Universiteit in Leiden. In 1593 plantte hij de bollen in de hortus botanicus, en begon variaties te kweken met fraaie kleurpatronen. De schoonheid van zijn tulpen was al snel vermaard. Zó vermaard, dat er 's nachts dieven over de muur klommen om zijn creaties te stelen. Steeds meer mensen besloten tulpenvariaties te gaan kweken, en

Iedere tulpenkleur heeft zijn eigen betekenis. Zo staat rood voor de liefde, paars voor rust, roze voor geluk, geel voor vrolijkheid, wit voor vergeving en oranje voor enthousiasme.

vandaag de dag is Nederland de grootste tulpenkweker ter wereld. In de Gouden Eeuw ontstond in de Republiek der Nederlanden een oververhitting in de tulpenhandel. Deze periode, van circa 1633 tot 1637, is de geschiedenis in gegaan als de tulpengekte of tulpenmanie. Op het toppunt van de speculatieve bubbel was één enkele tulpenbol even duur als een grachtenhuis in Amsterdam. Waarom de bollenmarkt plots tot zulke bizarre hoogtes steeg, is nooit helemaal duidelijk geworden. Een aantal speculanten werd schatrijk van de tulpenrage maar toen de handel in 1637 van de ene op de andere dag compleet instortte, raakten veel beleggers al hun geld en bezittingen kwijt. De tulpengekte staat te boek als de allereerste 'beurshype' – waarvan er helaas nog vele zouden volgen.

Ieder jaar spreekt de paus vanaf het Sint-Pietersplein in Rome de paaszegen Urbi et Orbi uit. Mijn oma zat er altijd klaar voor want de zegen van de paus wilde ze niet missen, maar ze keek ook voor de vele bloemen en planten waarmee hij traditiegetrouw wordt omringd. Wist je dat deze bloemen sinds jaar en dag worden aangeboden door de Nederlandse sierteeltbranche? De Limburgse bloemist Paul Deckers (geen familie) is sinds 2015 hoofdarrangeur van de bloemversiering op het Sint-Pietersplein. Samen met de sierkwekers kiest hij een bloem- of kleurthema dat hij uitbouwt tot oogverblindende

Al honderden jaren proberen kwekers een zwarte tulp te creëren; een kleur die in de natuur niet voorkomt. In 1895 maakte de Nederlandse tulpenkweker Jan Jacob Grullemans furore met de Koningin van de Nacht, een zwart ogende tulp die eigenlijk zeer donkerpaars is. Inmiddels zijn er meerdere donkere tulpen, zoals de Black Diamond en de Zwarte Papegaai, maar de enige die kan concurreren met de Koningin, is de in 1997 gelanceerde Paul Scherer: een prachtige 'zwarte' tulp in een zeer donkere purperen kleur. Hij werd bekroond met de Royal Horticultural Society Award of Garden Merit.

Op het hoogtepunt van de lente rijdt het Bloemencorso van de Bollenstreek met 20 grote wagens en 30 versierde auto's van Noordwijk via de Keukenhof naar Haarlem. Het hele corso is opgebouwd uit bolbloemen zoals hyacinten, tulpen en narcissen. Een bloemencorso klinkt misschien als iets van 'vroeger' maar je moet het écht eens zien. De vrolijke praalwagens trekken niet voor niets ieder jaar meer dan een miljoen bezoekers.

arrangementen. De 30 ton aan bloemen en planten worden gratis geleverd; het feit dat de paus zijn dank uitspreekt voor 'the beautiful flowers from Holland' wordt gezien als een grote eer. Dat er 100 miljoen mensen naar de paaszegen kijken, is mooi meegenomen: de bloemenpracht is een geweldig visitekaartje voor Nederland.

In de aanloop naar Pasen kennen we in Nederland nog een ander fenomeen: *The Passion*, een muzikaal evenement over het leven en sterven van Jezus, dat de afgelopen tien jaar is uitgegroeid tot een culturele manifestatie met duizenden toeschouwers en miljoenen tv-kijkers. Hoewel ik niet gelovig ben, kijk ik graag naar *The Passion* omdat ik het bijzonder vind om te zien hoeveel verbondenheid dit programma ieder jaar bewerkstelligt. De speciale editie van 2020, midden in de lockdown van de corona-crisis, werd een symbool van hoop en nationale saamhorigheid. Met honderden patiënten op de IC kregen de liedjes een extra lading. Het onderstreepte

BRUIL &
BRANDSMA
WORKS OF ART
LIONEL

ORANJE: ONZE MEEST VROLIJKE KLEUR

Nederlanders houden van een feestje, en ze houden al helemáál van een verkleedfeestje. Zodra zich een gelegenheid voordoet om een maffe pruik op te zetten, is de Nederlander van de partij. Eén van de mooiste feesten van het jaar is natuurlijk Koningsdag op 27 april; ook wel ''s werelds grootste verjaardagsfeest' genoemd. Of dat zo is weet ik niet, maar het is zeker een van de wildere feesten. Het begint heel kneuterig en aandoenlijk met de vrijmarkt voor kinderen, die er vaak op uitdraait dat je met méér zooi thuiskomt dan waarmee je op pad bent gegaan. Daarna gaat het al vrij snel los met talloze festivals zoals Kingsland, Loveland van Oranje, Oranje Bitter, Oranjebloesem of Code Oranje. Maar het zijn niet alleen grote festivals; ieder plein of terrein heeft z'n eigen feest. Amsterdam stroomt vol met 750.000 extra bezoekers; in de grachten en op de waterwegen varen duizenden boten. Voor buitenlandse toeristen lijkt het misschien een totale chaos, maar op Koningsdag staan onze neuzen juist allemaal dezelfde kant op. We zijn het lang niet altijd met elkaar eens in Nederland, maar zodra iedereen in het oranje is, voelen we ons één.

Vóór de 17e eeuw waren wortels paars, wit of geel van kleur. De eerste oranje wortel kwam tot stand in Nederland via een genetische mutatie. Nederlandse tuinders besloten de oranje wortels door te kweken als hommage aan de koninklijke familie, het Huis van Oranje-Nassau. Inmiddels eet de hele wereld onze zoete, oranje wortels.

‘Alleen ga je snel, maar samen kom je verder.’

PIETER VAN DEN HOOGENBAND, VOORMALIG TOPSPORTER EN *CHEF DE MISSION* VAN TEAMNL

We hebben die dag ook allemaal hetzelfde probleem: wat is de beste manier om een oranje tompouce te eten? De traditie van het ‘koningsgebak’ is na de geboorte van prins Willem-Alexander ontstaan, op 27 april 1967. Het Koningshuis bleek zijn komst niet alleen met beschuit met blauwe muisjes te hebben gevierd, maar ook met oranje tompouces. Als ze die nog steeds serveren in Huis ten Bosch, zou ik best eens willen zien hoe de koning zijn eigen koningsgebak te lijf gaat: is hij een happer, een snijder of een splitter, of iemand die de zijkanten likt? Of behoort hij net als ik tot de daklichters, die het ‘dakje’ met oranje glazuur van de tompouce lichten en dat tot het laatst bewaren? De meeste Nederlanders schijnen daklichters te zijn (ja, daar is onderzoek naar gedaan) maar afgelopen Koningsdag kwam mijn zoon Alec opeens met een voor mij geheel nieuwe techniek: het daklichten-de-luxe. Je haalt het dakje eraf, legt het op je bord en vervolgens zet je de resterende tompouce erbovenop. Nu kun je het gebakje heel makkelijk met mes en vork eten. Lifehack!

Koningsdag is niet het enige moment waarop we ons in het oranje hullen: ieder EK en WK voetbal (vooropgesteld dat we ons kwalificeren) wordt aangegrepen om de hele straat oranje te sauzen. De oranje vlaggetjeslijnen zorgen als vanzelf voor sociale verbinding, en de barbecue-pakketten

Toen prinses Wilhelmina in 1892 12 jaar werd, bedacht een Friese bakker in Dokkum een pepermuntje met haar gezicht erop. Dit ‘Wilhelmina pepermunt’ bestaat nog steeds en wordt ook nog steeds op dezelfde plek gemaakt.

van de supermarkten doen de rest. Wij Nederlanders zeggen graag dat we een nuchter volk zijn, maar de oranjekoorts laat zien dat we juist ongelooflijk uitbundig kunnen zijn – zeker als het over onze sportprestaties gaat. We nemen over de hele wereld onze eigen dweilorkesten mee! Op de Olympische Spelen is het Holland Heineken House sinds jaar en dag dé favoriete feestlocatie; niet alleen voor het Oranjelegioen maar ook voor een heleboel andere sporters en bezoekers. Nederlanders houden van hossen en gaan graag met een biertje in de hand 'Naar links!' met de Snollebollekes. Gelukkig hébben we ook vaak wat te vieren.
Nederland is maar een pixel op de wereldkaart, dus hoe bijzonder is het dat ons land zoveel internationale kampioenen heeft voortgebracht? Hockey, handbal, waterpolo,

'Ik geef nooit op. Vandaar mijn motto: alles of alles.'

JETZE PLAT, PARALYMPISCH HANDBIKER, GOUD EN BRONS OP DE PARALYMPISCHE SPELEN VAN 2016

Vóór wij ons allemaal in het oranje kunnen hijsen, moet er heel wat gebeuren. Ik denk niet dat veel mensen zich realiseren hoe zwaar het is om profsporter te zijn; hoeveel fysieke pijn erbij komt kijken, hoeveel volharding en incasseringsvermogen ervoor nodig zijn. Ik wist het eerlijk gezegd ook niet, maar door mijn relatie met Richard ben ik jarenlang meegenomen in de *wild ride* van zijn profcarrière die zou leiden tot 26 finales en 17 toernooioverwinningen, waaronder de Wimbledontitel in 1996. Om een grand slam-toernooi op je naam te schrijven, moet je binnen twee weken zeven wedstrijden winnen. Iedere ronde wordt de druk hoger, het pad smaller. Richard won in 1996 van oud-Wimbledonkampioen Michael Stich en van regerend Wimbledonkampioen Pete Sampras – de mooiste trofee in het tennis kwam steeds dichterbij. Als ik terugdenk aan de finaledag, kan ik de sfeer en de emoties nog steeds voelen: de beladen autorit naar het stadion, het kolkende centercourt, de streaker die haar schortje optilde. Richard vertelde later dat hij de laatste paar games in een soort tunnel had gespeeld: hij had niks meer gehoord, niks meer gezien, alleen nog maar de bal – totdat hij op matchpoint kwam. Terwijl hij naar het net rende, voelde zijn racket opeens zó zwaar dat hij zich afvroeg of hij nog wel zou kunnen volleren. Gelukkig sloeg zijn tegenstander MaliVai Washington in het net, waarna Richard op zijn knieën zakte en daarna achteroverviel op het gras. Richard had eens gelezen dat Marco van Basten het 'oceaanvreugde' noemde: de euforische uitbarsting van geluk na een grote overwinning. Hij zei dat het winnen van Wimbledon precies zó voelde. Hij tenniste al vanaf zijn vierde, en al die uren, al die trainingen, al die wedstrijden, de blessures, de operaties, de revalidaties – het was allemaal vergeten en vergeven in dat ene moment. Zijn naam werd op de beker gegraveerd en het Wimbledon Museum werd verrijkt met een Richard Krajicek-pop, gekleed in zijn winnende outfit van 1996. Gewassen en gestreken door mijzelf, waarop Richard destijds opmerkte: 'Dát mag inderdaad in het museum!'

volleybal, voetbal, roeien, zwemmen, fietsen, tennis, schaatsen, turnen, atletiek, Formule-1: in al deze disciplines hebben Nederlandse sporters – de vrouwen voorop – grote overwinningen behaald. Laten we hopen dat in de nabije toekomst de sportevenementen weer kunnen worden wat ze waren, met veel fans én Kleintje Pils. Sport verbroedert, en het aanmoedigen van onze nationale teams draagt bij aan het Bruto Nationaal Geluk.

In de lente zijn er ook nog andere momenten waarop we de verbinding vieren, zoals Dodenherdenking en Bevrijdingsdag, waarbij ik graag wil memoreren aan de prachtige toespraak van koning Willem-Alexander op 4 mei 2020. Het beeld van een vrijwel lege Dam, de koning in zijn eentje met de wind door zijn haren, en dan die mooie speech over vrijheid en veerkracht – die blijf ik me mijn hele leven herinneren.

De Koningsspelen zijn een sportief Oranjefeest waar gemiddeld 1,2 miljoen kinderen afkomstig van 6.000 scholen in het primaire onderwijs in Nederland, het Caribisch deel van het Koninkrijk en Nederlandse scholen in het buitenland aan meedoen. De Koningsspelen vinden traditiegetrouw plaats op de laatste vrijdag voor Koningsdag. De sportdag is bedacht door oud-tennisser Richard Krajicek, en de jaarlijkse uitvoering is in handen van de Krajicek Foundation en de Johan Cruyff Foundation.

ONTDEKKINGSREIS DOOR NEDERLAND

Eén van de weinige positieve effecten van de corona-crisis vind ik de breed gedragen herwaardering van al het moois dat zich binnen onze landsgrenzen bevindt. Er is nog zoveel te zien en te beleven, ook voor kinderen. Die hebben nu wel genoeg voor al die schermen gezeten dus neem ze vooral mee naar buiten, naar de Nederlandse Boerderijdagen. In de lente kun je door het hele land boerderijen bezoeken waar je lammetjes mag aaien en waar je van alles kunt leren over het boerenleven. Er zijn vaak ook ezels, geiten en konijnen, en op sommige boerderijen zelfs alpaca's en wallaby's. Check ook eens de locaties van de OERRR Speelnatuur: dat zijn ruige plekken in de natuur waar kinderen allerlei avonturen kunnen beleven.

Maar er is nog meer te doen in de lente: iedere derde woensdag van maart is het Nationale Boomfeestdag, waarop kinderen uit groep 6 alles leren over bomen en hun belang voor een gezonde leefomgeving. Daarna mogen de kinderen zelf een jong boompje planten, iets wat ze ongelooflijk speciaal vinden. En dat ís het ook. We kunnen niet vroeg genoeg beginnen met kinderen te leren dat zij een

'Als dit Ierland was / zou ik beter kijken.'

DICHTER K. SCHIPPERS, 'BIJ LOOSDRECHT'

positieve invloed kunnen hebben op de natuur in hun omgeving. De Stichting Boomfeestdag streeft er dan ook naar om ieder kind tijdens de basisschooltijd minimaal één boom te laten planten. Lijkt het je leuk wanneer de school van jouw kinderen ook meedoet? Meld je aan op www.boomfeestdag.nl zodat er samen met de gemeente kan worden gekeken naar geschikte boomprojecten bij jou in de buurt.

Wist je trouwens dat je ieder jaar kunt stemmen op de mooiste boom van Nederland, die vervolgens meedingt naar de titel van mooiste boom van Europa?

De Brabantse ‘Heksenboom van Zwarte Kaat’ eindigde in 2020 op de 4e plaats, onze hoogste notering tot nu toe. Staat er bij jou in de gemeente een markante boom met een intrigerend levensverhaal? Maak er een foto of een filmpje van, stuur het naar www.deboomvanhetjaar.nl en doe mee!

Tijdens de corona-crisis werd de kampeerauto populairder dan ooit, wat resulteerde in het ontstaan van camperdeelplatformen als Goboony, Camptoo en PaulCamper. Op Instagram zie je heel wat buitenlandse reis-influencers die hun camper midden in een natuurgebied poten en daar de meest idyllische foto’s (#lovenature) maken. Dat mag in Nederland dus niet. Gelukkig zijn er een heleboel natuurkampeerterreinen waar je wel mag staan, en er is CampSpace, het platform voor kampeerplekken bij particulieren in het land. Een camper geeft veel vrijheid en is een relaxte manier om op ontdekkingsreis te gaan door Nederland. Soms zijn het echt ontdekkingen die je doet, althans zo heb ik het ervaren, want je reist de halve wereld over om iets te gaan bewonderen dat je ook dicht bij huis had kunnen zien. Zo lijken de stuifzandvlaktes van De Loonse en Drunense duinen sprekend op een safarilandschap. Minus de neushoorns, maar daar krijg je tamme heidekoeien voor terug. Het wordt helemaal bijzonder wanneer je bedenkt dat 90 procent van de West-Europese woestijnen in Nederland ligt. *In Nederland?* Ja, in Nederland. En de Eyser Heuvelrug in Zuid-Limburg is toch net een glooiend Toscaans landschap? Zonder cannoli maar met Limburgse vlaai – ik vind het geen slechte deal.

Op diverse plaatsen in Nederland kun je midden in het bos in een boomhut overnachten – al is ‘boomvilla’ een betere benaming voor de vaak schitterende houten huizen, hoog tussen het bladerdak. Zie www.boomhutovernachtingen.nl

Heb je de hunebedden al eens gezien? De meeste (53) vind je in 'oerprovincie' Drenthe, maar er staat er ook een in Groningen. Hunebedden zijn gemaakt van enorme zwerfkeien die in de IJstijd met het kruiende landijs uit Scandinavië zijn gekomen. Ze dienden als grafmonumenten voor het Trechterbekervolk dat van 3400 tot 2900 vóór Christus in Nederland heeft geleefd. De prehistorische objecten hebben een mystieke, Stonehenge-achtige *vibe* – en dat gewoon in Drenthe. Wanneer je de 'D27' (met 22,6 meter het grootste hunebed van Nederland) voor het eerst ziet, kun je niet anders dan diepe bewondering hebben voor de mensen die dit 5500 jaar geleden met hun blote handen voor elkaar hebben gekregen. Er waren meer hunebedden dan de 53 die er nu nog over zijn, maar in de loop van de geschiedenis zijn sommige van die grote stenen gebruikt voor dijken, wegen en funderingen. Naast

TIP

Rijd bij mooi lente- of zomerweer de Drentse Natuurtocht langs de hunebedden en de paarse heide in een open Ruska Classica: een oldtimer buggy, met picknickmand!

de D27 vind je het Hunebedcentrum met het Oertijdpark, waar je in drie boerderijen kunt zien hoe de prehistorische Hunebedbouwers hebben geleefd.

Nu we toch aan het toeren zijn: het noordoosten van Twente is een van de donkerste plekken van Nederland, dus als je 's nachts naar een overweldigende sterrenhemel wilt kijken, ben je daar aan het goede adres. Je kunt er logeren in een 'sterrenkubus': een romantisch *tiny house* met een glazen koepel in het dak. Je krijgt er een Twents stoofpotje bij, en een ontbijt in een mandje. Om de hoek bij de kubushuisjes ligt Cosmos Sterrenwacht, een educatief centrum met één van de grootse computergestuurde telescopen van Nederland. Je kunt er op onbewolkte dagen naar de planeten kijken, en iedere zaterdagavond is er een sterrenkijkavond in het sfeervolle planetarium.

De Pieperrace in Volendam, een tweedaags zeilspektakel voor traditionele Hollandse platbodems, wordt gezien als het begin van het vaarseizoen. Ik ben niet helemaal thuis in de platbodems maar aangezien dit hét jaar is waarin ik meer over Nederland wil leren, verheug ik me op de bonte verzameling tjalken, botters, aken, klippers en kwakken. En dat allemaal tegen het pittoreske Volendamse decor van groene

Zie je een lijstje van unieke internationale hotels, dan is de kans groot dat Inntel Zaandam erop staat: de hoteltoren is opgebouwd uit 70 karakteristieke en kleurrijke Zaanse huisjes.

Wat maakt de Hollandse Nieuwe – die voornamelijk in Deense wateren wordt gevangen – nu eigenlijk Hollands? Daarvoor moet het allereerst een vette, jonge haring zijn. De meeste jonge haringen zijn wat magerder; die worden verwerkt tot zure haring of rolmops. Een Hollandse Nieuwe wordt gekaakt, gepekeld en ingevroren. Kaken betekent dat alle ingewanden worden verwijderd behalve de alvleesklier; daardoor krijgt de haring zijn kenmerkende romige smaak. Hollandse Nieuwe wordt rauw gegeten: je houdt hem bij zijn staartje boven je mond of laat hem in stukjes snijden. Toeristen griezelen nog wel eens bij het idee, maar feitelijk is het gewoon Nederlandse sashimi.

'Visite en vis blijven drie dagen fris.'

NEDERLANDSE GEZEGDE OVER DE 'HOUDBAARHEID' VAN LOGÉES

dijkhuisjes met rode daken – veel Nederlandser wordt het niet. Waar de Pieperrace het begin van de lente inluidt, komt Vlaggetjesdag in Scheveningen aan het einde ervan. De festiviteiten rond de binnenkomst van de Hollandse Nieuwe zijn ieder jaar weer ouderwets gezellig: er is een grote haringparty, maar ook een vlootschouw waarbij alle kotters zijn versierd met seinvlaggen. Je kunt genieten van admiraalvaren, er zijn evenementen met klederdrachten en oud-Hollandse spelletjes voor de kinderen.

Of deze populaire evenementen door zullen gaan, al dan niet in aangepaste vorm, weet natuurlijk niemand. Maar ik denk dat het belangrijk is om positief en creatief te blijven door ons te richten op wat er wél nog allemaal kan. Dat geldt natuurlijk ook voor het Eurovisie Songfestival, met 175 miljoen kijkers het grootste live event van de wereld, dat in 2020 in Ahoy Rotterdam zou plaatsvinden en deze lente in de herkansing gaat. De winst van Duncan Laurence in 2019 met zijn liedje 'Arcade' was een opsteker voor Nederland: het mogen organiseren van het Eurovisie Songfestival is een enorme logistieke operatie maar ook een zaak van nationale trots. Het zou mooi zijn als we 'onze' Ahoy-editie net zo spectaculair zouden kunnen brengen als de organisatie het oorspronkelijk voor ogen had.

'Volgens mij ben ik op de wereld gezet om muziek te maken over wat ik voel. Omdat ik daar gelukkig van word en omdat ik zie dat ik er ook andere mensen gelukkig mee kan maken.'

DUNCAN LAURENCE, WINNAAR EUROVISIE SONGFESTIVAL 2019

BEVRIJD JEZELF VAN BALLAST

Hoe mooi het lenteweer ook is, voor rust en ontspanning hoef je natuurlijk niet altijd de paden op, de lanen in. Je kunt ook een uitlaatklep vinden in het kleine geluk, dichter bij huis. Door eens flink op te ruimen, bijvoorbeeld: dat geeft ruimte in je huis én in je hoofd.

De klassieke voorjaarsschoonmaak was een hele onderneming waarbij alle gezinsleden werden ingezet. Mijn moeder heeft mij wel eens verteld hoe het huis kamer voor kamer onder handen werd genomen. Eerst werden alle meubels naar buiten gedragen, waar ze grondig werden schoongemaakt. Daarna werden de vloeren geboend, de matten uitgeklopt, de gordijnen gewassen en de kasten gesopt. Je had hier natuurlijk een beetje goed weer voor nodig, maar er was nog een reden waarom dit in het voorjaar gebeurde: door het lentezonnetje zag je opeens al het stof dwarrelen dat zich in huis had opgehoopt. We hebben vandaag de dag geen kolenkachels meer en er wordt nu het hele jaar gestofzuigd, maar zo'n goeie ouwe voorjaarsschoonmaak is nog steeds een prima idee – al zou ik niet meer mijn hele inboedel in de berm zetten. Dan ben je 'm kwijt.
Waar ik in de winter mijn huis wil vullen met zachte plaids en geurkaarsen, vind ik het in de lente juist heerlijk om overal flink de bezem door te halen. Het lijkt wel omgekeerde nesteldrang: in het voorjaar wil ik het lekker leeg en citroentjesfris. Rustig en aandachtig schoonmaken wordt door boeddhistische monniken een meditatieve bezigheid genoemd: een oefening in eenvoud, uitstekend geschikt om de drukke geest even op 'stil' te zetten. Ik kan me

TIPS VAN MIJN MOEDER

- Zet alle ramen tegen elkaar open, lucht je matras en keer het om, breng je planten naar buiten en sproei ze af met de tuinslang.
- Verschuif de bedden en de kasten zodat je ook eronder en erachter kunt stofzuigen.
- Eerst alles afstoffen, daarna pas met een nat doekje werken.
- Laat je niet wijsmaken dat je een heleboel verschillende producten nodig hebt; met groene zeep kun je nagenoeg alles doen.
- Ruim je vriezer uit, check alle houdbaarheidsdata en houd grote opruiming in de wildgroei aan kruidenpotjes (deze laatste is speciaal voor Daphne).

daar wel in vinden. Poetsen kan heel bevredigend zijn; je hebt snel eer van je werk. Een vies raam is zo weer schoon, en wanneer je een berg ongestreken wasgoed hebt omgetoverd in een overzichtelijk stapeltje, geeft dat een voldaan gevoel. Lieten alle dingen in het leven zich maar zo makkelijk gladstrijken. Tijdens het schoonmaken krijg ik ook de beste ideeën. Ik geloof dan ook niet dat je geest helemáál op 'stil' staat. Je haalt veel ruis weg wanneer je aandachtig aan het poetsen bent, waardoor je ruimte maakt voor kalmte en helderheid. Scrollend door mijn telefoon met al zijn *hooks and triggers* schiet me zelden iets creatiefs te binnen, maar wanneer ik mijn kruidenpotjes aan het sorteren ben (bedankt, mam) wél.

Vóór je met de voorjaarsschoonmaak gaat beginnen, is het een goed idee om grondig op te ruimen. Opruimen (of 'ontspullen' zoals nu het vaak wordt genoemd) geeft misschien nog wel meer ademruimte dan poetsen: het is enorm bevrijdend om dingen de deur uit te doen. Maar hoe komt dat eigenlijk? Waarom is bezit op den duur zo beklemmend? Het begint ermee dat we te veel onnodige spullen in huis hebben staan. Toen mijn dochter Emma nog klein was, had ze eens van haar eigen centjes een prulletje gekocht op de vrijmarkt. Verrukt keek ze me aan, en zei: 'Ik heb nooit geweten dat ik dit altijd al had willen hebben!' Daar moest ik toen erg om lachen, want het is de consumptiemaatschappij in een notendop: je mist een bepaald product totaal niet in je leven (pastamaker, slowjuicer, afstandsbediening voor je gordijnen) maar zodra je het krijgt voorgeschoteld, ga je geloven dat je het altijd al had willen hebben. En zo stouwen we ons huis langzaam vol met dingen die ons uiteindelijk in de weg gaan staan. Niet alleen letterlijk, maar zeker ook figuurlijk.

'Tijdens de coronacrisis hebben we ons huis herontdekt als een bron voor geestelijke en lichamelijke gezondheid. Er wordt in de tuin of woonkamer gesport. Tegelijkertijd worden klusjes als vegen of strijken beleefd als meditatieve momenten, bijna therapeutisch.'

TREND FORECASTER
LIDEWIJ EDELKOORT

Het is een bekend fenomeen dat te veel keuzemogelijkheden niet tot meer maar juist tot minder levensgeluk leiden. Het heeft misschien ook met je levensfase te maken: als jong gezin met kleine kinderen lijk je alleen maar op te stapelen – en dan moet de puberteit nog komen. Voor veel tieners is een opgeruimde kamer

> ‘Opruimen doen we niet door op te bergen, maar door los te laten.’
>
> CABARETIÈRE SANNE WALLIS DE VRIES

een begaanbaar pad van het bed naar de deur. In de fase van het lege nest zie je vaak dat mensen het ook écht leeg willen hebben; als een frisse start met meer bewegingsvrijheid. Maar corona heeft een heleboel veranderd. Nu we veel meer thuis zijn, krijg je vanzelf ook meer behoefte aan leefruimte en balans. Opruimen geeft rust, en brengt je terug naar de basis. Het kan op de tamelijk drastische Marie Kondo-manier: per categorie, of op de oud-Hollandse manier: per kamer. Hoe je het ook doet: neem je tijd, maar kijk niet achterom. Je kunt je spullen doneren, verkopen of recyclen maar bovenal: *durf* ze weg te doen. Weg is weg, twijfel niet.

Bevrijd jezelf van een heleboel ballast en ga lichter door het leven. Dit zeg ik overigens voornamelijk tegen mezelf, want ontspullen blijft voor mij een leerproces.

Ik kan me erg hechten aan dingen omdat ik er een herinnering of andere emotionele waarde aan koppel. Familiefoto's en de eerste schoentjes van je kinderen moet je uiteraard bewaren, maar ik heb het bijvoorbeeld ook met een oude poppenkast omdat hij me doet denken aan al het plezier dat ik samen met mijn kinderen heb gehad. De bekende opruimtip 'maak er een foto van' werkt in dat soort gevallen prima, plus het idee dat iemand anders er óók mooie herinneringen mee kan maken. Kleinere voorwerpen waar ik moeilijk afstand van kan doen, stop ik in een doos die ik vervolgens een paar maanden uit het zicht zet. Wanneer ik de spullen in de doos niet hebt gemist (of nog erger: wanneer ik niet eens meer weet wat er nu precies in die doos zit) kan ik hem alsnog weggooien. Maar dan moet ik de doos níet openmaken! Dan begint het hele spel van voren af aan.

Nadat je een flink aantal overbodige dingen de deur uit hebt gedaan, is het zaak de lege ruimtes niet op te vullen met nieuwe spullen. Toen een van mijn vriendinnen jarig was, zei ze: 'Doe maar geen cadeautjes meer. Als je toch iets wilt geven, dan liever iets wat we samen kunnen gaan dóen – een belevenis.' Dat vond iedereen een leuk idee, en nu doen we het in mijn vriendinnengroep allemaal op deze manier. Zo kreeg ik voor mijn verjaardag een rondvaart door de grachten tijdens het sprookjesachtige Amsterdam Light Festival, met een dinertje in de stad. Geluk zit niet in spullen, maar in gedeelde herinneringen en ervaringen.

Ray-Ban

5

ZOMER

Uitwaaien aan het water

De zomer is de kroon op het jaar. De dagen duren heerlijk lang, er hangt vrijheid in de lucht, je voelt je levenslustig en energiek. Zonlicht maakt ons gelukkig. We krijgen al jaren (terecht) ingeprent dat we niet moeten verbranden en ons vooral goed moeten insmeren, maar de zon heeft ook positieve kanten. In de zomer produceert ons lichaam meer vitamine D, wat bijdraagt aan sterke botten en de opbouw van spieren. We maken ook een extra dosis van het 'gelukshormoon' serotonine aan, wat je niet alleen een goed humeur geeft maar ook betere slaap, een positievere kijk op het leven en meer energie. In de zomer moet ik vaak denken aan mijn jeugd in de Ooijpolder bij Nijmegen: 's avonds laat buiten spelen, achterop de fiets naar een grindgat of een meer. Bommetjes maken tussen de waterplanten, Raketjes eten in de zon, de wereld aan onze voeten. En ook nu, als ik aan de zomer denk, zie ik meteen de beelden: blote voeten in het zand, een koud biertje, dansen op de zomerhits. Een koele duik, zout op mijn huid, autorijden met het raam open. De geur van zonnebrandcrème, cocktails met vrienden, drijven in zee. Eindeloos drijven in zee.

Het is niet toevallig dat mensen hun vakantie graag in de nabijheid van water doorbrengen. Water is niet alleen verkoelend, het heeft ook een

'Wind uit zee brengt kalmte mee.'

kalmerende werking op ons brein: het kijken of luisteren naar stromend, kabbelend of ruisend water maakt ons rustig. Volgens een onderzoek van de University of Exeter Medical School zijn mensen die dicht bij de kust wonen mentaal en fysiek gezonder dan mensen in het binnenland. Water, en dan vooral de zee, maakt mensen kalmer, positiever en minder gestrest. Eén van de mooiste hotels waar ik ooit heb mogen logeren, lag in Mexico op een klif aan de oceaan. De bulderende golven waren schitterend om te zien; zoveel natuurkracht doet je heel nietig voelen. Het geluid van de zee heeft iets magisch – het verbaast me dan ook niet dat er tijdens massages en meditaties oceaangeluiden worden afgespeeld. Er is iets aan dat ritme, aan de frequentie, waar je hele lichaam rustig van wordt. Misschien komt dat omdat we allemaal negen maanden tussen de ruisende bloedvaten in het vruchtwater hebben gedobberd. Of misschien gaat het nog veel verder terug; naar de oorsprong van al het leven op aarde, dat uit de oceanen is ontstaan.

Feit is dat *the deep blue* iets met je doet. Tenminste, met mij wel. Tijdens mijn vakantie aan de oceaan ben ik op een dag extra vroeg opgestaan om tijdens zonsopgang in mijn eentje op het strand te kunnen zijn. Het donderend geraas van de zee, de zilte nevel boven de branding, het zuigen van het natte zand onder mijn voeten – het was bijna een spirituele ervaring. Maar je hoeft niet ver te reizen naar een hotel op een klif om de kracht van de zee te kunnen ervaren. Onze eigen Noordzee heeft hetzelfde effect op je gemoed. Dat geweldige uitzicht vanaf de top van een duin, de wind door je haren, het breken van de golven en de spiegeling van de zon op het water... dat is het ultieme uitwaaien. Landschapsarchitecten en cityplanners weten dat mensen gelukkig worden van *blue space*: dat is bovenal de zee, maar ook rivieren, beekjes, meren, kanalen, grachten en zelfs fonteinen. Zolang het maar klatert of kabbelt kun je er heerlijk bij wegdromen. Hoe fijn is het om in de zomer met een bootje te varen en je handen door het water te laten glijden? De zachte deining en het klotsen van de golven zorgen voor een ultiem gevoel van ontspanning. Sluit je ogen, geniet van de zon en laat jezelf even helemaal wegdrijven.

Zwemmen in de natuur geeft een gevoel van vrijheid. In een meertje of rivier gaat het niet om snelheid of afstand maar om de ervaring van het buiten zijn, de eenheid die je voelt met de natuur en het waterleven om je heen.

—

TIP

In Zeeland mag je 'voetvissen'. Dat betekent dat je de kokkels, mosselen, venusschelpen en oesters die je raapt mag meenemen om op te eten, met een limiet van 10 kilo schelpen per dag.

—

Als kind ben ik een aantal keren met mijn ouders naar Zeeland geweest. Die vakanties hebben veel indruk op me gemaakt: het was daar zo weids, de zee liep over in de lucht, het leek wel een eindeloze wereld. Gewapend met een schepnetje gingen mijn broer en ik op zoek naar zeediertjes; vooral de scheermessen vonden we machtig interessant. Mijn vader liet ons zien hoe je die met een beetje keukenzout uit het zand omhoog kon laten komen. Ik zeg het je: de film *Alien* is er niks bij. Het idee dat je zoiets kon eten gaf me als kind de rillingen. Inmiddels kan ik bijzonder genieten van schaal- en schelpdieren, maar vooral bij mosselen is het nog steeds raadzaam niet te lang naar de anatomie te kijken. En let op: het gebeurt zelden, maar er kan een parel in de schelp zitten. Tijdens één van onze vakanties in Zeeland heeft mijn moeder haar kies erop stukgebeten. Ze noemde het heel treffend 'de wraak van de mossel'.

Er is maar één plek in Nederland waar de stranden op het zuiden liggen: het adembenemend mooie gebied tussen Vlissingen en Zoutelande. De brede stranden met de hoge Walcherse duinen worden de Zeeuwse Rivièra

MOOI:
de handbeschilderde oesterschelpen van Zeeuws Blauw, een uniek aandenken aan de zomer. Zie zeeuwsblauw.nl

genoemd; een weids natuurgebied met een groen achterland. Het Zeeuwse Domburg was aan het begin van de 20e eeuw een mondain kuuroord: het zoute water en de zuurstofrijke lucht werden gezien als medicijn voor vele kwalen. Ook schilders wisten het dorp te vinden: Jan Toorop, Piet Mondriaan en Marie Tak van Poortvliet kwamen vaak naar Domburg voor het bijzondere licht. Na het ontstaan van het massatoerisme trokken steeds meer mensen naar zonbestemmingen in Zuid-Europa, maar de laatste jaren is de Zeeuwse kust weer helemaal terug als wellness-bestemming. Volgens de richtlijnen van de European Spas Association mag Domburg zich officieel een kuuroord noemen, net als

'De zon maakt bloemen, warmte, hei, de zee maakt stil – wat maken wij?'

LEO VROMAN, DICHTER, SCHILDER EN BIOLOOG (1915-2014)

TIP
Bij meer dan zeventig strandtenten langs de Nederlandse kust kun je een juttas krijgen van de Grondstofjutters. Als je die tas vult met strandafval, krijg je een gratis drankje of een ijsje. Leuk om met je kinderen te doen: je bent samen goed bezig, en kunt ze spelenderwijs uitleggen hoe het zit met de plastic soep en recycling. Kijk voor de locaties op grondstofjutters.nl

Cadzand, Noordwijk en Bad Nieuweschans. Het predicaat 'heilzame badplaats' kun je verdienen met onder andere schoon zeewater, frisse lucht en mooie, gevarieerde natuur. Borrelen *at the beach* valt nu dus officieel onder kuren – hoe fijn is dat?

De oer-Hollandse combinatie van veel wind en water heeft ons land al een indrukwekkende lijst aan zeil-, surf- en kitekampioenen opgeleverd. Nederlandse kinderen leren jong zwemmen en vaak ook zeilen. Bij mij in het dorp zie ik iedere zomer weer nieuwe gezichten op de zeilschool, die in een stoet van witte Optimist-zeilbootjes (drijvende badkuipjes met een kleurig zeil) rondjes draaien om de boeien. Het is goed om kinderen al jong vertrouwd te maken met water: niet alleen omdat we een waterrijk land zijn, maar de heilzame werking van *blue space* geldt voor hen net zo goed. Aan het water is veel méér te doen dan alleen kijken naar de branding. De Nederlandse zeestranden zijn breed, dus op veel plekken is er ruimte voor avontuurlijke strandsporten zoals blokarten (een buggy met een windzeil) of kite-buggy'en (een snellere buggy die wordt voortgetrokken door een kite). Je kunt natuurlijk ook windsurfen, kitesurfen en windfoilen. Of, als je een rustiger tempo prefereert, kajakken en suppen – waarbij het trouwens even heeft geduurd voordat ik me realiseerde dat 'sup' gewoon een afkorting is van stand-up paddling.

Zeewind en watersport maken heerlijk loom. Gelukkig zijn er op de Nederlandse stranden overal strandtenten te vinden waar je in de zomer (en steeds vaker ook in andere seizoenen) even lekker onderuit kunt zakken. Voor een land dat niet bepaald kan bogen op een mediterraan klimaat, hebben wij een verrassend levendige en culinaire strandtentencultuur. Toen ik voor het eerst naar Los Angeles ging, had ik me veel voorgesteld van de stranden van Santa Monica en Malibu, maar daar is wat betreft strandtenten helemaal niks te beleven. De Nederlandse kustplaatsen hebben altijd al veel werk van hun strandtenten gemaakt (misschien júíst om het niet al te stabiele zomerweer te compenseren) maar nu het iedere zomer warmer lijkt te worden, zijn ze helemáál opgeschaald naar pareltjes aan zee. Het is eigenlijk niet te doen om een top-10 te

'Als ik na een dag van het strand kom, de hele dag de wind in mijn haren heb gehad, flink door mijn kite vooruit ben getrokken en door de golven ben gevaren met vrienden, voelt dat te gek. Dat wil ik andere mensen ook meegeven: de vrijheid die je voelt op zee.'

JALOU LANGEREE, DRIEVOUDIG WERELDKAMPIOEN KITESURFEN

Scheveningen is dé plek om te surfen, maar de golven, het tij en de schuimvorming kunnen verraderlijk zijn. Check altijd eerst apps als *Surfweer* of *Windguru* voor de juiste condities!

In de grote thuisblijfzomer van 2020 kwam een vriendin van mij met het idee van 'vakantie-koken': ze pakte een buitenlands kookboek erbij, van Balinees tot Portugees, en maakte om de zoveel dagen een nieuw, zomers gerecht met ingrediënten uit de toko of van de markt. Deze 'vakantie in eigen keuken' ging als een lopend vuurtje door mijn vriendinnengroep, en leverde heel verrassende maaltijden op. Én een paar blijvertjes, zoals mijn nieuwe favoriete Arabische gerecht shakshuka.

maken, want langs al onze zeestranden heb je ze te kust en te keur: strandtenten voor hipsters, ouders, vegans, surfers, stiltezoekers en feestbeesten. Aangezien niemand met zekerheid kan zeggen wanneer we weer mogen reizen, is het goed te weten dat de sfeer van allerlei populaire vakantiebestemmingen is terug te vinden in het geweldige decor van diverse Nederlandse strandtenten. Geluk dicht bij huis!

- ✦ Bali: *Ubuntum, Zandvoort* – sfeervolle houten meubels en Balinese parasols
- ✦ Ibiza: *Hippie Fish, Zandvoort* – licht en zonnig, met rieten meubelen
- ✦ St. Tropez: *Bernie's Beach Club, Zandvoort* – Zuid-Franse chic met zwembad
- ✦ Miami: *Heartbreak Hotel, Terschelling* – pastelkeurige *fifties* vibe
- ✦ Malibu: *Barbarossa Beach Club, Scheveningen* – breed strand voor een panoramische zonsondergang
- ✦ Tulum: *Tulum, Noordwijk* – sierlijke witte parasols en bamboe meubilair
- ✦ Hawaii: *Aloha Beach, Wijk aan Zee* – relaxte strandsfeer met palmbomen
- ✦ Bondi Beach: *Tijn Akersloot, Zandvoort* – surfparadijs met yogalessen
- ✦ Kaapstad: *Pele Surf Shack, Hoek van Holland* – shabby-chic met fantastische vegan kaart
- ✦ Bonaire: *Beachclub Indigo, Scheveningen* – vrolijk gekleurde meubels en lampionnen

'Hier in Nederland is het zo fijn wonen. De hele Nederlandse kust, van Texel tot aan Zeeland, vind ik mooi. We hebben één van de schoonste zeeën ter wereld.'

IRAANS-NEDERLANDS ARTIESTE SEVDALIZA

Hoewel het gezond is om geregeld naar de zee te gaan, is dat niet iedereen gegeven. Gelukkig zijn in de Nederlandse steden steeds vaker zomerstranden te vinden waar je ook als 'binnenlander' met je voeten in het zand kunt zitten. Het fenomeen stadsstrand is in 2002 bedacht door de stad Parijs, dat de leegloop in augustus wilde remmen door een aantal kades langs de Seine aan te kleden met ligstoelen, parasols en een flinke laag wit zand. De *Paris Plage* werd zo'n doorslaand succes dat het navolging kreeg in heel Europa. Kijk deze zomer eens op www.stadsstranden.nl om te zien waar je bij jou in de buurt zo'n gezellig zomerstrand kunt vinden.

'Neem rustig de tijd om gelukkig te zijn. Tijd is geen snelweg tussen de wieg en het graf, maar ruimte om te parkeren in de zon!'

PATER EN SCHRIJVER
PHIL BOSMANS

Hier alvast 4 tips.

UTRECHT: SOIA, STRAND OOG IN AL
Deze unieke plek met uitzicht op de Gele Brug ligt ingeklemd tussen het Amsterdam-Rijnkanaal en het Merwedekanaal. Terwijl grote duwbakken links en rechts aan je voorbijvaren, lig je heerlijk te zonnen op het zand of in het gras. Fijn restaurant, mooi terras, een echte vakantie *vibe*.

GRONINGEN: DOT
Dit gezellige stadsstrand heeft een vermelding gekregen in de beroemde reisgids Lonely Planet vanwege de 'dot' die ernaast ligt: een futuristisch, bolvormig gebouw met een film- en theaterzaal. 's Avonds licht het gebouw op in sfeervolle kleuren. Je mag hier ook zwemmen.

ALKMAAR: DE KADE
De Kade biedt niet alleen een mooi uitzicht over Alkmaar en het Noordhollandsch kanaal, je mag ook je eigen eten meenemen en dat zelf klaarmaken op één van de BBQ's. Of je bestelt wat lekkers in het restaurant, tussen de zelfgetimmerde houten meubelen en de vuurkorven. De keuken kookt vooral gerechten van lokale producten.

ZWOLLE: STADSSTRAND ZWOLLE
Net als in Parijs gebruikt stadsstrand Zwolle wit zand en palmbomen om een stukje centrum om te toveren tot een heuse beachclub. Er zijn houten banken en tafeltjes waar je met je voeten in het zand kunt lunchen en dineren, en alle ligstoelen staan opgesteld met uitzicht op de gracht. Costa Hollandia!

RUST EN RUIMTE IN HET GROENE HART

Wanneer je op de kaart van Nederland kijkt, zie je dat het Groene Hart precies dát is: een Nationaal Landschap in het hart van het land, omringd door de Randstadring van Rotterdam, Den Haag, Amsterdam en Utrecht. Het is een zeer divers natuurgebied met veel rust, ruimte en groen. Er zijn allerlei wandelroutes door het Groene Hart in de vorm van boerenlandpaden, en op veel plaatsen is er gelegenheid tot 'poldersport', zoals stormbanen, boerengolf, vlotten bouwen en tobbedansen. Maar het Groene Hart is méér dan alleen weidelandschap: het heeft ook het grootste sloepennetwerk van Europa. De zomer is een uitermate geschikt jaargetijde om in het Groene Hart het water op te gaan.

✦ Neem bijvoorbeeld eens de vaarroute door het ruige en schilderachtige Loetbos, ook wel het kleine zusje van de Biesbosch genoemd. De Loetroute leidt door landelijke dorpjes, boerensloten en open polders – alsof je langs een diorama van Nederland glijdt.

✦ Minstens zo mooi is de Gooi- en Vechtstreek. Huur een sloepje, neem een picknickmand mee en zak de Vecht af langs alle monumentale buitenhuizen van rijke Amsterdammers uit de 17e eeuw. Slaap een nachtje in

""Mooi is Nederland eigenlijk, hè?" Ineens zagen we het. Of zou het komen doordat je gewoon nergens anders heen kan?"

CABARETIÈRE
CLAUDIA DE BREIJ

Logement Swaenenvecht, een prachtig buitenhuis uit 1678. De schrijfster Belle van Zuylen bewoonde ooit het er vlakbij gelegen kasteeltje, Slot Zuylen.

✦ Eén van de meest gefotografeerde plekken van Nederland ligt in het Groene Hart: de 19 molens van UNESCO Werelderfgoed Kinderdijk. Deze molens verzorgen al sinds 1738 het watermanagement van de regio. De opstelling van de 19 molens is even pittoresk als ingenieus. Kinderdijk is altijd prachtig om te bezoeken, maar in juli en augustus is de kans het grootst dat je alle molens ziet draaien.

Wil jij ook één of meerdere dagen door het Groene Hart varen? www.sloepennetwerk.nl maakt je wegwijs op de Nederlandse plassen en vaarten, en toont de mooiste routes.

De oud-Hollandse steden en dorpen rondom Gouda zijn dé plekken waar de befaamde kaas wordt gemaakt. In het uitgestrekte, groene polderlandschap kun je te midden van grazende koeien en kaasboerderijen allerlei fiets- en wandeltochten ondernemen. Het is een beetje jammer dat deze unieke omgeving *Cheese Valley* is gedoopt, maar dat zal wel voor de toeristen zijn. 'Kaasvallei' klinkt al iets beter, maar feit blijft dat een poldergebied per definitie geen vallei is. Als je toch in Gouda bent: kijk eens naar dat gotische stadhuis op de Markt, met zijn spitse torentjes en rode luiken. Wat een plaatje! Geen wonder dat het een populaire trouwlocatie is.

Nog even een aardigheidje over de Nederlandse koeien: ik zag een item bij BBC online waarin zij spraken over de 'nieuwe Nederlandse wellness-trend': koe-knuffelen. *Koe-knuffelen?* Ik had er werkelijk nog nooit van gehoord, laat staan dat het een trend zou zijn. Maar wat denk je? Het bestaat wel degelijk, en het is inderdaad erg populair. De oorsprong ligt in Beets, een groen dorpje tussen Hoorn en Purmerend, op boerderij Kastanjehoeve. Daar kun je al vijftien jaar knuffelen met koeien die speciaal op hun vriendelijke karakter zijn uitgezocht. Een koe heeft een warm

lichaam en een lage hartslag waardoor het voelt alsof je een grote warmwaterkruik omhelst. Bezoekers vinden het erg rustgevend om in het gras tegen een koe aan te leunen. De koe zelf vindt alles prima: die ligt lekker te herkauwen en als ze er geen zin meer in heeft, staat ze op en loopt ze weg. Toch zal dat niet zo snel gebeuren: een koe wordt namelijk heel graag geaaid. Dát ga ik deze zomer een keer doen. Zodat ik in Engeland kan zeggen: *Yes, we knuffel the cows.*

In Nederland ben je nooit helemaal zeker van het weer; zelfs wanneer je hartje zomer een bruiloft plant, weet je niet of je het droog gaat houden. Maar er is een plek waar het wél altijd warm en gezellig is: bij onze Caribische buren. Curaçao is een land binnen het Koninkrijk der Nederlanden, net als Aruba en Sint Maarten. De BES-eilanden Bonaire, Sint-Eustatius en Saba zijn bijzondere gemeenten. Op 2 juli vieren ze op Curaçao *Dia di Bandera*, de Dag van de Vlag, een feestelijke dag vol activiteiten. Sinds 2 juli 1984 heeft Curaçao een eigen vlag, ontworpen door de destijds 20-jarige eilandbewoner Martin den Dulk. Het bovenste deel staat voor de blauwe hemel; het onderste deel voor de heldere zee. De gele band symboliseert de zon en de opgewektheid van de bevolking, en de twee sterren staan voor Curaçao en Klein Curaçao. De sterren zijn wit, als de kleur van de vrede, en vijfpuntig omdat de bevolking uit vijf werelddelen afkomstig is. Mooi!

'Nederland is het meesterwerk van beroemde schilders, wij als Caribische eilanden voegen daaraan kleur toe; een unieke culturele bijdrage.'

EUGENE RHUGGENAATH, PREMIER VAN CURAÇAO

FLYING
DUTCH

NEDERLAND FESTIVALLAND: PARTY LIKE THE DUTCH

Bestaat de Nederlandse zomer alleen maar uit voetvissen, slootje varen en koe-knuffelen? Zeker niet. Nederland is een ongekend levendig festivalland. In 2013 waren er 774 festivals, in 2019 was dit uitgegroeid tot 1110 festivals en evenementen. De dance-industrie heeft een jaaromzet van 9 miljard euro en een exportwaarde van 150 miljoen euro. ADE, het Amsterdam Dance Event, brengt jaarlijks tienduizenden bezoekers van over de hele wereld naar onze hoofdstad. Nederlandse dj's zijn sinds jaar en dag extreem succesvol: Tiësto, Armin van Buuren en Martin Garrix werden door het gezaghebbende Britse tijdschrift *DJ Mag* al meerdere malen uitgeroepen tot beste dj ter wereld. Meer dan de helft van de dj's in de internationale top-10 komt uit Nederland. Toen Martin Garrix in 2018 in een interview met het Italiaanse radiostation 105MiCasa werd gevraagd waarom Nederlandse dj's zo succesvol zijn, zei hij: 'Het regent in Nederland heel vaak. Dus we zitten binnen en maken muziek.' De regen zal er (met een knipoog) vast iets mee te maken hebben, maar zeker ook de populariteit van dance, het grote aantal

festivals in ons kleine land en fantastisch aangeklede mega-evenementen als Mysteryland en Awakenings, waarvan de beelden de hele wereld overgaan. Ik zag ooit een interview met twee Canadese ADE-bezoekers en op de vraag waarom ze helemaal hier naartoe waren gekomen, antwoordden ze: *Everybody wants to party like the Dutch.*

'Al ruim 30 jaar maakt Dance een groot onderdeel uit van de Nederlandse cultuur; het zit in ons DNA. Ook op het gebied van feesten liepen we snel voorop. Als klein land hebben we laten zien: the sky is the limit.'

JOSÉ WOLDRING, CEO VAN THE MEDIA NANNY, HET PR-BUREAU ACHTER BEKENDE DJ'S ALS MARTIN GARRIX EN DAVID GUETTA

De Nederlandse dance-industrie ging het afgelopen decennium van groter naar grootst – en werd toen bijna van de kaart geveegd door de coronacrisis. Van alle bedrijfstakken is de entertainmentsector misschien nog wel het zwaarst getroffen omdat die klap maar blijft voortduren. Theaters, bioscopen, festivals – na bijna een jaar stilstand is de kaalslag enorm. Zelfs succesvolle bedrijven als ID&T dat grootschalige dance-evenementen organiseert en concert-organisator Mojo (Lowlands, North Sea Jazz, Pinkpop) kwamen aan het wankelen, net als grote evenementenlocaties als Ahoy Rotterdam en de Ziggo Dome. Er werken 300.000 mensen in de creatieve industrie; het is een sector van formaat. Tijdens de crisis namen bekende acteurs als Carice van Houten, Abdelkader Benali en Halina Reijn onder de hashtag #reddecultuur een instagramfilmpje op, waarin zij onderstreepten dat de creatieve en culturele sector op omvallen staat. Op Halina's Instagram reageerde

een vrouw met de woorden: 'In de zorg, onderwijs en bouw zoeken ze nog mensen.' Dat vond ik zó bedroevend. Als het over de kunstensector gaat, is het badinerende 'ga wat nuttigs doen' nooit ver weg.

De Nederlandse boeken die je leest, de tv-programma's waar je voor thuisblijft, de optredens die je bezoekt, de festivals waar je gaat dansen, de theatervoorstellingen die je laten lachen, de films die je kijkt: ze zijn allemaal gemaakt door die 300.000 mensen. Kunst en cultuur is geen gesubsidieerde hobby maar een beroepsgroep van creatieve professionals die mooie dingen willen maken. Het gaat niet om de sterren maar juist om alle zzp'ers achter de schermen: setdressers, belichters, kabelsjouwers, cateraars. Maar hoe zwaar en onzeker het nu ook is, ik heb er het volste vertrouwen in dat de Nederlandse entertainmentindustrie uiteindelijk zal overleven. Het uitgaansleven maakt mensen gelukkig, en dat gaat verder

'Kunst brengt troost. Een concert kan zelfs duizenden mensen op een en hetzelfde moment verzoenen met het leven en verbinden met elkaar. Kunst is zingeving geworden. De kerken lopen leeg, maar voor concertzalen loopt het storm.'

DIRK DE WACHTER, PSYCHIATER EN AUTEUR

dan simpelweg 'dansen en sjansen'. De mens is een sociaal knuffeldier. Wanneer je een concert of festival bezoekt, ga je niet alleen op in de livemuziek maar ook in de mensenmassa: de gedeelde emotie brengt verbinding en verbroedering. Niets is te vergelijken met de energie van een uitverkocht stadion waarbij het hele veld beweegt als één organisme. Samen zingen en dansen is een vorm van collectieve levensvreugde. Je kunt alles loslaten en helemaal opgeladen thuiskomen. Ik kan niet wachten!

De creatieve industrie heeft uiteraard niet stilgezeten, er is van alles geprobeerd. Theatermaker Kasper van Kooten deed zijn nieuwe show tijdens een Transavia-vlucht van Rotterdam naar Malaga. Het

Concertgebouw greep terug op de zaalopstelling van het openingsjaar 1888: geen rijen stoelen meer in de zaal, maar kleine tafeltjes met stoelen eromheen. Het Holland Festival en het Nederlandse Filmfestival gingen grotendeels online. Zangers die moeiteloos stadions vullen, traden op kleinschalige tuinfeesten op. De Vrienden van Amstel LIVE! bouwde gewoon het hele decor in een leeg Ahoy en alle artiesten deden belangeloos mee aan een livestream. Dj's van Mysteryland gingen met luchtballonnen de lucht in en draaiden hun sets streamend tussen de wolken. Festivaldecorbouwers begonnen pop-upcampings en ID&T organiseerde anderhalve-meter-strandfeesten met dans, muziek en yoga. Er kwamen hike & raves, waarbij je een mooie wandeltocht kon maken met als afsluiting een *silent disco* midden in de natuur.

Mijn persoonlijke favoriet: het idee van dance-organisator Audio Obscura om iconische Hollandse locaties te verbinden aan de al even iconische Nederlandse dance-cultuur. De registratie van de twee uur durende set van dj Joris Voorn bij de 19 molens van Kinderdijk moet je echt even op YouTube terugkijken: de vlammende zonsondergang, het spiegelende water, de overtrekkende ganzen – en dan die muziek erbij. Het is fenomenaal mooi en inmiddels al meer dan 110.000 keer bekeken.

Dj, componist en dance-producer Tom Holkenborg, beter bekend als Junkie XL, is één van de meest succesvolle Nederlanders in Hollywood. Nadat hij in 2002 internationaal doorbrak, met de megahit 'A Little Less Conversation' (een remix van Elvis Presley), heeft hij zich in Los Angeles ontpopt tot filmcomponist. Hij verzorgde de soundtrack voor grote films als *Deadpool*, *Tomb Raider*, *The Dark Tower* en *Mad Max: Fury Road*.

Levi's

HET WANDELFEEST VAN NEDERLAND

Ik ben geboren in Nijmegen en kan daardoor (geheel onbevooroordeeld, uiteraard) zeggen dat de Vierdaagse één van de leukste Nederlandse evenementen is. De bijbehorende Zomerfeesten zijn in de loop der jaren van vier naar zeven avonden gegaan, maar het allerleukst blijft toch het lopen zelf. Ik heb zelf drie keer meegelopen met het wandelteam van het Canisius College, mijn middelbare school. De sfeer onderweg was uitgelaten en saamhorig: van de start in het donker tot de feestelijke laatste binnenkomst over de St. Annastraat, die voor de gelegenheid wordt omgedoopt tot Via Gladiola. Het fijnst liep je in de *slipstream* van een peloton Amerikaanse soldaten: die hadden er stevig de pas in en zongen geestige maar vaak ook schunnige liedjes. Als

Wees er op tijd bij als je een hotelkamer of Bed&Breakfast wilt boeken voor de Vierdaagse.

Tip: naast het gezellige stadsstrand De Kaaij onder de Waalbrug ligt museumschip Opoe Sientje, dat is omgebouwd tot een unieke B&B. De nautische slaapkamers zijn zo gezellig dat je ze allemaal wilt proberen.

het pater Leo, onze marsleider, te gortig werd (het Canisius College had in die tijd nog een aantal jezuïetenpaters als docenten) werden we door hem de berm in gedirigeerd om 'even bij te komen'. De populariteit van de Vierdaagse is in de loop der jaren enorm gestegen. In 2019 waren er bijna 50.000 deelnemers uit meer dan 75 landen; geen wonder dat het wandelfeest zich profileert als The Walk of the World. Hoewel het onderweg gezellig druk is en alle dorpen en steden waar je doorheen loopt er een feestje van maken, heb je nooit het gevoel dat je op een kluitje loopt: de deelnemers zijn verdeeld over drie routes van 30, 40 of 50 kilometer en krijgen verschillende starttijden.

Nijmegen wedijvert met Maastricht om de titel 'oudste stad van Nederland'. Maastricht kreeg in 1203 als eerste middeleeuwse stadsrechten, Nijmegen volgde in 1230. Nijmegen kreeg echter als Noviomagus (Ulpia Noviomagus Batavorum) in 98 n.C. al Romeinse stadsrechten. Pas 1000 jaar later zou een tweede Nederlandse stad het inwoneraantal van Nijmegen evenaren: Utrecht.

De Zomerfeesten, ooit begonnen met het Blarenbal op de vrijdagavond, zijn uitgegroeid tot een feestweek waar 1,2 miljoen bezoekers op afkomen. En terecht: de Vierdaagse is een vrolijk en verbindend evenement waar veel nationaliteiten plezier aan beleven. Ook tof is de populariteit van Roze Woensdag, waarbij iedereen zich uitdost in roze of in de regenboogkleuren om de zichtbaarheid en de acceptatie van de lhbti-community te vergroten. Iedere Nederlander zou eigenlijk een keer de Vierdaagse moeten lopen. Loop het met je vriendinnen, met een ploeg van je werk of doe een sponsorloop voor het goede doel. Het is een geweldig avontuur – maar je moet vooraf wél even trainen.

'Ik kan een zomer doorbrengen zonder ook maar één dag tv te kijken. Mijn guilty pleasure is: ik doe niks. Ik kan op mijn veranda zitten, beginnen aan een boek en me opeens realiseren: oké, ik stop even met lezen. Ik kan hier nu ook gewoon zitten en kijken [naar mijn eigen achtertuin]. Ik kan ook gewoon zijn.'

MEDIAMAGNAAT OPRAH WINFREY

Eind jaren zeventig wilden mijn ouders 'terug naar de natuur', en dus verhuisden we van Nijmegen naar Persingen, het kleinste dorp van Nederland – en dan ook nog naar de 'buitenwijk' daarvan, het gehucht Wercheren, waar vier huizen staan. Vanaf dat moment moesten mijn broer en ik een uur door de Ooijpolder fietsen om op school te komen. Heen én terug, altijd wind tegen. Onze tochtige boerderij had nog geen centrale verwarming en voor de eerste bushalte moest je twee kilometer lopen. Maar het duurde niet lang of we ontdekten de mogelijkheden van het boerenland: we bouwden hutten, hadden bakkies, struinden door de weilanden, gingen vissen, zwommen in de zandafgravingen, sleepten met takken, stookten vuurtjes – we deden eigenlijk alles waar de milieupolitie nu bonnen voor schrijft.
De Ooijpolder bleek een waar kinderparadijs van kolken, dijken, kleigaten, meertjes en graslanden. Soms gingen we wandelen in de prachtige bossen van Beek-Ubbergen, maar eigenlijk hoefden wij nooit een frisse neus te halen. Wanneer je opgroeit op het platteland ben je de hele dag buiten. Mijn broer en ik hielpen de boeren om ons heen graag met melken en hooien. Mijn moeder had een grote groentetuin en wij moesten dan vaak meehelpen met het onkruid. Ook moesten we fruit plukken, schapen pillen, eieren rapen en hekken repareren. Daar was ik destijds niet altijd even blij mee, maar nu kijk ik erop terug als mijn idyllische jeugdjaren: ik realiseerde me niet hoe bijzonder het was om zo groen op te groeien.
Grote delen van de Ooijpolder zijn inmiddels beheerd natuurgebied en dat betekent veel prikkeldraad en verboden toegangsborden. Je mag er alleen nog maar langsfietsen en oh en ah zeggen, terwijl mijn vrienden en ik er nog echt van mochten genieten. De prijzen van de huizen zijn ook omhooggeschoten. Toen ik op de middelbare school zat, zeiden mijn klasgenoten hoofdschuddend: wie wil er nu dáár wonen? Maar tegenwoordig wordt de polder juist gezien als een groene oase van rust en ruimte, en zijn de boerderijen opeens een vermogen waard. Nu ik zelf kinderen heb, begrijp ik waarom. Het waren gouden jaren. Maar zoiets besef je altijd pas achteraf.

Houd je van wandelen maar ben je niet zo gecharmeerd van grootschalige evenementen? Ook dan kun je in Nijmegen terecht. Naast alle 'gewone' wandelroutes is er de Walk of Wisdom, een eigentijdse pelgrimsroute van zeven dagen en 136 kilometer waarbij je door de landschappen rondom Nijmegen loopt, zoals de uitgestrekte Ooijpolder en de heuvels van Berg en Dal. Deze 'wijsheidswandeling' (die onafhankelijk is van religie) gaat over rust en reflectie en de reis naar binnen. De bedoeling is om 'het pad van je eigen wijsheid' te lopen met je telefoon zo veel mogelijk uit. Iedere deelnemer krijgt een veter waaraan hij of zij de stalen vogelringetjes kan rijgen die de 11 gemeentes op de route verstrekken. Meer informatie? www.walkofwisdom.org

Aan het einde van de zomer is het weer tijd voor de Boskalis Beach Cleanup Tour, waarbij de hele Noordzeekust door vrijwilligers wordt opgeruimd. Ik zou willen dat het niet nodig was, maar als je leest dat in 2019 bijna 11.000 kilo (!) afval werd verzameld dan begrijp je dat niet iedere strandbezoeker zijn rotzooi opruimt. De editie van 2020 kon door de coronamaatregelen helaas niet doorgaan, maar komende zomer kan iedereen weer meehelpen onze Noordzee schoon en gezond te houden. Wil jij je opgeven voor de Boskalis Beach Cleanup Tour, of wil je weten op welke andere manieren jij je kunt inzetten? Kijk dan op www.noordzee.nl

07

DE JUBEL VAN ZUNDERT

Waarmee kan ik de zomer beter afsluiten dan met het beroemde Bloemencorso in Zundert, het grootste corso ter wereld? Veel bloemencorso's worden in de lente georganiseerd en zijn verbonden aan de Bollenstreek; de gebruikte bloemen zijn dan ook veelal lentebloeiers. Het bloemencorso van Zundert werkt alleen met dahlia's en speelt zich af op de eerste zondag en maandag van september. Het Noord-Brabantse Zundert is niet alleen bekend als geboorteplaats van Vincent van Gogh maar ook als grootste dahliakweker die je op de wereld kunt vinden. De miljoenen dahlia's zijn bedoeld voor corso's: niet alleen in Zundert, maar door heel Europa.

De Zundertenaren verdienen hun geld met boomkweken maar ze *leven* voor de reusachtige bloemenpraalwagens. De gemeente bestaat uit 20 buurtschappen die allemaal hun eigen wagen maken. Ze hebben elk een eigen dahliaveld, geheel onderhouden door vrijwilligers, waar miljoenen bloemen op worden gekweekt. Die hebben ze ook nodig, want de praalwagens zijn gemiddeld zo'n 19 meter lang, 9 meter hoog en 4,5 meter breed. Bij het maken van één bloemenpraalwagen zijn maar liefst 150 mensen betrokken. Ik vind het heel bijzonder en eigenlijk ook ontroerend hoeveel vrije tijd de Zundertenaren in de wagens steken: de 20 buurtschappen zijn er het grootste deel van het jaar mee bezig.

In januari wordt het idee bedacht; in februari, maart wordt de maquette gebouwd en in april gaan de bollen de grond in. Dan verrijst ook de 'corso-tent': een enorm gevaarte waaronder met betonijzer, karton,

krantenpapier en piepschuim het karkas van de creatie wordt gebouwd. Immense Vikingschepen, bewegende leguanen, tijgers, draken, mammoeten, walvissen – je weet niet wat je ziet. In de laatste dagen vóór het corso worden de dahlia's geoogst; zo'n 350.000 bloemknoppen per wagen. Hele rijen mensen zitten klaar om door iedere bloem een spijkertje te duwen, en daarna worden alle dahlia's met de hand in de wagen gehamerd. Het is ongelooflijk veel werk, maar iedereen geniet ervan.

Het mooie van deze traditie vind ik de saamhorigheid, de vriendelijke competitie én de aanwas van de jeugd: jongeren in Zundert groeien op met het bloemencorso en willen niets liever dan later ook meehelpen – én winnen. Het winnen van de prijs voor de mooiste wagen brengt volwassen kerels aan het huilen: Zundertenaren vinden het met afstand de mooiste dag van hun leven. Ik keek naar een kleine documentaire van Omroep Brabant over de makers van de bloemenpraalwagens, en raakte zelf geëmotioneerd door de blijdschap en de passie van deze mensen. Ze leven voor de Jubel van Zundert. Tijdens de optocht van de 20 praalwagens op zondag wordt er door de jury naar één van de passerende wagens gejubeld: 'U mag stoppen!' en zo weet je dat je gewonnen hebt.

Om de schoonheid van de wagens niet te ontsieren en de muziek niet te overstemmen, gebruiken ze in Zundert geen tractoren maar mensenkracht: onder iedere creatie zitten tientallen duwers die het loodzware gevaarte over het 5 kilometer lange traject en langs de tribunes moeten rollen. Over die tribunes gesproken: als je wilt gaan kijken – en dat moet je écht een keer doen – is het raadzaam de kaarten op tijd te bestellen want het evenement is razend populair. De beelden van het bloemencorso van Zundert gaan de hele wereld over. Het is niet alleen een ode aan de Nederlandse bloemenpracht, óók aan de creativiteit en de verbondenheid van een gemeenschap die ieder jaar opnieuw samen tot een wereldprestatie komt.

'Alwéér een dag aan
het raam gestaan

Een bloempje open en
dicht zien gaan

Een bloempje open,
een bloempje weer dicht

Een dag zó vol
indrukken vergeet
men niet licht.'

DICHTER LÉVI WEEMOEDT,
FLORA EN TRAUMA

6

ROTTERDAM

Architectuurhoofdstad van Nederland

In Rotterdam kijk ik altijd mijn ogen uit. De stad wordt ook wel 'Manhattan aan de Maas' genoemd, en iedereen die de skyline ziet, begrijpt waarom. Rotterdam kan bogen op een unieke synergie tussen historische gebouwen, brede waterwegen en hypermoderne architectuur. Het bombardement van 14 mei 1940 heeft veel van de oorspronkelijke bebouwing verwoest, maar na de Tweede Wereldoorlog is Rotterdam als een feniks uit de as herrezen. De stad herbergt niet alleen één van de grootste havens ter wereld, maar heeft zich ook ontwikkeld tot een futuristische metropool die wordt bezocht door vele architectuurliefhebbers uit de hele wereld.

Het startschot werd gegeven in de jaren '80 van de vorige eeuw met de iconische kubuswoningen van Piet Blom. Sindsdien is Rotterdam steeds verder verrijkt met imposante gebouwen van beroemde Nederlandse architecten. Zo is de woontoren Montevideo ontworpen door Francine Houben, de Erasmusbrug door Ben van Berkel en het Centraal Station door Benthem Crouwel Architects. En dan is er natuurlijk 'rock-star architect' Rem Koolhaas, wiens Office for Metropolitan Architecture

De stad Rotterdam heeft als motto 'Sterker door Strijd'. Deze wapenspreuk is na de Tweede Wereldoorlog officieel toegekend door Koningin Wilhelmina vanwege de moed en de kracht van de Rotterdamse bevolking, die zwaar te lijden heeft gehad onder de verschrikkingen van de oorlog.

'Ik heb altijd bewust geprobeerd een alternatief te vinden voor wat we in de architectuur "de doos" noemen: de minimalistische, rechttoe-rechtaan stijl. Wie interesseert zich voor een doos? Of een "blob"? Laten we alle stijlen bevrijden!'

BEN VAN BERKEL, ARCHITECT VAN DE ERASMUSBRUG

(OMA) is gevestigd in Rotterdam. Hij tekende voor meerdere spectaculaire gebouwen die de skyline domineren: de Kunsthal, de 'verticale stad' De Rotterdam, het Timmerhuis en het Museumpark, dat vijf musea op een groene manier met elkaar verenigt.

Het grappige vind ik dat Rotterdammers zélf opvallend nuchter zijn over alle architectonische hoogstandjes in hun stad. Veel gebouwen zijn in designerkringen wereldberoemd, maar dat heeft niemand ervan weerhouden er ludieke bijnamen voor te verzinnen. Zo heet het Centraal Station (winnaar van vele internationale prijzen) in de volksmond de Kapsalonbak. De Rotterdam wordt de Blokkendoos genoemd en het Timmerhuis (volgens de website een 'transparante wolk van glas') de Glasbak. De fameuze Markthal kreeg als bijnaam de Groentegrot en de Erasmusbrug heet bij de één de Zwaan en bij de ander de Wipkip. De Centrale Bibliotheek werd al snel de IJstaart, en het WTC de Poederdoos. Winkelstraat Beurstraverse wordt zelden bij haar officiële naam genoemd; sinds de opening is het de Koopgoot. En weet je dat zelfs De Kuip een bijnaam is? Het heet eigenlijk gewoon Stadion Feijenoord.

Rotterdam is een moderne, bruisende stad die voortdurend in beweging is. Er zijn designwinkels, interieurzaken, duurzame kledingmerken en smaakvol

ingerichte restaurants met gerechten van lokale leveranciers. Maar Rotterdam is óók de perfecte plek om uit te waaien. De weidse ruimte staat haaks op het popperige van Amsterdam; hier krijg je energie van de grootse uitzichten en het vele water. Een stadswandeling is dan ook zeer de moeite waard. Neem vooral ook eens de avondroute langs alle mooi uitgelichte bruggen en fraai aangestraalde wolkenkrabbers. Een boottocht door de haven is ook een indrukwekkende ervaring. Je weet dat de haven van Rotterdam één van de grootste en drukste ter wereld is, maar pas wanneer je er doorheen vaart, zie je op wat voor immense schaal hier wordt gewerkt.

Rotterdam heeft watertaxi's, Spido Rondvaarten en de gele touringcars van Splash Tours die ook blijken te kunnen varen: gegarandeerd een hit bij kinderen. Je kunt ook zelf een bootje of sloep huren, of een HotTug: een houtgestookte, superwarme jacuzzi waarmee je kunt varen. Of de EcoSloep van iKapitein: een elektrische boot met een ingebouwde vuil- en plasticvanger – briljant!

Er zijn niet veel historische panden in het stadscentrum die het bombardement hebben overleefd, maar gelukkig zijn er een paar gespaard gebleven. Eén daarvan is de allereerste wolkenkrabber van Nederland: Het Witte Huis aan de Oude Haven. Het fraaie art nouveau-gebouw, herkenbaar aan de witte bakstenen en de spitse torentjes, was bij oplevering in 1898 het hoogste gebouw van Europa. Een ander pand dat fier overeind is blijven staan, is de Holland-Amerika Lijn op de Kop van Zuid; nu het populaire Hotel New York. Tussen 1880 en 1925 vertrokken hier bijna één miljoen Europese immigranten per schip naar New York. Het karakteristieke pand valt in het niet bij de twee grote woontorens die er nu achter staan, maar het is onmiskenbaar een plek van veel geschiedenis en emotie. Het terras heeft een spectaculair uitzicht over het water, en boven een kopje koffie zit je al snel te mijmeren over alle mensen die vanaf deze plek naar Amerika zijn vertrokken, op zoek naar een beter leven.

'Ik heb meer met Rotterdam dan met Amsterdam, dat lijkt te veel op een ansichtkaart. Het is me te lieflijk. Rotterdam is echter; het heeft lef.'

AMERIKAANS FOTOGRAFE NAN GOLDIN

Een ander opvallend gebouw aan de Maas is het voormalige zwemparadijs Tropicana. Het heet nu BlueCity en is een goed voorbeeld van Rotterdamse inventiviteit: aanpakken en heruitvinden, met de blik op een groene toekomst. Het vervallen zwembad met de glazen koepel was een hoofdpijndossier: moest het gezichtsbepalende gebouw worden gesloopt of kon het nog worden opgewaardeerd?

Het werd het laatste: tussen de oude glijbanen en de bubbelbaden zitten nu innoverende, circulaire bedrijven die samenwerken, de zogeheten 'blauwe economie'. Het doel van BlueCity is de afvalberg te verkleinen door afval als grondstof te zien, en dat levert verrassende samenwerkingen op. Zo vormt de koffieprut van Rotterdamse bars en restaurants een voedingsbodem voor de oesterzwammen van RotterZwam. De CO_2 die daarbij vrijkomt, wordt door Spireaux ingezet bij de productie van spirulina. Het mycelium wordt gebruikt om verpakkingsmaterialen te ontwikkelen in het BlueCity Lab en de zwammen – die zijn natuurlijk overal in de Rotterdamse horeca op het menu te vinden. Een perfecte cirkel!

Ook in BlueCity te vinden: Aloha Rotterdam, uitgeroepen tot mooiste terras van Nederland. Dit *low waste* restaurant heeft een ongekend uitzicht over de Maas en haar prachtige bruggen. Ze brouwen hun eigen bier, composteren het keukenafval, schenken uitsluitend Nederlandse dranken, maken hun eigen limonades, en gebruiken onbewerkte seizoensproducten van boeren uit de omgeving.

'De buitenlandse lof voor Rotterdam is een ode aan "jezelf steeds opnieuw uitvinden". De Rotterdamse stadsidentiteit ontwikkelt zich en is niet af, op de manier waarop bijvoorbeeld Amsterdam dat wel is. Het is telkens weer een verrassing hoe de stad zich verder evolueert. Waar eigenwijze ambitie toe leidt.'

SCHRIJVER EN ROTTERDAMMER
SHANTIE JAGMOHANSINGH

VAN ZOOI NAAR MOOI

Het is echt bijzonder hoeveel voorbeelden er in Rotterdam zijn van duurzame en circulaire bedrijven: de *new economy* staat hier volop te snorren. In grote steden zijn veel mensen en dus ook veel afvalproducten. Als we niet onder de afvalbergen begraven willen worden, zoals in de film *WALL-E*, is het van belang dat we creatief gaan nadenken over deze restmaterialen: wat kunnen we er verder nog mee? Op rotterdamcirculair.nl staan een heleboel duurzame initiatieven bij elkaar, met als motto: *van zooi naar mooi*, of zoals ze het zelf formuleren: 'Afval wordt nog te vaak gezien als zooi. Doodzonde. Want als Rotterdammers hun afval goed scheiden, wordt het ineens nuttige grondstof voor iets moois. Zo laten we samen zien dat 'zooi' waarde heeft. Net als goud. Dat pleur je toch ook niet weg?'

Ik moet altijd weer lachen om het Rotterdamse taalgebruik. Het is zo direct en geestig en overal terug te vinden – óók als het over recyclen gaat. Zo is er het project 'Verdraaid Goed' dat zich inzet voor de circulaire economie door restmaterialen om te zetten in nieuwe producten:

- ✦ Onder de naam *Beat the Bag* maken ze nieuwe tasjes van oude reclamedoeken, vlaggen en producten uit de standbouw. Mijn persoonlijke favoriet? De 'Pleurtt op met je plastic'-shopper met de Rotterdamse skyline.

'Ik ben verknocht aan Rotterdam. Het is een stad die elke dag ontwaakt en tegen zichzelf zegt: vandaag gaan we het helemaal anders doen! Rotterdam is een werkstad. Een lieve stad. Het is een metropool; een combinatie van oud en nieuw.'

ROTTERDAMMER FRED VAN LEER, THEATERMAKER, PRESENTATOR EN STYLIST

- NS Dienstblaadjes: in plaats van de klassieke, gele NS-informatieborden weg te gooien worden er nu dienblaadjes van gemaakt. Ik heb er zelf twee, superleuk!
- *Coffee Based* notitieboekjes: ieder jaar wordt er 300 miljoen kilo koffiedik weggegooid – en dat terwijl het een prima grondstof is. Je kunt er bijvoorbeeld mooie notitieboekjes van maken.

Het Rotterdamse project 'Van Bomen' is ook al zo'n goed idee. Zij willen bomen die zijn gekapt door verbouwingen, ziekte of gevaarlijke situaties op een leuke manier hergebruiken als 'Rotterdams stadshout'. Zo zijn platanen uit de Coolsingel, essen uit Het Park en beuken uit het Kralingse Bos omgeturnd tot snijplanken. Deze planken worden verkocht onder de geestige naam: 'Een beuk voor je muil.' Ik hoop dat meer steden iets dergelijks gaan ondernemen; het domweg versnipperen van bomen is wel de mínst creatieve oplossing. Als je van je stad houdt, koop je stadshout!

Nog één laatste voorbeeld van Rotterdamse circulaire innovatie: de Floating Farm in Merwe-Vierhavens, 's werelds eerste drijvende boerderij. Het is een echte boerderij met koeien, maar dan in vier transparante etages die je kunt bezoeken. De Floating Farm wil de boerderij en haar producten terugbrengen in de stad, transport reduceren en voedselverspilling tegengaan. Het dieet van de koeien is voor een groot deel samengesteld uit organische reststromen: de koeien krijgen bierbostel gevoerd van een aantal Rotterdamse brouwerijen, zemelen van Schiedamse molens, gras van sportvelden in de buurt en aardappelschillen van een lokale verwerker. Hoe slim is dat? Als je in Rotterdam bent, moet je zeker eens op de Floating Farm gaan kijken.

Op www.rotterdamseparken.nl vind je een overzicht van alle parken.

VERSTILLEN EN VERGROENEN

Ondanks het woud aan wolkenkrabbers is Rotterdam opvallend groen: de stad heeft de meeste bomen per inwoner in Nederland, en meer dan twintig procent van het gehele stadsoppervlak is groengebied. Tussen zoveel beton, glas en staal zijn rustige plekken een *must*: het beschermen van de stilte is belangrijk voor de volksgezondheid. Dat bereik je niet alleen met geluidswallen, elektrische auto's en fluisterasfalt – stadsparken zijn net zo hard nodig, net als openbare tuinen, lommerrijke buitenplaatsen en andere groenvoorzieningen. Stadsparken worden niet voor niets *healing environments* genoemd: heilzame plekken waar je op adem kunt komen door even uit de drukte te stappen.

'Groen is niet langer een kostenpost; openbaar groen, parken en plantsoenen zijn plekken van waarde. We herontdekken dat bomen goed zijn om de stad te koelen, gunstig voor de volksgezondheid, en groen helpt de CO2-reductie.'

WIM PIJBES, DIRECTEUR VAN STICHTING *DROOM EN DAAD*

Wil jij het Kralingse Bos helpen onderhouden? Je kunt vrijwilliger worden, of je aanmelden voor een natuurwerkdag.

Ik heb mijn Rotterdamse vrienden gevraagd waar zij het liefst naartoe gaan als ze willen uitwaaien. De meesten noemden als eerste het Kralingse Bos: het uitgestrekte bos rond de Kralingse Plas. Dit bos is veruit favoriet bij de inwoners van de Maasstad, en is al een aantal keer uitgeroepen tot beste openbare ruimte van Nederland. Je hebt er alles: van ruig bos en picknickweides tot schaapskuddes en hertenkampen. Er is een zwemstrand, een gelegenheid voor watersport en een uitkijktoren, maar er zijn ook joggingtrails, barbecueplaatsen en eetgelegenheden. Naast al deze dingen vind je er ook nog een heleboel ongerepte natuur vol watervogels en stilteplekken waar je lekker kunt niksen.

Een andere favoriete plek is Het Park, ook wel 'het park bij de Euromast' genoemd: een prachtig historisch park uit 1850, met monumentale bomen, waterpartijen en prieeltjes. In Het Park ligt ook een fraai herenhuis uit 1750 met daarin restaurant Dudok, waar je niet alleen in een Franse bistrosfeer kunt lunchen, maar ook een picknickmand met Rotterdamse lekkernijen kunt halen om elders in het park op te eten. Aan de rand van Het Park ligt de Euromast; de hoogste uitkijktoren van Nederland. Wanneer je helemaal relaxed bent geworden van al dat chillen tussen het groen, kun je je dag misschien nog wat peper geven: vanaf de Euromast kun je abseilen – als je durft.

Het Stadspark Grotekerkplein ligt dicht bij de drukbezochte Markthal, maar toch is het plein een heerlijk rustige plek waar kinderen kunnen spelen en jij op een bankje kunt lummelen met een kopje koffie en een boek. Bijzonder detail: het Grotekerkplein is een van de negen waterpleinen van Rotterdam. Dat zijn gezellige buurtpleinen met speeltoestellen, zitjes en groen, met daaronder een waterberging. Klimaatverandering zorgt voor steeds vaker hevige regenbuien, en al dat water is moeilijk af te voeren in een stedelijk gebied met veel bebouwing. Onder ieder waterplein liggen infiltratiekratten of lavakoffers die duizenden liters regenwater kunnen opvangen, om het vervolgens langzaam te verspreiden. Een mooi staaltje Hollands watermanagement.

Vlak bij Het Park ligt de 'verborgen' Historische Tuin Schoonoord: een groene, rustgevende pleisterplaats in het Scheepvaartkwartier met een vijver en grote, bijzondere bomen. Ze hebben een adoptieplan waarbij je voor €125 een boom naar keuze één jaar kunt 'adopteren'.

'Zij die zich in het begin het meest haasten, schieten tegen het eind gewoonlijk het langzaamst op.'

ERASMUS (1469-1536)

Op het Grotekerkplein staat het beeld van Erasmus: het oudste bronzen beeld van Nederland. Het werd in 1622 gemaakt door beeldhouwer Hendrick de Keyser. Desiderius Erasmus, theoloog, filosoof en humanist, werd geboren in Rotterdam, en wordt alom beschouwd als één van 's werelds grootste denkers.

Een Rotterdamse vriendin wees mij op een botanische tuin in de buurt van de Erasmus Universiteit: Trompenburg Tuinen en Arboretum. Deze uitgestrekte rust- en wandelplek, midden in de drukke stad, is aangelegd in 1820. De tuin bevat meer dan 4000 soorten bomen, planten en struiken, en in het sfeervolle theehuis kun je genieten van een lunch of *high tea*. Trompenburg is bezig met de aanleg van een voedselbos: een educatief 'eetbaar' park, waar je kunt ontspannen met een handje vers geplukte bessen of noten. Door heel Nederland worden steeds meer voedselbossen aangelegd; het is niet alleen een duurzame vorm van voedselproductie, maar ook een leuke manier om kinderen te laten zien hoe eten 'in het wild' groeit.

De 'Schat van Schoonderloo' is een parkje in de Schoonderloostraat dat geheel is gecreëerd door de buurtbewoners, die een braakliggend terrein hebben omgetoverd tot een stadsoase. Is er misschien ook een leeg stuk gemeentegrond bij jóú in de buurt dat je met een aantal vrijwilligers zou kunnen omturnen in een groene rustplek?

VAN HOOGBOUW NAAR HOOGLANDERS

—

Net als in Amsterdam hoef je in Rotterdam maar even op de (elektrische) fiets te springen, of je bent in een wereld van groene weides en bloeiende polders. Tips van Rotterdammers voor rust en ruimte op pedaalafstand:

✦ De Landtong Rozenburg is een plek die je moet zien om het te geloven. Midden in het havengebied, ingeklemd tussen de Nieuwe Waterweg en het Calandkanaal, ligt een 10 kilometer lang schiereiland dat zich heeft ontpopt tot een uniek natuurgebied en vogelparadijs. Terwijl de enorme containerschepen je links en rechts passeren, fiets je tussen Schotse hooglanders in een van de vlinderrijkste gebieden van Zuid-Holland. Op de punt van de smalle landtong heb je een ongekend uitzicht over het water en de havens. En als je geluk hebt, zie je bij eb ook nog zeehonden op de slibplaten liggen.

✦ Het Zuidelijk Randpark bestaat uit een keten van groene gebieden. Als je via de Erasmusbrug en de Maashaven richting Barendrecht fietst, ben je binnen een halfuur van 'Manhattan aan de Maas' in een groene, dorpse omgeving vol parken en polders, grienden en bossen.

✦ De Brienenoordbrug is misschien wel de bekendste brug van Nederland – al was het alleen al vanwege de dagelijkse filemeldingen. Maar onder de pijlers ligt een natuurgebied dat alleen Rotterdammers kennen: Eiland van Brienenoord. Met bos en grasvlaktes, allerlei soorten wilde fruitbomen, Schotse hooglanders, een wilgenvloedbos met zeldzame vogels, een natuurspeeltuin én een natuurtheater.

Na al die tips van Rotterdammers wil ik ook nog graag twee van mijn eigen favorieten met jullie delen. De laatste keer dat Richard en ik in New York waren, hebben we de route van Highline Park gelopen: een dichtbegroeid wandelpad op een oude metrolijn. Maar wist je dat Rotterdam iets soortgelijks heeft? Het heet Luchtpark Hofbogen, en is gesitueerd op het dak van voormalig station Hofplein. Je kunt er heerlijk tot rust komen in het gras, of picknicken onder de fruitbomen. Het is een bijzondere ervaring, al dat groen om je heen, boven op een dak, omringd door hoge gebouwen. De bedoeling is om – net als in New York – ook de 1,9 kilometer van de hooggelegen Hofpleinlijn aan te pakken, en dit als een groen lint door de stad te laten lopen.

Zoals ik in het hoofdstuk 'Natuur' al schreef, heeft Rotterdam nog meer plannen voor de aanleg van daktuinen. In 2030 moet het centrum één vierkante kilometer multifunctioneel dakoppervlak tellen; van groene daken en zonnepanelen tot dak-oases en bebouwing met *tiny houses*. Hét grote voorbeeld staat op het dak van het Schieblock: DakAkker, de grootste dakboerderij van Europa, en het eerste grote, oogstbare dak van Nederland. Er worden groente, fruit en kruiden geoogst, én honing van eigen bijen. Het bijbehorende ontbijt- en lunchrestaurant Op het Dak kijkt uit over al het groen. Je moet er echt eens gaan eten: het heeft een supergezonde keuken, en ook hier weer dat unieke gevoel van gras en bloemen midden in de stad. Zou het geen geweldig idee zijn om veel méér daken in Nederlandse steden op deze manier te vergroenen?

'Het doel is simpel: een betere, groenere en voorspoedige toekomst voor ons allemaal.'

AHMED ABOUTALEB, BURGEMEESTER VAN ROTTERDAM

TIP

DakAkker maakt PUUR Rotterdam, een chocoladereep waar ze honing van hun eigen, Rotterdamse bijen in verwerken. Op de stoere verpakking staan iconen zoals de Erasmusbrug, De Rotterdam en de Euromast.

OOK LEUK:

de Rotterdamse DakenDagen in juni, met door de hele stad popconcerten en theater op hoge daken.

AAN DE WANDEL

—

Als je van musea houdt, ben je in Rotterdam wel een paar dagen zoet. De stad herbergt een flink aantal beroemde musea, die vaak in spectaculaire gebouwen zijn gevestigd, zoals de Kunsthal Rotterdam en Museum Rotterdam.

Het Museum Boijmans van Beuningen, dat de komende jaren wordt verbouwd, heeft een geheel nieuw depot gekregen: een futuristisch bouwwerk, rond en spiegelend, duurzaam en energiezuinig. Alle architectonische grandeur ten spijt, heet het depot in de volksmond 'De Pot'. En óp De Pot komt een geweldig dakterras met bomen en veel groen, waar je rustig kunt genieten van het uitzicht over het Museumpark. Gaat dat zien, open vanaf 2021.

Het Maritiem Museum is erg leuk om met kinderen te bezoeken, net als het Natuurhistorisch Museum met hun *tongue-in-cheek* afdeling 'dode

Wanneer je van plan bent eens lekker aan de wandel te gaan, download dan de app Rewriters Rotterdam: daarop staan allerlei wandelroutes langs straatkunst (graffiti en streetart) en andere kunstobjecten in 'openluchtmuseum Rotterdam'. Of bezoek Pow!Wow!Rotterdam: een streetart festival waar je getuige kunt zijn van live painting van nationale artiesten.

TIP
Een kwartiertje buiten Rotterdam vind je het Stedelijk Museum Schiedam, dat in 2019 de BankGiro Museumprijs heeft gewonnen voor het meest publieksvriendelijke museum. Dit museum biedt kamerplanten een 'plantvakantie' aan: in de zomermaanden kun je je planten in het museum laten logeren, waar ze worden verzorgd met veel liefde, water én hun favoriete muziek.

dieren met een verhaal'. Daar vind je de gesneuvelde Domino D-day mus, de CERN-marter die de deeltjesversneller in Genève 24 uur platlegde en de Tweede Kamer-muis. Je kunt kinderen niet jong genoeg meenemen naar een museum: dat is écht geen stoffige boel, er is door heel Nederland ontzettend veel leuks voor hen om te ontdekken.

In Rotterdam is kunst niet alleen in de musea te vinden; de stad heeft een bonte verzameling buitenobjecten waar – hoe kan het ook anders – iedereen een mening over heeft.

Er is nog een kunstwerk dat een bijnaam heeft gekregen: *Seated Woman* van Willem de

Kooning op de Weena. In de volksmond heet dit beeld 'De drol van Rotterdam.' Kijk en oordeel zelf.

Het Badkonijn van kunstenaar Kwannie Tang drijft van maart tot oktober in het water bij het Vroesenpark. Het bijzondere aan dit grote, witte konijn is dat het ieder jaar een nieuw 'jasje' krijgt na een ontwerpwedstrijd onder kinderen of senioren.

De *Rode BMW* van het kunstenaarscollectief Kunst & Vaarwerk is een levensecht kunstobject van een BMW die over de rand van een gebouw lijkt te vallen. De auto weet al sinds 1987 toeristen en bezoekers te verwarren.

In de Rijnhaven drijft *Dobberend bos*. Kunstenaar Jeroen Everaert heeft 20 Hollandse iepen in rode, gele en groene zeeboeien van Rijkswaterstaat geplant. De levende bomen in het havenwater creëren een bijzonder effect.

Op de Binnenrotte staan twee aluminium ballerinavoeten van 7,5 meter hoog met de naam *Iedereen is dood behalve wij*. Het kunstwerk van Ben Zegers staat op de plaats waar de restanten zijn gevonden van de oudste houten sluis in de rivier de Rotte. Deze dam uit 1270 wordt gezien als dé plek waar Rotterdam is ontstaan. Het sierlijke kunstwerk staat er nog maar net (2020) dus het heeft nog geen definitieve bijnaam mogen ontvangen, maar volgens mijn Rotterdamse vrienden maakt 'Dooie voeten' een goede kans.

Eén van de meest opmerkelijke beelden staat op het Eendrachtsplein: *Santa Claus* van kunstenaar Paul McCarthy. Het zou een kerstman voorstellen met in de ene hand een bel, en in de andere hand een kerstboom. Het duurde echter niet lang of het werd door de Rotterdammers *Kabouter Buttplug*

genoemd, en dat is misschien ook 'iets' accurater. Het kunstwerk is al jaren een grote hit bij toeristen die maar wat graag een foto met 'de kerstman' willen maken.

Als laatste zou ik nog willen wijzen op een bijzonder beeld in het wijkpark van het Oude Westen. Daar staat Rigardus Rijnhout (1922-1959), de Reus van Rotterdam. Met zijn 2,38 meter was hij de een na langste Nederlander die ooit heeft geleefd. Zijn lengte werd veroorzaakt door een groeistoornis, en de enige manier waarop hij geld kon verdienen was door zichzelf te verhuren als wandelend reclamebord. De Reus van Rotterdam heeft geen gemakkelijk leven gehad: hij viel van zijn fiets, raakte invalide en is jong gestorven. In 2011 kreeg Rijnhout zijn eigen standbeeld, op ware grootte, door kunstenaar Herman Lamers.

Industrieel ontwerper Willem Hendrik Gispen (1890-1981) is wereldberoemd geworden met zijn designmeubilair. Hij volgde een opleiding aan de Rotterdamse Academie voor Beeldende Kunsten en Technische Wetenschappen, de huidige Willem de Kooning Academie, en begon nog vóór zijn afstuderen zijn eigen smederij in Rotterdam. De Gispen-stoel is uitgegroeid tot een internationaal icoon. We hebben in Nederland nog meer beroemde designstoelen die een plek hebben gevonden in musea over de hele wereld. De top-10:

1 Rood-blauwe stoel – Gerrit Rietveld

2 Zigzagstoel – Gerrit Rietveld

3 Gispen model nummer 412 – Willem Hendrik Gispen

4 Sm05 stoel – Cees Braakman

5 Knotted chair – Marcel Wanders

6 Bone chair – Joris Laarman

7 Revolt stoel – Friso Kramer

8 Smoke chair – Maarten Baas

9 Clay chair – Maarten Baas

10 Do hit chair – Marijn van der Pol

'Als iedereen ergens anders vandaan komt, is niemand een vreemde.'

DICHTREGEL VAN RIEN VROEGINDEWEIJ OP EEN GEVEL AAN DE WEST KRUISKADE IN ROTTERDAM

LOKAAL GENIETEN

—

Natuurlijk is Rotterdam méér dan kunst en duurzaamheid. Rotterdammers kunnen ook prima een feestje bouwen – een essentieel onderdeel van een gezond en gelukkig leven. Én ze houden van lekker eten. Of, zoals ze in Rotterdam zouden zeggen: 'Valt er hier nog wat te nassen? Of heb-ie een echo in je koelkast?'

Tussen de Koopgoot en de kubuswoningen ligt de Markthal, een overdekte versmarkt met appartementen, uitgevoerd in een fraaie hoefijzervorm door architecten Winy Maas, Nathalie de Vries en Jacob van Rijs. De hele binnengevel is bedekt met één van de grootste kunstwerken ter wereld: *Hoorn des Overvloeds* van Arno Coenen en Iris Roskam, die met digitale prints van groente, fruit en gewassen een ode wilden brengen aan de natuur als bron van alle leven. Het resultaat is indrukwekkend, het heeft wel iets van een kathedraal. Volgens *The Huffington Post* wordt de Markthal dan ook 'de Sixtijnse Kapel van Rotterdam' genoemd; de memo van de Groentegrot heeft de Amerikaanse nieuwssite waarschijnlijk nog niet gehad. In de Markthal kun je etenswaren uit alle windrichtingen krijgen – en het Rotterdamse bloedbroodje. Die werden vroeger alleen met Kerst gebakken, maar nu het hele jaar door. Het broodje is rossig van binnen door het

Er zijn ook Rotterdamse stroopwafels. Herkenbaar aan de verpakking met de Rotterdamse skyline, en de tekst: niet lullen maar smullen.

TIP
Wil jij meehelpen voedselverspilling tegen te gaan? Download de app Too Good To Go, maak een account aan en kijk waar bij jou in de buurt een Magic Box afgehaald kan worden: een tasje eten dat anders zou worden weggegooid door een bakker, restaurant of supermarkt. Het is een verrassing wat erin zit, maar het is drie keer meer waard dan wat je ervoor betaalt.

gebruik van rood rommelkruid; een mix van een aantal kruiden en specerijen.

Ook op het gebied van eten loopt Rotterdam voorop. Zo is De Groene Passage Europa's eerste fairtrade winkelcentrum, met een keur aan *green minded* winkels waar je mens-, dier- en milieuvriendelijke producten kunt kopen. Of je gaat naar de Fenix Food Factory, een tof concept op een geweldige, industriële locatie. Zij bieden allerlei producten aan – van bier tot brood tot kaas – die lokaal zijn gemaakt. In de centrale keuken wordt gekookt met producten van de eigen markt.

Kaya Pastanesi is al sinds 1982 een begrip in Rotterdam. De Turkse bakkerij en patisserie is een familiebedrijf waar ze de heerlijkste baklava en dolama maken, en natuurlijk lahmacun ('turkse pizza') die in een honderd jaar oude steenoven wordt bereid.

Ik had dit hoofdstuk willen afsluiten met een greep uit alle mooie feesten en festivals in Rotterdam, maar de coronacrisis heeft veel van deze activiteiten in de wacht gezet. Ik ga geregeld naar Ahoy voor concerten en evenementen als Vrienden van Amstel LIVE, en natuurlijk voor het ABNAMRO World Tennis Tournament, waar Richard toernooidirecteur is. Het WTT is één van de grootste indoortoernooien ter wereld en brengt ieder jaar meer dan 100.000 tennisfans naar Rotterdam. Ik begrijp dat díé aantallen voorlopig niet mogelijk zullen zijn, maar ik hoop met heel mijn hart dat 2021 licht aan de horizon brengt voor de evenementensector, en dat we in Rotterdam kunnen genieten van het North Sea Jazz Festival, de Premier League Darts én natuurlijk het Eurovisie Songfestival.

Kom maar door met de Wereldhavendagen, het Internationale Film Festival Rotterdam, Foodfestival TREK en het Rotterdamse Zomercarnaval: een tweedaagse explosie van muziek, dans en vrolijkheid. Er leven 174 culturen in Rotterdam, en het Zomercarnaval wil met Braziliaanse en Caribische invloeden zo kleurrijk en divers mogelijk zijn. Maar liefst 2500 prachtig aangeklede dansers brengen iedereen in een superstemming. Net als São João Baptista, een kleurrijk, Kaapverdiaans festival dat de geboortedag van Johannes de Doper eert met veel muziek, fleurige dansers en lekkere hapjes. Een feest om mee te maken, en een Rotterdamse evergreen. Dát hebben we nodig, daar hebben we zin in: plezier, verbinding en gezelligheid. Tot die tijd is het stug doorwerken, schouders eronder zetten en vooral de moed erin houden. Zoals het Rotterdamse gezegde luidt: 'Hard voor weinig, maar nooit chagrijnig.'

7

WERK

Zoektocht naar een nieuwe balans

In 2017 bleek uit onderzoek van HR-dienstverlener ADP dat van alle Europese werknemers Nederlanders het gelukkigst waren: 76% van de werknemers was tevreden over zijn of haar werk, de relatie met collega's en het stressniveau. In 2018 maakte vacatureplatform Monsterboard na een Europees onderzoek bekend dat 81% van de Nederlanders gelukkig was met hun baan; daarmee waren ze de meest tevreden werknemers van Europa. En in 2019 bleek uit het jaarlijkse 'geluksonderzoek' van het Centraal Bureau voor Statistiek dat bijna 90% van alle Nederlanders boven de 15 jaar zichzelf gelukkig noemde. Ronkende cijfers, tevreden mensen, het oude normaal. En toen kwam 2020, met de corona-crisis.

Onze economie heeft ernstige schade opgelopen; ik ken niemand wiens gezin, familie, baan of bedrijf niet op de een of andere manier door covid-19 is geraakt. Veel werkgevers verkeren in zwaar weer, werknemers voelen de druk. Volgens het NCPSB, het Nationale Centrum Preventie Stress & Burn-out, dreigen 4 miljoen Nederlanders met een 'verborgen burn-out' uit te vallen door de mentale belasting van het thuiswerken en de voortdurende baanonzekerheid. In deze turbulente

tijden is het belangrijk om je rust pakken, maar hoe doe je dat? En is dit wel het moment? Moet je niet dankbaar zijn dat je nog een baan hébt? Dankbaarheid is zeker op zijn plaats. Wij leven in een fantastisch land, en gezien de onderzoeksresultaten van 2017, 2018 en 2019 realiseren we ons dat ook. Om Nederland weer op het niveau van het 'precovidium' te krijgen, zal er hard gewerkt moeten worden. Maar dat wil niet zeggen dat je jezelf niet wat ruimte mag geven. Je zult je energie tenslotte ergens vandaan moeten halen: wat je niet hebt, kun je ook niet geven.

In de jaren vóór de corona-crisis stond Nederland boven aan de lijst van EU-lidstaten voor telewerken. Dit werd als heel vooruitstrevend gezien, maar dat waren destijds voornamelijk mensen die graag thuis wilden werken, en wiens baan er geschikt voor was. Door covid-19 móésten veel mensen thuis gaan werken; ook mensen die daar uit zichzelf nooit voor hadden gekozen. En zodra je iets moet, zonder dat je er voor je gevoel ook maar enige invloed op kunt uitoefenen, lopen je motivatie en productiviteit snel terug. In het hoofdstuk 'Thuis' heb ik het thuiswerken al even aangestipt, maar hier wil ik er wat dieper op ingaan. Wanneer je vanuit huis moét werken, heet het dan nog wel thuiswerken? Of woon je op je werk? Dat laatste – het gevoel van nooit klaar zijn – moet je uiteraard zien te voorkomen. Maar hoe?

Om te beginnen is het helemaal niet erg wanneer je durft uit te spreken dat je moeite hebt met het vinden van een nieuwe balans. Hulp vragen is geen teken van zwakte; het getuigt juist van zelfinzicht. Luister niet naar mensen die orakelen dat je niet van 'problemen' mag spreken maar ze 'uitdagingen' moet noemen. Soms zijn problemen gewoon problemen. Door ze niet op tijd te benoemen, glijd je steeds verder in de richting van een burn-out. In Amerika zeggen ze heel beeldend: *your issues are in your tissues*. Waar je mee zit, gaat ín je zitten. Dit 'nieuwe normaal' is niet normaal en gaat het ook nooit worden. Dus spreek je uit, en vraag om hulp.

'Loslaten wordt mijn nieuwe houvast.'

PSYCHIATER EN SCHRIJVER MENNO OOSTERHOFF, MEDE-INITIATIEFNEMER VAN HET OCD-CAFÉ

Thuiswerken heeft natuurlijk ook een aantal positieve kanten. Tijdens videovergaderingen worden besluiten sneller genomen dan wanneer je met z'n allen koffieleutend om de tafel zit. Zoom blijkt een prima vervanger voor zakenreizen te zijn. En niemand mist de file. Het is dan ook een goed idee om na te gaan denken over blijvende flexibele werkvormen – zolang de werknemers daar achter staan. Er zullen ongetwijfeld bedrijven zijn die zich al rijk rekenen: als een groot deel van het personeel blijft thuiswerken, ook na het vaccin, scheelt dat enorm in de kosten van een kantoor. Maar willen we dat wel? Tijdens de lockdown-fase van de corona-crisis was thuiswerken een crime: het praat niet zo

'Doen wat je leuk vindt, is vrijheid. Leuk vinden wat je doet, is geluk.'

makkelijk met Peppa Pig op de achtergrond, en de dagelijkse strijd rond het thuisonderwijs was ook geen sinecure. Toen de kinderen eindelijk weer op school zaten, bleek je thuis sneller en efficiënter te kunnen werken dan op kantoor. Daar was iedereen blij verrast over, maar na maanden van telewerken ging de glans er een beetje vanaf: blij zijn met je baan blijkt om veel méér te draaien dan productiviteit.

Als corona ons íéts heeft geleerd, dan is het dat we niet onszelf kunnen zijn zonder de ander. De mens is een sociaal wezen; we hebben elkaar nodig voor gezelligheid en kameraadschap, voor zingeving en gemeenschappelijke doelen. Je wilt je collega's in levenden lijve zien, *face to face* met ze overleggen, samen lekker lachen en kletsen bij het koffieapparaat. Dat geeft energie én het gevoel dat je ergens bij hoort. Mensen hebben meer kans op depressieve gevoelens wanneer ze te lang 'afgeschermd' moeten leven. Na maanden van Zoom-meetings wordt het tijd dat we weer kunnen uitzoomen, weg van de schermen, terug de wijde wereld in. In een interview met *NRC* zei Gianpiero Petriglieri, universitair docent in menselijk gedrag, dat veel mensen moe worden van videovergaderingen, veel méér dan van telefonisch overleg: 'We zijn gebouwd om in groepen te leven, om bewust, maar vooral ook onbewust, signalen van elkaar op te pikken. Die subtiele signalen mis je bij digitale communicatie. Het brein draait overuren om dat tekort te compenseren.' Het is dus niet gek of raar als je beeldbellen vermoeiend vindt, het is *normaal*.

Werkgevers hebben van alles bedacht om het missen van collega's op te vangen. Bij mijn vriendin op het werk werd een playlist aangemaakt op Spotify waaraan iedereen liedjes kon toevoegen, vanuit de gedachte dat muziek verbindt. Ik heb virtuele borrels gehad om boekpresentaties te vieren, ik heb gefacetimed met diverse opdrachtgevers en videokoffie's gedronken met de makers van mijn boekverfilming, maar uiteindelijk gaat er niets boven een kopje koffie en een broodje aan hetzelfde tafeltje. Het doel van het leven is échte connectie, geen internetconnectie. Daar komt nog bij dat huizenbouwers (uiteraard) totaal geen rekening hebben gehouden met de explosieve groei van het thuiswerken: bijna niemand heeft een extra kamer voor een thuiskantoor, laat staan een tuin die groot genoeg is voor zo'n hippe *tiny house* werkruimte. Veel mensen vinden het geen fijn idee dat de achtergrond van hun 'werkomgeving' (lees: de woonkamer of de slaapkamer) door hun collega's wordt gezien. Thuis waan je je graag onbespied, zonder dat je hoeft na te denken over de positionering van je wasrek. Maar niemand is perfect en iedereen zit in hetzelfde schuitje,
dus laat het los en lach erom als je collega's tijdens een video-vergadering zien hoe jouw hond sleetje rijdend over het tapijt schuurt. (Yup, dat was bij mij.)

Twintig jaar geleden vroeg Jitse Groen zich af waarom hij thuis wel een pizza kon bestellen, maar geen Chinees. De student uit Enschede begon zijn eigen platform, Thuisbezorgd.nl, wat is uitgegroeid tot Just Eat Takeaway, de één na grootste maaltijdbezorger ter wereld. De corona-crisis heeft Groen geen windeieren gelegd; het aantal bestelde maaltijden is wereldwijd enorm gestegen.

BISCUITS

STA OP EN DANS!

—

Niemand weet hoe lang we nog aan het thuiswerken vastzitten, maar áls we het doen, laten we het dan goed doen.

✦ Creëer een gezonde, ergonomische werkplek: een goede bureaustoel, een tafel op de juiste hoogte, dezelfde schermkwaliteit als op kantoor en een paar grote, groene, luchtzuiverende kamerplanten. Je werkgever betaalt mee aan dit soort uitgaven, want een gezond bedrijfsklimaat geldt ook voor thuiswerken.

✦ Kijk recht naar je beeldscherm. Werk je thuis op een laptop, zet hem dan op een standaard of op een stapeltje boeken. Veel mensen werken in een gekromde houding (de zogeheten 'laptopbochel') of steken hun kin te ver naar voren. Wanneer je langdurig in de verkeerde houding werkt, kun je rug- en nekklachten krijgen. Je kunt er ook hoofdpijn van krijgen, of stijve schouders en armen. Én een 'app-nek': een gegroefde hals en/of dubbele onderkin die ontstaat wanneer we te lang naar beneden turen.

'De zin van het leven is de zin in het leven.'

JAN GEURTZ, AUTEUR EN LERAAR TIBETAANS BOEDDHISME

- Neem genoeg pauzes, sta op en beweeg. Ik las een tip dat je bij het thuiswerken júíst op een harde keukenstoel moet gaan zitten zodat je vaker opstaat om te bewegen. Ik weet niet of dat waar is, maar ik weet wél dat het gezond is om je werk geregeld te onderbreken door even de benen te strekken.

- Het menselijk lichaam is niet gemaakt om uren stil te zitten. Doe geregeld een paar *lunges* in de gang, step-oefeningen op de onderste traptrede of *bicep-curls* met flesjes drinken. Koop een elastische band met handvatten en doe een aantal stretch-oefeningen waarmee je je schouders losmaakt en de schouderbladen naar elkaar toe trekt. Of dans op je favoriete nummer! Laat je lekker gaan, je bent toch alleen thuis.

✦ Houd dezelfde pauzes aan als op kantoor, en respecteer de officiële werktijden. Omdat je thuis bent, is de verleiding groot om 's avonds of in het weekend door te werken. Doe het niet en beantwoord ook geen mail. Ga lekker uitwaaien; sleep die laptopbochel de natuur in.

✦ Eet niet de koelkast leeg. Dit vind ik zelf het moeilijkste om me aan te houden. Als schrijver werk ik veel vanuit huis, en de koelkast staat me daarbij de hele dag toe te lachen. Natuurlijk, 'wat je niet in huis haalt, kun je ook niet opeten', maar in een gezin heb je met meerdere mensen te maken. Houd liefst dezelfde lunchtijden aan als op kantoor, maak iets wat gezond én lekker is en ga er rustig voor zitten. Probeer niet te grazen en zet de snoeppot uit het zicht.

✦ Draag iets comfortabels! Je kunt uiteraard niet in je badjas beeldbellen, maar een stropdas hoef je niet per se om. Ik zou thuis ook geen kantoorpumps of brogues dragen. Zonder schoenen of met blote voeten kun je de vloer beter voelen, wat kan bijdragen aan een betere zithouding.

✦ Ondanks de gezellige plantjes, de uitbundige dansjes en de Spotify-playlist van je collega's hoeft je baan niet altijd leuk en geweldig te zijn. Soms is het gewoon... werk, en haal je je zingeving uit andere dingen. Dat kan. Dat mag. Je hébt werk, je bént het niet. We leven in een tijd waarin alles super tof moet zijn en je overal het maximale uit moet halen. Het mag best wat minder allemaal. Minder moeten, minder hoeven – vooral van jezelf. Durf ook eens te niksen, doelloos te lummelen. Het zorgt voor ruimte in je hoofd.

'De eerste paar weken van de quarantaine was het dood- en doodstil op straat. Prachtig. Ik hoop dat mensen beter met stilte en rust leren omgaan. We hebben het, zeker in het Westen, hard nodig.'

SCHRIJVER EN SCHILDER JAN CREMER

MEER GRAS OP DE ZUIDAS

Lang niet iedereen is aan het thuiswerken. Er zijn ook heel wat mensen met een 'gewone' kantoorbaan die allang weer terug zijn op hun werk, of die in ieder geval een paar keer per week op de burelen van hun bedrijf te vinden zijn. Het zou mooi zijn als we iéts van de corona-crisis hebben geleerd; dan zou het nog wat positiefs opleveren in plaats van dat het ons alleen maar ellende heeft gebracht. Een interessante vraag voor werkgevers is bijvoorbeeld waarom werknemers thuis sneller blijken te werken dan op kantoor. Ik denk dat we het antwoord allemaal wel weten: thuis is er veel minder afleiding dan in een kantoortuin. De term 'kantoortuin' heeft iets recreatiefs; het klinkt als een rustig parkje waar toevallig ook wat computers staan. Maar in werkelijkheid is het een grote, open ruimte waar werknemers horendol worden van alle prikkels. Het idee achter de kantoortuin was goed: als iedereen bij elkaar zou zitten, zou dat ongetwijfeld leiden tot een

Wat vinden werknemers de belangrijkste aspecten van hun werkplek?

1. Comfort.

2. Je moet je er goed kunnen concentreren.

3. Bereikbaarheid van het gebouw.

Bron: onderzoek van Center for People and Buildings (CfPB)

> 'Als een bloem niet bloeit, fix je de omgeving waarin hij staat – niet de bloem.'
>
> SCHRIJVER EN INSPIRATOR ALEXANDER DEN HEIJER

kruisbestuiving van ideeën en creativiteit. Helaas is precies het tegenovergestelde gebeurd.

Een open werkvloer blijkt de onderlinge communicatie juist te remmen door het gebrek aan privacy. Werknemers raken overprikkeld van alle afleiding; ze hebben een hogere bloeddruk en meer stress. Het is ook bekend dat kantoortuinen tot meer ziekteverzuim leiden en tot minder productiviteit. Maar waarom zijn ze er dan nog? Is dit niet hét moment om mensen niet langer boven elkaar te proppen maar weer hun eigen, rustige werkplek te geven waar ze geen geluiddempende koptelefoon hoeven te dragen? Het kan haast niet anders of architecten houden van grote, open ruimtes met veel innovatief design. Maar de tijd van esthetiek boven functionaliteit lijkt me echt voorbij. Werknemers blijken graag een vast bureau te willen: steeds een nieuwe plek moeten zoeken voelt niet 'flexibel en dynamisch' maar onrustig. Mensen worden gelukkig van een eigen ruimte waar ze in alle rust iets kunnen afmaken. Mocht dat er niet in zitten, verschaf dan in ieder geval kleine, gezellige hoekjes waar je ongestoord kunt werken of dingen kunt bespreken.

Het is ook fijn om een beetje autonomie te hebben: dat je zelf kunt bepalen wanneer je een raam openzet bijvoorbeeld, of hoe koud de airco staat. Én dat je kunt beslissen wanneer je je collega's ziet. Veruit de meeste werknemers verheugen zich op sociaal contact: ze willen graag overleggen, sparren, bijkletsen, spontane ideeën bespreken – maar dan wel op een moment dat ze zelf hebben uitgekozen, in een gezellige koffiehoek. Óf in een kantoortuin – een echte. Er verrijzen in Nederlands steeds meer kantoortorens met een tuin op het dak of een groot terras waar werknemers kunnen lunchen of vergaderen. Over dit soort initiatieven wordt soms een beetje smalend gedaan: één daktuin maakt nog geen zomer. Het wordt ook wel *greenwashing* genoemd: chic doen met weinig groen. Maar ik vind het een goede ontwikkeling. Ik pleit voor méér gras op de Zuidas, die daken liggen er toch. En je weet wat ze zeggen: het beste moment om een boom te planten is 20 jaar geleden. Het één na beste moment is nu.

Monai Nailah McCullough komt van oorsprong uit New York maar ze adviseert nu Nederlandse kantoren, restaurants, winkels en events hoe ze hun binnenklimaat kunnen vergroenen met mooie planten. Onder de naam @plantmom.amsterdam geeft ze workshops over de verzorging van planten, over stekjes, verpotten en de optimale groene aankleding van je interieur.

Het Max Havelaar-label (1988) van Fairtrade Original was 's werelds eerste fairtrade-keurmerk dat aangaf dat boeren in Afrika, Latijns-Amerika en Zuidoost-Azië een eerlijke prijs hadden gekregen: een prijs die de kosten dekte van een duurzame productie. Het eerste product dat dit predicaat kreeg toebedeeld, was koffie. Het Max Havelaar-label is vernoemd naar de befaamde roman van de schrijver Multatuli (pseudoniem van Eduard Douwes Dekker) uit 1860, die de misstanden van het koloniale regime in Nederlands-Indië aan de kaak stelde.

De meeste mensen houden van werken; bijna iedereen vindt het fijn om druk bezig zijn. Geluk, ontspanning en productiviteit zijn met elkaar verweven: gelukkige mensen zijn productiever, maar om gelukkig te kunnen zijn heb je ook een dosis ontspanning nodig. 'Neem de tijd,' zei mijn vader vroeger, 'anders neemt de tijd jou.' Naast alle taken moet er óók geregeld ruimte zijn voor het ongestructureerde niksen: even geen *vision board*, *to-do-list* of schema, maar gewoon zíjn. Door af en toe wat minder te doen, doe je uiteindelijk meer. Wanneer je jezelf de gelegenheid geeft om je gedachten de vrije loop te laten, wordt een ander deel van je hersenen actief. Je zou het de sluimerstand kunnen noemen: een wat meer onbewust deel van je brein dat niet is gericht op het snelle, analytische denken, maar juist op het speelse en het creatieve. Dáár komen vaak de nieuwe inzichten opborrelen. Zodra je in je vrije momenten naar je telefoon grijpt of op internet gaat surfen, verlies je die creatieve connectie. Uit onderzoek is gebleken dat het 23 minuten duurt voordat je je weer volledig kunt concentreren nadat je online bent geweest.

Vóór covid-19 kwamen steeds meer mensen op het punt dat ze hun leven wat minder door de 'zakdictator' wilden laten leiden. Tijdens de corona-crisis moesten we echter méér tijd online doorbrengen dan ooit tevoren: het online vergaderen, studeren, winkelen en eten bestellen heeft zo'n enorme vlucht genomen dat het nu – samen met televisiekijken – het grootste deel van onze dag beslaat. Ja, de technologie heeft ons mede door corona gesleept, maar we hoeven ons niet eindeloos te laten voortsleuren. Ga geregeld offline, en geef de macht over je tijd terug aan jezelf.

Bij veel bedrijven is het plastic koffiebekertje inmiddels vervangen door een kartonnen variant. Nog duurzamer is het om een theeglas of koffiemok van huis mee te nemen. Wil je dat bij jou op kantoor ook voor elkaar krijgen? Kijk dan eens op de website van het Nederlandse initiatief de P.E.T. Free Movement.

'Verstilling is een weldaad.'

FRANK G. BOSMAN, CULTUURTHEOLOOG

EMOTIONEEL ECOSYSTEEM

—

Steeds meer bedrijven bieden hun werknemers mindfulness- of meditatiecursussen aan, om stress beter het hoofd te kunnen bieden. Dat is op zich een heel goed idee – nadat de bron van de stress is aangepakt. Een kantoor is een 'emotioneel ecosysteem' van verschillende karakters, belangen en energieën waar je in meegezogen kunt worden. Met een verstikkende bedrijfscultuur, giftige collega's of een teamleider die iedereen afblaft, kun je chanten wat je wilt maar het zal je niet wezenlijk helpen. Mindfulness en meditatie zijn voor veel mensen belangrijke onderdelen van een gezond en gelukkig leven, maar voor bedrijven die niet óók de kern van het probleem aanpakken, zijn het niet meer dan hippe stoplappen.

Er zijn nu waarschijnlijk mensen die denken: da's leuk, een beetje citrus voor de ontspanning, maar die limoen kan natuurlijk ook in een biertje. De vrijmibo, de vrijdagmiddagborrel met collega's, is een van de populairste manieren om werkstress van je af te laten glijden. (Kijk wel uit met autorijden: vrouwen bereiken na één glas alcohol al de limiet van 0,5 promille en mannen na 2 glazen.)

Nederlanders houden wel van een biertje: we drinken gemiddeld zo'n 95 liter per persoon per jaar. Daarnaast wordt er per persoon ook nog 26,7 liter wijn gedronken en 1,6 liter sterkedrank.

'Groen stelt gerust, dat wist ik al voor de ecologen.'
FREDDY HEINEKEN OVER DE KLEUR VAN ZIJN BIERFLESJES

Er zijn meer landen waar mensen na werktijd nog even gezellig naar het café gaan, maar er is slechts één land waar ze gaan afpilsen met bitterballen. Het fenomeen 'Bitterballen bij de borrel' is in 2020 opgenomen in de lijst van immaterieel erfgoed, omdat het uniek is voor de Nederlandse borrelcultuur. Een typisch Nederlands borrelgarnituur (ook wel bekend als 'bruin fruit') bestaat uit frikadelletjes, vlammetjes, mini-kaassoufflés en natuurlijk een flink aantal bitterballen. Nederlanders eten graag gefrituurde snacks: per jaar gaan er zeshonderd miljoen frikadellen en driehonderd miljoen kroketten doorheen. Ook thuis kunnen we er wat van; er zijn

maar weinig Nederlanders zonder frietpan of actifry. We zijn er zelfs trots op. Iedere buitenlandse bezoeker moet mee naar onze *Wall of Fame*, de snackmuur, om een vette bek te halen. Toen de Australische vriend van Emma voor het eerst naar Nederland kwam, gingen we naar het Van Gogh Museum, het Rijksmuseum én de FEBO. Je bent niet in Nederland geweest als je geen kroket uit de muur hebt getrokken.

Veel werknemers krijgen energie van de omgang met collega's, maar mensen die wat introverter zijn kost het juist energie. Het is helemaal niet raar of oncollegiaal om wat meer persoonlijke ruimte nodig te hebben. Niet iedereen is even geschikt voor de vrijmibo of de 'vrijwillig-verplichte' participatie in whatsapp-groepen die je tot in het weekend achtervolgen. Een goede en gezellige band met je collega's is leuk en belangrijk, maar durf ook je eigen grenzen aan te geven. 'Nee' is een volledig antwoord. Je hoeft jezelf niet uit te putten in verklaringen.

Het dagelijkse woon-werkverkeer is voor veel Nederlanders een dermate grote bron van stress dat 'niet meer in de file hoeven staan' als hét voordeel van thuiswerken werd gezien. Inmiddels zijn de snelwegen en de treinen alweer grotendeels gevuld. Zit je

Heineken is de nummer 1 bierbrouwer in Europa en de nummer 2 in de wereld. Niet slecht voor een brouwer die in 1864 is begonnen met twintig man personeel. De originele brouwerij aan de Stadhouderskade is inmiddels omgetoverd tot de Heineken Experience, waar je alles kunt zien over de geschiedenis van het biermerk en het brouwproces. Omdat de tour eindigt met drie gratis biertjes, is hij erg populair bij toeristen. De bekendste directeur van het familiebedrijf was de markante Alfred 'Freddy' Heineken (1923-2002), die de drie e's in het logo een beetje liet kantelen zodat ze lijken te lachen.

'Geld is leuk om te hebben, maar het is niet genoeg, je gaat het er emotioneel niet mee redden. Met het inspireren en helpen van mensen wel.'
RAPPER EN ONDERNEMER ALI B.

snel aan je taks, dan is dit misschien een goed moment om je woon-werkverkeer eens onder de loep te nemen. De nieuwe mogelijkheden zijn legio: er zijn *speed pedelecs*, elektrische fietsen, vouwfietsen voor in de trein en ov-fietsen, maar ook deelscooters en elektrische deelauto's. Het komt ook steeds vaker voor dat mensen met een groepje buren één auto kopen om te delen. Zijn dit geen mogelijkheden voor jou en blijf je met het openbaar vervoer reizen, probeer je medepassagiers dan niet te zien als mensen die onnodig treuzelen en hinderlijk in de weg lopen. Je weet nooit wat voor dag iemand heeft gehad. Niemand loopt jou expres voor de voeten. Uiteindelijk wil iedereen gewoon naar huis, net als jij.

Ook de file kan een aanslag zijn op je geduld. Als ik aan het einde van een lange werkdag bumper aan bumper over de snelweg kruip, kan ik enorm geprikkeld raken: wáárom schiet dit niet op? Uiteindelijk werkt het voor mij het beste wanneer ik het loslaat en me er niet tegen verzet. Als ik me ga ergeren lijkt het alleen maar langer te duren. En dus luister ik naar muziek waar ik vrolijk van word: ik heb een playlist samengesteld met de naam *happy music*. Én ik ben fan geworden van luisterboeken: met een spannend boek kan de file me niet lang genoeg duren.

KLM, de Koninklijke Luchtvaart Maatschappij, werd opgericht in oktober 1919 en is daarmee 's werelds allereerste commerciële luchtvaartmaatschappij. Ze konden nog uit alle kleuren kiezen, dus het werd hemelsblauw: de kleur van een wolkeloze lucht. Koning Willem-Alexander is gastvlieger bij KLM. Twee keer per maand vervoert hij passagiers die geen idee hebben dat de koning de copiloot is, al herkennen sommigen hem aan zijn stem. Door de coronacrisis is KLM in zwaar weer terechtgekomen. De luchtvaartmaatschappij moest met grote leningen van de overheid worden ondersteund. Eén van de voorwaarden die werden gesteld, was het streven naar meer vergroening.

ZEVEN TIPS & TRICKS
voor meer rust en ruimte op je werk

- Geef je brein regelmatig een pauze door je te focussen op je lichaam: maak in de lunchpauze een korte wandeling waarbij je stevig doorstapt. Probeer ook eens een statafel: wanneer mensen zittend werken afwisselen met een staand bureau blijkt dat niet alleen hun rug- en nekgebied goed te doen, maar ook de spierspanning én het humeur.

- Kun je in je pauzes niet naar buiten of is er geen park in de buurt? Alleen al van het *kijken* naar groen word je rustiger. Installeer een screensaver van een mooi landschap, hang een poster op van een groene, natuurlijke omgeving en omring jezelf met luchtzuiverende planten.

- Plan je afspraken een kwartiertje langer dan je nodig denkt te hebben. Wanneer het uitloopt, heb je geen stress. Wanneer het niet uitloopt, kun je de extra tijd gebruiken om even tot rust komen, het gesprek op je te laten inwerken of juist je hoofd helemaal leeg te maken voordat je verdergaat.

- We hebben geleerd om assertief te zijn, veel te praten en het woord te nemen. Je kunt echter niet alleen op zenden staan, je moet ook kunnen ontvangen: stel vragen, en luister in alle rust naar de antwoorden voordat je reageert.

Als je praat, vertel je alles wat je weet. Als je luistert, hoor je misschien iets dat je nog niet weet.

- Multitasking is een mythe. Nee, ook vrouwen kunnen het niet. Het is een term uit de computerwereld, maar mensen zijn geen computers. Wanneer je je taken na elkaar zou doen, ben je waarschijnlijk sneller klaar dan wanneer je ze tegelijk probeert te doen: dan doe je iedere afzonderlijke taak langzamer én met minder aandacht.

- Natuurgeluiden maken je rustig. Download een paar fijne relaxtracks met fluitende vogels, ruisende bomen, tjirpende krekels en stromend water. Neem een koptelefoon mee naar kantoor, en probeer om de zoveel tijd een paar minuten naar zo'n track te luisteren. Sluit je ogen en laat je gedachten even meevoeren door de natuur.

- Iedereen kent de middagdip, waarbij je wel een oppepper kunt gebruiken. De geur van citrus maakt alert en goedgehumeurd; denk bijvoorbeeld aan het prikkelende wolkje dat omhoogkomt wanneer je een sinaasappel pelt. Je kunt jezelf ook een *boost* geven met een citrusspray of een drupje geurige olie aan de binnenkant van je pols.

De zeemeeuw-manager komt krijsend binnen, schijt alles onder en laat een heleboel rotzooi achter.

De bruistablet-manager komt pas boven drijven als alles is opgelost.

'I HATE YOU WELCOME'

Wanneer je thuis bent aangekomen, probeer dan eerst een tijdje helemaal niéts te doen; ga niet meteen 'van scherm naar scherm'. Naast de vele uren die wij achter onze computer doorbrengen, kijkt de gemiddelde Nederlander ook nog eens ruim 3 uur televisie per dag. Je zou er een vierkante kont van krijgen. Misschien is het een idee om één van die uren in te ruilen voor een frisse avondwandeling, of een lekker baddermoment met of zonder boek. Dat we veel tv-kijken is ook de buitenlandse streamingsdiensten opgevallen: Disney+ rolde zijn netwerk bijvoorbeeld eerst in Nederland uit omdat relatief veel mensen een online video-abonnement hebben. Maar we hebben ook snel internet, het nodige te besteden én een honger naar innovatie. Nederlanders zijn er als de kippen bij om nieuwe technologieën, gadgets en uitvindingen te omarmen. Daarin zijn we overigens niet alleen volgers; door de eeuwen heen zijn er in de Lage Landen belangwekkende uitvindingen gedaan. Een kleine greep uit Nederlandse innovaties, met als opvallende grootleverancier de Brabantse elektronicagigant Philips, die zich inmiddels heeft toegelegd op medische apparatuur.

1. De effectenbeurs, Amsterdam, 1602
2. De telescoop, Sacharias Jansen, 1608
3. De onderzeeër, Cornelis Drebbel, 1620

4. De microscoop, Sacharias Jansen, 1595 / Antoni van Leeuwenhoek, 1670
5. De brandslang en waterpomp, Jan en Nicolaes van der Heyden, 1673
6. Procedé voor chocoladepoeder (de basis van alle chocoladeproducten), Casparus van Houten, 1828
7. De oogtest, Herman Snellen, 'De Snellenkaart', 1862
8. Elektrocardiogram (ECG), Willem Einthoven, 1903
9. Vierwielaandrijving en eerste zescilindermotor, Spyker, 1903
10. De flitspaal, Maus Gatsonides, 'De Gatso', 1958
11. Philips: cassettebandje, 1962; Philips met Sony: cd, 1982; dvd, 1995; LED-licht, 2007; Philips met Sony: spaarlamp, 1979; blu-ray, 2003
12. Bluetooth, Jaap Haartsen, 1994
13. Wi-fi, Victor Hayes en Cees Links, 1997

Omdat we in Nederland veel Amerikaanse films en tv-series kijken en de scholen al vroeg met Engelse lessen beginnen, hebben heel wat Nederlanders het gevoel dat ze goed Engels spreken. Zakenrelaties uit Engels sprekende landen denken daar vaak nét iets anders over. Ze vinden het bijzonder dat we ons zo goed verstaanbaar kunnen maken, maar zeggen ook geregeld dat we 'Dunglish' spreken, Dutch English. Daarbij vul je de Nederlandse zinsbouw in met Engelse woorden, zoals het bekende: 'I hate you welcome.'

Een ander beroemd voorbeeld uit de jaren zestig is van Joseph Luns, voormalig minister van Buitenlandse Zaken. Toen John F. Kennedy hem vroeg of hij nog liefhebberijen had, antwoordde Luns naar verluidt: 'I fok horses.' Voormalig minister-president Joop den Uyl wilde Nederland in de jaren zeventig betitelen als een land van ondernemers, maar zei: 'The Dutch are a country of undertakers', begrafenisondernemers.

Onze Engelse woordenschat is sinds die tijd met sprongen vooruitgegaan, maar door onze neiging tot Dunglish worden we niet zelden als bot en direct ervaren. 'Wat wil je drinken?' is in het Nederlands een prima zin. Maar de veelgebruikte vertaling: 'What do you want to drink?' wordt door Engelssprekenden als een tikkeltje boers gezien, aangezien zij zelf 'What would you like to drink?' zouden gebruiken. De Nederlandse taal klinkt buitenlanders sowieso niet verfijnd in de oren. Een Amerikaanse vriend van mij heeft ooit gezegd dat 'Nederlands klinkt als een keelziekte.' Nu praten wij zeker niet zo charmant als de Fransen of de Italianen, maar… een keelziekte? Het komt denk ik vooral door onze g en sch-klanken die achteruit de keel komen en die voor veel buitenlanders bijna niet zijn uit te spreken. Waarom onze internationale luchthaven uitgerekend Schiphol is gedoopt, is mij dan ook een raadsel.
Wat ik zelf wel geestig vind, zijn de betekenissen van het woord 'Dutch' in het Engels. Zoals *Dutch wife*, ooit een lang, rolvormig kussen om mee te slapen, tegenwoordig vooral verwijzend naar een sekspop. *Dutch courage*,

Het Nederlandse Bols is 's werelds oudste gedistilleerd merk. Begonnen in 1575 als kleine distilleerderij van Lucas Bols, uitgegroeid tot een wereldwijde speler op het gebied van wodka, gin, jenever en likeuren.

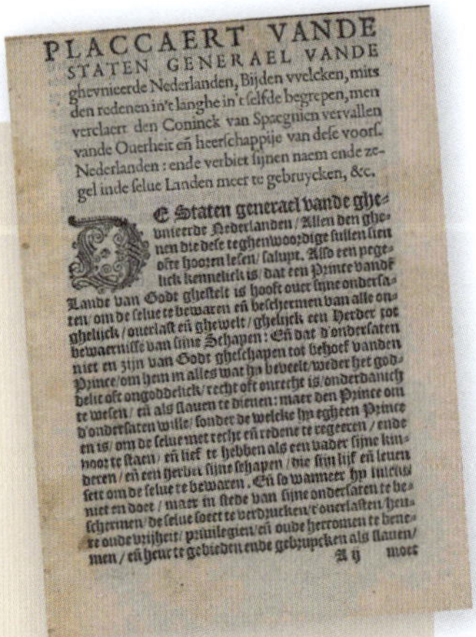

PLACCAERT VANDE
STATEN GENERAEL VANDE
ghevnieerde Nederlanden, Bijden vvelcken, mits
den redenen in't langhe in't selfde begrepen, men
verclaert den Coninck van Spaegnien vervallen
vande Ouerheit eñ heerschappije van dese voors.
Nederlanden : ende verbiet sijnen naem ende ze-
gel inde selue Landen meer te gebruycken, &c.

D E Staten generael vande ghe-
unieerde Nederlanden / Allen den ghe-
nen die dese teghenwoordige sullen sien
ofte hooren lesen / saluyt. Also een yege-
lick kennelick is / dat een Prince vandt
Lande van Godt ghestelt is hooft ouer sijne ondersa-
ten / om de selue te bewaren eñ beschermen van alle on-
ghelijck / ouerlast eñ ghewelt / ghelijck een Herder tot
bewaernisse van sijne Schapen : Eñ dat d'ondersaten
niet en zijn van Godt gheschapen tot behoef vanden
Prince / om hem in alles wat hy beveelt / weder het god-
delic oft ongoddelick / recht oft onrecht is / onderdanich
te wesen / eñ als slauen te dienen : maer den Prince om
d'ondersaten wille / sonder de welcke hy egheen Prince
en is / om de selue met recht eñ redene te regeeren / ende
voor te staen / eñ lief te hebben als een vader sijne kin-
deren / eñ een herder sijne schapen / die sijn lijf eñ leuen
sett om de selue te bewaren. Eñ so wanneer hy sulcks
niet en doet / maer in stede van sijne ondersaten te be-
schermen / de selue soect te verdrucken / t'ouerlasten / heu-
re oude vrijheit / priuilegien / eñ oude herkomen te bene-
men / eñ heur te gebieden ende gebruycken als slauen /
A ij moet

wat het tegenovergestelde van moedig is. *Going Dutch*, als je te gierig bent om te trakteren en iedereen dus voor zichzelf moet betalen. En niet te vergeten de *Dutch oven*, waarbij je een scheet laat in bed en daarna de dekens over jou en je partner trekt, zodat hij of zij niet kan ontsnappen. Maar gelukkig hebben we méér bijgedragen dan seks en scheten. Het gebied rond Manhattan in de staat New York werd in de 17e eeuw gesticht als Nieuw-Amsterdam in de provincie Nieuw-Nederland. De vele Nederlandse inwoners en handelaren hebben de taal verrijkt met tientallen woorden en plaatsnamen. Haarlem werd Harlem, Breukelen werd Brooklyn, Vlissingen werd Flushing. Zelfs het oer-Amerikaanse woord Yankees heeft een Nederlandse oorsprong. Jan en Kees zijn twee traditionele Nederlandse voornamen; omdat er daar zoveel van waren in Nieuw-Amsterdam, werden de mensen in deze streek de Yankees genoemd: de Jan-Kezen.

Het Plakkaat van Verlantinghe is voor iedereen te zien in het publiekscentrum van het Nationaal Archief. In 2018 werd het Plakkaat in een tv-programma door het publiek verkozen tot 'Pronkstuk van Nederland'. De twee andere finalisten waren de microscoop van Antoni van Leeuwenhoek en de *Nachtwacht* van Rembrandt.

Toen de Amerikaanse president Barack Obama in 2014 naar Nederland kwam, wilde hij Het Plakkaat van Verlatinghe graag zien – wat vervolgens ook speciaal voor hem uit het Nationaal Archief werd gehaald. Eerlijk gezegd had ik destijds (o, schande) geen idee waarom Obama het manuscript uit 1581 zou willen bekijken. Het Plakkaat van Verlatinghe is de 'geboorteakte' van de Republiek der Zeven Verenigde Nederlanden. In deze onafhankelijkheidsverklaring wordt

omschreven waarom de Spaanse koning Filips II niet langer wordt erkend als heerser over Nederland. Het recht van een volk om zijn eigen heerser te kiezen was in die tijd een zeer revolutionaire gedachte. Het inspireerde andere landen tot hun eigen verklaringen zoals de Amerikaanse Declaration of Independence uit 1776, die tekstdelen uit het Plakkaat van Verlatinghe heeft overgenomen.

NEDERLANDSE LEENWOORDEN IN HET AMERIKAANS ENGELS

Daalder – dollar. Sinterklaas – Santa Claus. Slee – sleigh. Vrolijk – frolic. Bier – beer. Jenever – gin. Winkelhaak – winkle-hawk. Hijsen – hoist. Halen – haul. IJsberg – iceberg. Rugzak – rucksack. Bluffen – bluff. Koffie – coffee. Baas – boss. Landschap – landscape. Koekje – cookie. Wafel – waffel. Boei – buoy. Koolsla – coleslaw. Broekkie – rookie. Schaats – skate. Loterij – lottery. Spook – spook.

8

MAASTRICHT

Zuid-Limburg: ons binnenste stukje buitenland

Mijn hele familie komt uit Zuid-Limburg: mijn moeder is geboren in Maastricht en mijn vader in Margraten. Hoewel ik zelf in Nijmegen ben geboren, gingen we in mijn jeugd bijna ieder weekend naar de boerderij van mijn opa en oma in Margraten. Mijn opa Joseph ('Sjef') was boomkweker en fruitteler, en ik herinner me emmers vol kersen, zelfgemaakte jam, een houtoven waar vlaaien in werden gebakken en glooiende veldweggetjes om te sleeën.

Het leven in Zuid-Limburg ademt één en al rust. Het is ons binnenste buitenland. Het is gemaakt voor *slow living*, voor vakantie in eigen land, voor duurzaam genieten te midden van on-Nederlandse natuur, weelderige doorkijkjes en sportieve mogelijkheden. Het zuiden van Nederland heeft een heel andere *vibe* dan de rest van het land. Het heuvelachtige landschap, de vakwerkhuizen, het bourgondische eten, de taal – alles is er anders. De vele pleintjes met gezellige eetcafés onder de bomen, de historische gebouwen, kerken en karakteristieke straatjes doen buitenlands aan. Zelfs het weer is anders: doordat Maastricht diep landinwaarts ligt, lijkt het in Zuid-Limburg nét wat zonniger. Ook de volksaard is zonnig, met veel aandacht

voor 'het goede leven' van mooie kleding, stijlvolle interieurs, smaakvol eten en lekkere wijnen.

Maastricht is opgedeeld in acht wijken die allemaal hun eigen charme hebben. *Wyck* is bijvoorbeeld een hippe, kunstzinnige wijk met biologische marktjes. Het *Stokstraatkwartier* bestaat uit historische winkelstraatjes die uitkomen op het charmante Onze Lieve Vrouweplein. Het *Jekerkwartier* heeft een ontegenzeglijk Franse *vibe* met knusse pleintjes en de wijk *Céramique* is een moderne, culturele hotspot.

Overal in Maastricht kun je buitengewoon lekker eten; er zijn sterrenrestaurants maar ook geweldige eetcafés. De Zuid-Limburgse keuken is op smaak gebracht met Belgische, Franse en Duitse invloeden en het resultaat is een bourgondische mix van lokale producten met

De Mestreechter Geis is een bronzen beeld van kunstenaar Mari Andriessen dat sinds 1962 de 'geest' van de Maastrichtenaren verbeeldt: vrolijk en spiritueel, met humor, levenslust en zwierigheid.

Zuid-Nederlandse flair. Het belang van goed eten in goed gezelschap kan niet worden onderschat: het is een belangrijk ingrediënt voor een gelukkig leven.

Zoervleisj (stoofvlees) is een Zuid-Limburgse klassieker. De bereidingswijze en 'geheime' ingrediënten verschillen per familie; zo zweert de één bij appelstroop en de ander bij peperkoek. Dit is het recept van mijn moeder, en zij heeft het weer van háár moeder. Als ik bij mijn moeder binnenkom, staat het meestal al te pruttelen. De geur teleporteert me meteen naar vroeger: het ruikt naar thuis. Het is zeker geen snel gerecht, maar wel heerlijk – en *slowcooking* is hartstikke hip.

Bakkerij Bisschopsmolen is een bijzonder bedrijf dat bekendstaat om het 'beste brood van Limburg'. Ze zitten in een historisch pand met de oudste nog werkende watermolen van Nederland. Bisschopsmolen werkt met lokale telers en streeft naar een duurzame, circulaire bakkerij: er wordt de hele dag vers brood gebakken zodat er minder overblijft. En áls er brood overblijft wordt dit niet weggegooid: ze maken er paneermeel van en de rest gaat naar de brouwer Gulpener Bier. Je kunt workshops volgen hoe je écht brood moet maken, hoe je vlaaien moet bakken en je kunt er zelfs blijven slapen ('Bakker & Bed') om het ambachtelijke bakkersleven mee te maken.

Café Sjiek (Maastrichts voor 'geweldig') is al decennialang een begrip. Ze serveren niet alleen streekgerechten zoals zoervleisj en bloedworst met zuurkoolschotel, maar hebben ook een heerlijk terras in het historische stadspark.

RECEPT 'ZOERVLEISJ' VAN MIJN MOEDER MIEP

(4 personen)

Benodigdheden: 1 kg runderstoofvlees, azijn, 1 grote rode ui, 6 kruidnagels, 6 laurierblaadjes, 1 pakje Croma, rinse appelstroop, allesbinder

DAG 1

- Snijd het vlees in niet te kleine blokjes. Doe ze in een kom. Strooi er wat zout en peper op.
- Neem een laag drinkglas. Vul dit met 2/3 azijn en 1/3 water. Giet dit op het vlees. Herhaal dit tot het vlees helemaal bedekt is.
- Snipper de ui en schep de blokjes onder het vlees.
- Leg in de kom 6 laurierblaadjes en 6 kruidnagels. Druk de kruiden voorzichtig omlaag, tot ze onder het vocht liggen.
- Neem een bord of deksel en leg dat in de kom zodat vlees en vocht helemaal bedekt zijn. Zet de kom op een koele plek en laat hem daar één hele dag staan.

DAG 2

- Neem een lege kom en zet daar een zeef op. Giet de inhoud van de kom daarin. Laat uitlekken. Bewaar het vocht.
- Doe 50 gram Croma in een *gietijzeren pan* en laat de boter bruin worden. Doe dan de inhoud van de zeef in de pan. Voorzichtig blijven omscheppen tot het vlees een beetje bruin wordt. Niet te lang, hooguit 5 minuten.
- Giet nu het vocht erbij. Schep alles voorzichtig om. Laat het gas nog hoog staan, tot het vocht begint te borrelen. Dan het vuur op de laagste stand zetten.
- Neem een flinke eetlepel appelstroop en roer die

voorzichtig door de inhoud van de pan. Proef aan het vocht of dat zoetzuur is. Te zuur: nog wat stroop naar smaak toevoegen.

- Leg het deksel op de pan en laat het vlees zachtjes sudderen. Het eerste uur om de 15 minuten het vlees voorzichtig omscheppen. Het volgende uur om het halfuur. Proef dan of het vlees gaar is. Zo niet, nog wat laten doorsudderen.
- Neem met een lepel een hapje vlees en jus. Is het zoetzuur genoeg? Zo niet, roer dan nog wat appelstroop door de pan.
- Nu nog de vleesmassa binden tot er een samenhangend geheel ontstaat: niet te stijf en niet te slap. Neem hiervoor bijvoorbeeld allesbinder.
- Neem een beker, schep er wat bindmiddel in, koud water erop en roer tot een papje. Laat dit bindmiddel langzaam in de pan lopen terwijl je blijft roeren. Wanneer het een samenhangend geheel is, is het *zoervleisj* klaar.

Heerlijk met frietjes!

Er is geen taart zo lekker als een échte Limburgse vlaai. De oorsprong ligt waarschijnlijk in de middeleeuwen bij een platte, Germaanse koek die 'vlade' werd genoemd. In Zuid-Limburg kennen ze *toert, vlaoj* en *kook*: slagroomtaart, vlaai en cake-achtige baksels, waarvan vlaai veruit het meest wordt gegeten. Hoewel Limburgse vlaaien inmiddels het hele jaar door worden verkocht, zijn ze oorspronkelijk bedoeld voor feestelijke gelegenheden, zoals verjaardagen en bruiloften. Ze werden vooral gegeten tijdens de kermis en de schuttersfeesten, en natuurlijk na de processie.

De Limburgse *vlaoj* bestaat uit een aantal types, waarbij vruchten uit eigen streek domineren: kersen-, abrikozen-, appel en kruisbessenvlaai zijn van oudsher populair. Andere succesnummers zijn de traditionele rijstevlaai, de puddingvlaai en de kruimelpudding.

Wanneer je vlaaien koopt, krijg je de vraag of je een open of dichte variant wil: *mèt reempkes* of *touw*. Met open wordt bedoeld dat de vlaai is belegd met een raster van deegreepjes. Over de juiste verhouding van de ingrediënten zijn de Limburgers duidelijk: een goede vlaai is *dun vaan leer en dik vaan smeer*. Oftewel: weinig deeg en lekker veel vulling.

Wordt er alleen maar vlaai gegeten? Nee, er is ook nog de Zuid-Limburgse *nonnenvot* ('de billen van een non'): een luchtig suikerbroodje in de vorm van een 8.

Zolang ik me kan herinneren eten wij thuis vers gebrande doppinda's die

Het Verdrag van Maastricht, ondertekend op 7 februari 1992, diende ter oprichting van de Europese Unie. De aanwezige staatshoofden en regeringsleiders hebben ook hun handtekening gezet op een mergelwand in de grotten van Château Neercanne. In de wijk Céramique is Plein 1992 naar het verdrag vernoemd.

Het Kruisherenhotel aan het Vrijthof was eeuwenlang een middeleeuws klooster. De monumentale kerk is inmiddels getransformeerd tot designhotel, en ik kan uit eigen ervaring zeggen dat het een geweldige belevenis is om daar te ontbijten, zwevend tussen hemel en aarde, te midden van gotische bogen.

zijn geroosterd door Maison Blanche Dael. Mijn moeder heeft ze altijd in huis en stuurt ze naar ons op voor verjaardagen. Deze koffiebranderij en theepakkerij (waar het altijd heerlijk ruikt) bestaat al sinds 1878 en het authentieke winkelpand is één van de pareltjes van de Maastrichtse binnenstad. Wanneer je naar Maastricht gaat, moet je écht bij Blanche Dael een zak vers gebrande doppinda's halen – de smaak is onovertroffen. Ze hebben ook een webshop, maar vers uit de branderij is natuurlijk het allerlekkerst.

Wil jij alles proeven wat de Maastrichtse gastronomie te bieden heeft? Ga dan naar het *Preuvenemint*, het grootste culinaire evenement van Nederland. In de laatste week van augustus wordt het Vrijthof getransformeerd tot openluchtrestaurant, waar koks van (sterren)restaurants een keur aan gerechten presenteren.
De Maastrichtenaar André Rieu, violist en orkestleider, is één van de meest succesvolle Nederlandse muzikanten aller tijden. Samen met zijn Johann Strauss Orkest speelt hij in uitverkochte stadions over de hele wereld. De shows staan bekend om hun prachtige aankleding en rijke decors, en laten zien dat de liefde voor walsmuziek universeel is. André Rieu leidt zijn orkest als *Stehgeiger*, en speelt op een Stradivarius uit 1732. Zijn thuisbasis blijft Maastricht, waar zijn jaarlijkse concerten op het Vrijthof een terugkerend hoogtepunt zijn.

De mooiste boekwinkel van Nederland is zonder twijfel de Dominicanenkerk. De imposante kerk stamt al uit 1294 en heeft in de loop der eeuwen veel bestemmingen gehad: van school tot fietsenstalling tot uitgaansgelegenheid. Sinds de kerk is opgeknapt en de plafondfresco's zijn gerestaureerd, is de Dominicanenkerk een walhalla voor boekliefhebbers en mensen die een kopje koffie willen drinken (met vlaai, uiteraard) in een rustige, kathedrale omgeving.

Ik heb als kind vaak met mijn opa en oma door Maastricht gewandeld. De Helpoort vond ik een beetje intimiderend om doorheen te lopen; niet alleen vanwege de naam maar ook door de mysterieuze uitstraling ervan – het leek wel iets uit een ridderfilm. De Helpoort ís ook ontzagwekkend: het is de oudste nog bestaande stadspoort van Nederland.

Ieder jaar is Maastricht het toneel van de TEFAF, The European Fine Art Fair, de meest toonaangevende kunst- en antiekbeurs ter wereld. De meeste items zijn onbetaalbaar, maar uit hersenonderzoek is gebleken dat alleen al het kijken naar kunst gelukkig kan maken: het stimuleert hetzelfde hersengebied als verliefdheid en recreatief drugsgebruik.

Hij werd rond 1230 gebouwd en heeft veel belegeringen moeten doorstaan.

De Onze-Lieve-Vrouwebasiliek (Maastrichts: 'Slevrouwe') heeft een speciaal plekje in mijn hart. De bijbehorende kapel heeft een prachtig beeld van Maria met het kindeke Jezus, de Sterre der Zee. Mijn oma heeft daar haar hele leven kaarsjes opgestoken en gebeden voor iedereen die haar dierbaar was. Toen ik klein was, vond ik de kapel betoverend: de majestueuze mantel, de schittering van het goud en de kronen, het sprookjesachtige licht van de honderden kaarsen. Vandaag de dag weet de energie van de Sterre der Zee mij tot tranen toe te roeren. Het doet me denken aan vroeger, aan mijn oma en aan mijn vader. Nu ben ik degene die de kaarsjes opsteekt, voor iedereen die mij dierbaar is.

Groen Maastricht heeft als doel de stad 'natuurlijker' te maken, bijvoorbeeld door de aanleg van de Tapijntuin: een biologische stadsmoestuin op een stuk van de vroegere kazerne De Tapijn, die inmiddels is omgeturnd tot stadspark. Je kunt ook deelnemen aan projecten als de LOCO-tuinen: daarbij neem je een oogstdeelabonnement bij een tuinder in de buurt, voor meer verbondenheid met de lokale voedselproductie. Groen Maastricht wil mensen aansporen openbaar groen in zelfbeheer te nemen – is dat misschien ook een idee voor bij jou in de buurt?

Je kent ze misschien wel, De Drie Musketiers: Porthos, Athos en Aramis. De Franse schrijver Alexandre Dumas schreef een boek over hun heldendaden, en voegde er later een vierde musketier aan toe: de edelman d'Artagnan. Deze laatste heeft echt bestaan. Hij sneuvelde in 1673 in Maastricht, toen hij samen met Franse troepen de stad probeerde te bestormen. Naast de oude stadswal is een gedenkteken voor hem geplaatst, met een lange mantel en een zwierige hoed.

HERREMENIE
POTTEMENNEKES
'77
MESTREECH

DE 'VASTELAOVEND'

Carnaval in Maastricht, wat een feest! Ik heb er in zekere zin mijn bestaan aan te danken, want mijn ouders hebben elkaar leren kennen tijdens Carnaval. De eerste kaart die mijn vader naar mijn moeder stuurde, was een liefdesverklaring op een bierviltje – met postzegel.

De Maastrichtenaren noemen Carnaval de *Vastelaovend*. De stad krijgt tijdens de festiviteiten geen andere naam, maar blijft *Mestreech*. De officiële carnavalskleuren zijn rood, geel en groen. Het begint op 11 november, 'de elfde van de elfde', met een bonte avond waarop de vele *zaate hermeniekes* ('dronken harmonieorkestjes') alvast gaan warmdraaien. In Maastricht staat geen paard in de gang: ieder jaar wordt in een concours een eigen carnavalsliedje gekozen. Je roept geen alaaf en draagt geen boerenkiel. Het is de bedoeling dat je de nodige aandacht besteedt aan je schmink en je *pekske*: je kostuum. Mijn vader ging jaren als 'dwaallicht' de stad in, met een kerstverlichting om zijn hoofd. Het feest begint op zondag, om 11 minuten over elf, met de traditionele elf kanonschoten en het ophijsen van het *Mooswief*, de beschermvrouwe van de Vastelaovend. Dan trekt de grote optocht door Maastricht: de *Boonte Störrum*, een kilometerslange stoet van gekostumeerde groepen en zaate hermeniekes. Het is een geweldig volksfeest dat niét over zuipen gaat, maar over dansen en zingen, vrolijkheid en verbroedering.

HEDEN, VERLEDEN EN TOEKOMST

Een van de oudste en meest charmante Zuid-Limburgse gebruiken is de *broonk*: de jaarlijkse processie waarbij de priester de monstrans uit de kerk meedraagt door velden en dorpen om goede oogsten af te dwingen. Bij ieder huis met een altaartje van groen en bloemen wordt gestopt om zegeningen uit te spreken. Als kind vond ik de broonk al oneindig fascinerend, en ik kijk er nog steeds graag naar. Het wegdek wordt prachtig versierd met tableautjes van gekleurd zand en bloemblaadjes. Vroeger liepen de *bielenmennekes* voorop: mannen met bijlen die omgevallen bomen of grote takken uit de weg moesten ruimen. Nu komen de misdienaren met de wiegende wierookbolletjes eerst, daarna volgt de priester onder een baldakijn met de gouden monstrans, dan de communiekindjes in hun zondagse goed, de dorpsbewoners en tot slot de harmonie. Je moet het echt een keer gezien hebben; het heeft een bijzondere charme. En zodra de processie voorbij is, is er vlaai!

De harmonie is het hart van de Limburgse cultuur. Het Oud Limburgse Schuttersfeest (*D'n Auwe Limburger*, in de volksmond) wordt niet voor niets 'het grootste volksfeest van Limburg' genoemd. Dit jaarlijkse evenement is een folkloristische optocht van alle schutterijen uit Belgisch en Nederlands Limburg. Op de eerste zondag van juli treden zij aan in blinkende gilde-uniformen, militaire outfits of

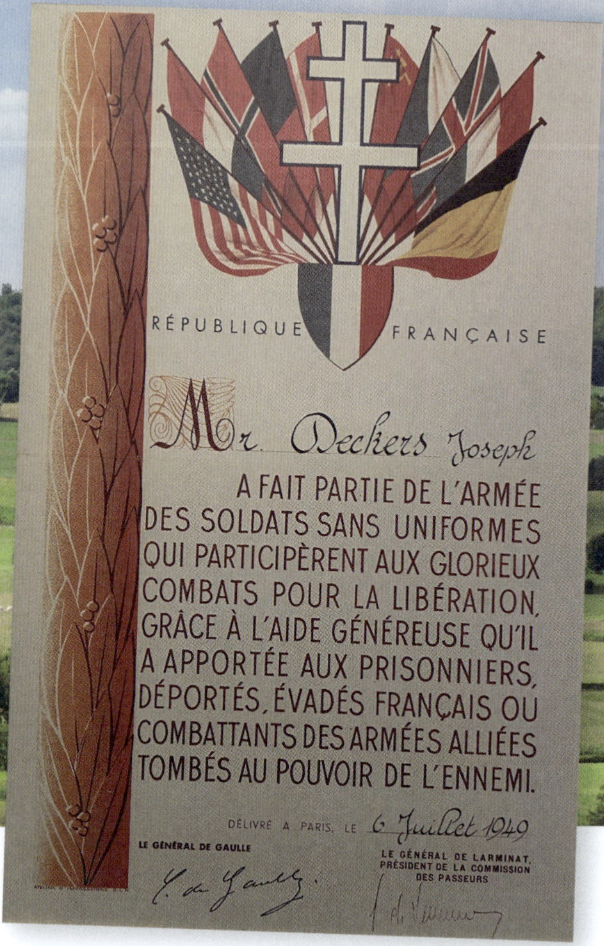

RÉPUBLIQUE FRANÇAISE

Mr. Deckers Joseph

A FAIT PARTIE DE L'ARMÉE DES SOLDATS SANS UNIFORMES QUI PARTICIPÈRENT AUX GLORIEUX COMBATS POUR LA LIBÉRATION, GRÂCE À L'AIDE GÉNÉREUSE QU'IL A APPORTÉE AUX PRISONNIERS, DÉPORTÉS, ÉVADÉS FRANÇAIS OU COMBATTANTS DES ARMÉES ALLIÉES TOMBÉS AU POUVOIR DE L'ENNEMI.

DÉLIVRÉ A PARIS, LE 6 Juillet 1949

LE GÉNÉRAL DE GAULLE

LE GÉNÉRAL DE LARMINAT, PRÉSIDENT DE LA COMMISSION DES PASSEURS

Vier jaar na de oorlog moest mijn opa zich opeens melden op het gemeentehuis: er was een grote, officiële koker voor hem binnengekomen uit Frankrijk, en niemand wist wat erin zat. Het bleek een oorkonde te zijn, ondertekend door Charles de Gaulle, voor het helpen van twee neergestorte Franse piloten. Mijn opa had hen ontdekt in een hooimijt, stiekem te eten gegeven en een routekaart voor ze uitgestippeld hoe ze terug naar huis moesten lopen. Pas toen hij de oorkonde kreeg, begreep mijn opa dat 'zijn' piloten het hadden gered tot in Frankrijk.

fantasiekostuums. Iedere harmonie draagt trots het schutterijvaandel en presenteert haar koning en koningin. Na de optocht zijn er schietwedstrijden waarbij je *bölkes* (bolletjes) moet raken in de schietboom, muzikale competities en exercitie. Het hele feest is niet alleen een genot voor het oog, maar ook een prachtige vorm van sociale en culturele binding.

Margraten, het dorp waar mijn vader is geboren, ligt onder de rook van Maastricht. Het is de laatste rustplaats van 8301 Amerikaanse soldaten die in de Tweede Wereldoorlog zijn gesneuveld. Nog eens 1722 namen staan op de Muren der Vermisten. De Amerikaanse Begraafplaats bestaat uit rijen marmeren witte kruisen en Davidsterren, zo ver het oog reikt. Het is een plek om stil van te worden. Ieder jaar wordt op de dag vóór de Amerikaanse Memorial Day een herdenking gehouden op de begraafplaats.

Het Limburgse heuvelland, dat is ontstaan tijdens de vorming van de Ardennen, is met geen ander Nederlands landschap te vergelijken. Zuid-Limburg is gevestigd op een krijtbodem met daarop een vruchtbare lösslaag. Het heuvelachtige landschap wordt afgewisseld door schitterende beekdalen met hellingbossen. Steeds wanneer ik daar fiets of rijd, overvalt me een groot gevoel van geluk: dat Nederland zó mooi kan zijn. De Eyser Heuvelrug lijkt op een glooiend Toscaans landschap. De Brunssummerheide

In 2015 is 'Gezichten van Margraten' gestart, met als doel bij elk graf een foto te plaatsen. Het streven is om in 2020 meer dan 7500 overledenen van het juiste gezicht te hebben voorzien. Iedereen kan zich opgeven om te helpen bij de online research.

Het Drielandenpunt in Vaals waar Nederland, Duitsland en België samenkomen, is 'n beetje een toeristendingetje maar eerlijk is eerlijk: het blijft bijzonder dat je in drie stappen in drie verschillende landen kunt zijn. De nieuwe, verhoogde Wilhelmina-uitkijktoren is bovendien een fraai architectonisch hoogstandje. Ook is er een grote kinderspeeltuin.

is een idylle van rust en stilte, met heide, bos en zand. Het Geuldal is gekozen tot één van de mooiste landschappen van Nederland. In het heuvelland rondom Maastricht liggen ook diverse wijngaarden waar heerlijke Nederlandse wijnen worden gemaakt.

De heuvels van het zuiden hebben een onweerstaanbare aantrekkingskracht op wielrenners. De mamils (*middle-aged men in lycra*) nemen met hun hobbypelotons hele wegen in beslag, en vergeten daarbij nog wel eens dat er ook mensen wónen die er langs willen. Alle fietsers zijn uiteraard welkom, maar onthoud dat je gewoon te gast bent en niet meedoet aan de Tour de France.

Overal in Zuid-Limburg kun je kamperen bij de boer; er zijn glampings en FarmCamps en talloze mogelijkheden om te wandelen, te fietsen en te mountainbiken. Maar wist je dat er ook ónder de grond van alles valt te beleven? Onder de heuvelachtige grond van Zuid-Limburg bevindt zich een wijdvertakt labyrint aan mergelgrotten. Sommige daarvan zijn al 2000 jaar geleden door de Romeinen in gebruik genomen; ook zij gebruikten mergel als bouwmateriaal. De eeuwenlange mergeldelving heeft een duizelingwekkend gangenstelsel opgeleverd waar van alles is te zien: van een ondergrondse schuilkerk en prehistorische fossielen tot oude muurschilderingen en vleermuizenkolonies. Het is beneden aardedonker, maar met kaarsen en zaklampen kun je er tochten ondernemen naar eigen smaak: je kunt in alle stilte wandelen, met mountainbikes raggen of zelfs survivallen. Je mag alleen níét zonder gids de grotten in – de kans dat je verdwaalt is vrij groot.

Veel ondergrondse activiteiten zijn gebundeld onder de noemer 'Maastricht Underground'. Een kleine greep:

- **De Jezuïetenberg**, even buiten Maastricht, is één van de mooist bewerkte kalksteengroeven ter wereld. Dit mysterieuze, onderaardse museum van eeuwenoude sculpturen, beelden en schilderijen moet je met eigen ogen hebben gezien.

- In de **grotten Zonneberg** is een houtskooltekening van De Nachtwacht te zien. De Maastrichtse kunstenaar Jules Sondeijker heeft deze replica meer dan honderd jaar geleden op ware grootte gemaakt. De tekening is onlangs geheel gerestaureerd. Tijdens de Tweede Wereldoorlog lag het échte schilderij van Rembrandt hier vlakbij verborgen in een kunstkluis die in diepste geheim onder de grond was gebouwd.

✦ **Valkenburg**, zo'n twintig minuten buiten Maastricht, profileert zich al jaren als dé kerststad van Nederland. Het historische stadje kan als enige ter wereld bogen op twee ondergrondse kerstmarkten: in de Gemeentegrot en in de Fluweelengrot.

✦ Het **Museum Romeinse Katakomben** is één van de meest bijzondere Nederlandse musea. Het ondergrondse labyrint werd geopend in 1910, en is een exacte kopie van Romeinse grafkelders uit de 3e en 4e eeuw na Christus, compleet met rijk versierde wanden, nissen, schilderijen en beelden. Je kunt er rondleidingen krijgen met een Romeinse lunch, en meedoen aan spookachtige speurtochten.

Het zal geen verrassing zijn dat in een gebied met zoveel ondergrondse gangen geregeld prehistorische fossielen worden gevonden. Zo is in de Sint-Pietersberg een Hadrosauriër opgegraven, een Nederlandse dinosaurus. Én het eerste reuzenreptiel dat ooit werd gevonden: de 15 meter lange Mosasaurus. In de loop der eeuwen zijn er regelmatig delen en complete skeletten van Mosasauriërs uit de mergelgrond gekomen. Ook recent nog in 2009, 2012 en 2015. Al deze dieren zijn te zien in Natuurhistorisch Museum Maastricht, naast reuzenschildpadden en andere fossielen uit de Krijtzee. Dat is het mooie van Maastricht: een fascinerende mix van heden, verleden en toekomst.

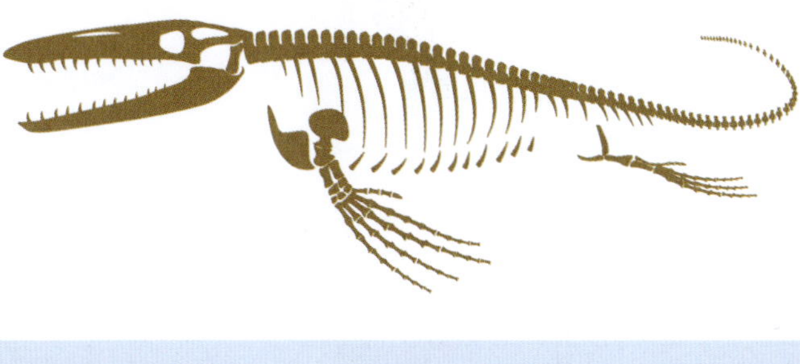

De weg naar Fort Sint Pieter, een oud verdedigingswerk boven op de Sint-Pietersberg, is een stevige wandeling. Het gebied heeft zijn eigen microklimaat, met vlinders, oehoes en vleermuizen. Het weidse uitzicht over de stad en het glooiende Maasdal maken deze tocht meer dan de moeite waard.

9

KINDEREN

Rust en balans

Volgens Unicef heeft Nederland de gelukkigste kinderen ter wereld. Hoe leuk is dat? In september 2020 publiceerde het kinderfonds van de Verenigde Naties de resultaten van hun onderzoek naar de mentale en fysieke gezondheid van kinderen tussen de 0 en 18 jaar in de 41 meest welvarende landen. Net als bij hun vorige onderzoek in 2013 eindigden de Nederlandse kinderen op de eerste plaats. Bij het samenstellen van de ranglijst kijkt Unicef naar een groot aantal factoren waaronder gezondheid, scholing, sociale vaardigheden, veiligheid, huisvesting, schermtijd, zelfdoding en obesitas. Niet dat we in alle categorieën de pannen van het dak scoren: zo hadden Nederlandse kinderen in 2013 nog het minste overgewicht, maar inmiddels geeft Unicef aan dat een kwart van hen te dik is. Over de hele linie scoren we echter méér punten

---

De top-5 van landen met de gelukkigste kinderen ter wereld volgens het rapport van Unicef in 2020:

1 – Nederland
2 – Denemarken
3 – Noorwegen
4 – Zwitserland
5 – Finland

Eén van de meest succesvolle Nederlandse exportproducten is nijntje, het konijntje van tekenaar Dick Bruna, dat in het buitenland furore heeft gemaakt onder de naam Miffy. Van haar avonturen zijn wereldwijd inmiddels méér dan 85 miljoen boekjes verkocht. Nijntje vertegenwoordigt onschuld, eenvoud, optimisme en levensgeluk.

dan de andere 40 landen. Maar liefst 90 procent van de Nederlandse vijftienjarigen zegt blij te zijn met haar of zijn leven – dat is iets om trots op te zijn. Toch worden dit soort ranglijsten hier vaak met enig ongemak bekeken. Nederlanders vinden niet snel iets bijzonder, en onszelf al helemaal niet. Doe maar normaal, weet je wel, dan doe je al gek genoeg. Maar één van de redenen dat Nederlandse kinderen zo gelukkig zijn, is... omdat hun ouders het ook zijn.

Volgens de OESO Beter Leven Index en het World Happiness Report scoort Nederland ieder jaar heel hoog op de lijst van gelukkigste landen ter wereld. 'Happiness' betekent niet dat iedereen dansend door de straten gaan: het rapport kijkt naar zaken als inkomen, de vrijheid om eigen levenskeuzes te maken, levensverwachting, sociale ondersteuning, het niveau van corruptie en vrijgevigheid. Op al deze punten scoort Nederland veel beter dan de meeste andere landen en ook dát is iets waar we trots op mogen zijn. We zijn zo gewend geraakt aan onze veilige, vrije en democratisch samenleving dat we ons vaak fixeren op alle dingen die níét goed gaan. Natuurlijk valt er nog heel wat te verbeteren: de maatschappij kan schoner, eerlijker en inclusiever. En net als alle andere landen zijn ook wij getroffen door de corona-crisis, waarvan de sociale en economische effecten ook kinderen hebben geraakt. Maar het feit

dat we zo hoog scoren in de lijst van gelukkigste landen én het feit dat onze kinderen nu al voor de tweede keer zijn uitgeroepen tot meest gelukkige kinderen ter wereld, betekent dat we in de basis wel degelijk een heleboel essentiële dingen goed voor elkaar hebben. Daar hoeven we niet iedere dag mee bezig te zijn en we hoeven al helemaal niet zelfvoldaan achterover te leunen, maar het is belangrijk dat we ons dat blijven realiseren.

De afgelopen jaren zijn er heel wat buitenlandse opiniestukken verschenen over het geheim van de Nederlandse opvoeding: wat dóén die Hollanders nou precies waardoor hun kinderen zo goed in hun vel zitten? Het was interessant om een aantal van die artikelen te lezen. Je zou denken dat opvoeden in de meeste westerse landen op ongeveer dezelfde manier verloopt, maar dat blijkt niet helemaal zo te zijn. Wat in de artikelen vaak als eerste wordt aangehaald – naast de verbazing over het feit dat onze kinderen chocolade (lees: hagelslag) bij het ontbijt mogen eten – is onze goede balans tussen werk en privé. Wanneer je in Nederland fulltime werkt, zijn de werkuren in vergelijking met veel andere landen alleszins redelijk. Daarnaast wordt er in Nederland heel veel parttime gewerkt; vooral door moeders van jonge kinderen, al komen er de laatste jaren steeds meer vaders bij. Van alle

Europese landen heeft Nederland veruit de meeste parttimers, variërend van mensen die twee of drie dagen werken tot mensen die minstens één werkdag inruilen voor een papa- of mamadag. Dit geeft Nederlandse ouders de mogelijkheid om erg betrokken te zijn bij de opvoeding. Een goede balans tussen werk en privé brengt rust en regelmaat in een gezin, wat niet alleen de ouders gelukkig maakt maar zeker ook de kinderen. Hoewel parttime werken steeds vaker als 'deeltijddecadentie' wordt weggezet en zelfs vrouwonvriendelijk wordt genoemd ('Je moet financieel zelfstandig

Bij de geboorte van een baby trakteren we sinds jaar en dag op beschuit met muisjes. Bij de geboorte van een meisje werden sinds 1860 roze muisjes geserveerd, bij een jongen witte. Om de geboorte van Prinses Beatrix te vieren werden in 1938 oranje muisjes gecreëerd. Pas rond 1990 werden de blauwe muisjes geïntroduceerd. De 'muisjes' zijn gesuikerde anijszaadjes die een klein staartje lijken te hebben.

'U kunt het vertrouwen van uw kind winnen door zorgvuldig de drie R en toe te passen: rust, reinheid en regelmaat. Dus als je kind huilt en je vindt het vervelend: je mag ze slaan. Maar doe het rustig, doe het vooral regelmatig – en eerst je handen wassen. Er komt vanzelf een dag dat ze terug beginnen te meppen.'

CABARETIER FREEK DE JONGE IN 'DE GOEROE EN DE DISSIDENT'.

zijn!') geven veel Nederlandse moeders toch de voorkeur aan flexibiliteit. Ik heb zelf altijd fulltime gewerkt, maar omdat ik als schrijver meestal thuis werk, was het goed met het opvoeden van kinderen te combineren. Het feit dat wij grotendeels zelf kunnen kiezen hoe we ons gezinsleven inrichten is een bijzonder voorrecht waar we zuinig op moeten zijn.

Wat doen Nederlandse ouders nu eigenlijk met de extra uren die ze met hun kinderen kunnen doorbrengen? Het antwoord is: niet veel bijzonders. En dát is juist het bijzondere. De Nederlandse opvoeding blijkt behoorlijk no-nonsense te zijn. Om te beginnen blijven we overal gewoon naartoe fietsen: baby voorop, dreumes achterop, geen probleem. En vaders hebben zorgtaken. Dat vindt hier

Nederlandse kinderwagens veroveren de wereld

Bugaboo: de introductie van dit Nederlandse ontwerp veroorzaakte in 1999 een internationale revolutie in de vormgeving van kinderwagens. Het merk werd in 2002 wereldberoemd toen Miranda in *Sex and the City* achter een Bugaboo liep.

Joolz: internationaal bekend om hun design én het Geboortebos: voor elke online geregistreerde kinderwagen plant Joolz een boom in Colombia, in het gebied waar de Amazone begint. Het Geboortebos telt inmiddels al tienduizenden hectaren.

Greentom: deze Nederlandse fabrikant maakt de 'groenste' kinderwagens: het frame is van recycled plastic, de zitting en kap van gerecyclede plastic flessen en het matrasje van biologisch katoen, vlas en wol. De website heeft een teller met de miljoenen plastic flessen die reeds verwerkt zijn.

niemand bijzonder of speciaal, want dat ís het natuurlijk ook niet. Zelfs koning Willem-Alexander is met een draagzak gesignaleerd toen zijn dochters nog klein waren. Waarom ook niet? Mannen kunnen net zo goed babyhapjes maken, luiers verschonen en met de kinderwagen lopen. Een man die met de kinderen thuisblijft als zijn vrouw een avondje met vriendinnen weggaat, is niet 'aan het oppassen' – hij is gewoon thuis. Wat Nederlanders het liefst met hun baby doen? Rustig aan. Een beetje tutten in en om het huis. Samen lezen in boekjes van Dick Bruna. Even lekker uitwaaien met de wandelwagen, naar het bos of de kinderboerderij. We gebruiken geen *flashcards* zoals de Amerikanen, pushen geen versnelde ontwikkeling, volgen nauwelijks babyklasjes met 'verrijkende' activiteiten. Nederlandse ouders betrekken de baby liever bij het gewone gezinsleven; dat is voor zo'n kleintje vaak al spannend genoeg.

Hoewel er altijd een beetje lacherig over de 'drie R'en' van Rust, Reinheid en Regelmaat wordt gesproken, blijken wij deze regels – in een iets modernere variant – nog steeds toe te

passen. Uit een onderzoek dat in het *European Journal of Developmental Psychology* werd gepubliceerd, kwam naar voren dat Nederlandse baby's een beter slaapritme hebben dan Amerikaanse baby's. Zo slapen Nederlandse baby's van zes maanden twee uur per dag méér dan hun Amerikaanse collegaatjes. Volgens het onderzoek maakt dit hen niet alleen rustiger, ze lachen ook meer en laten zich makkelijker troosten. De R van Regelmaat is tegenwoordig niet zozeer gericht op 'de klok' als wel op herkenbaarheid, vertrouwdheid en herhaling: een baby is blij en tevreden wanneer hij weet waar hij aan toe is. Dus niet de ene keer slapen in de box en dan weer in het autostoeltje, maar op vaste tijden in zijn eigen bedje. Uiteindelijk werkt dat het beste – voor iedereen. Er is niet voor niets een populair rompertje met de tekst: 'Als ik niet slaap, slaapt er niemand.'

Ik heb drie boeken geschreven over zwangerschap, geboorte en opvoeden, en mijn uitgangspunt was dat niemand precies weet hoe het moet. Het ene kind is het andere niet en de theorie staat niet zelden haaks op de praktijk, dus het grootbrengen van kinderen is één grote werkstage. Je schippert voortdurend tussen wat leuk is en wat nodig, tussen lekker en verantwoord, tussen hoe het zou moeten en hoe het in werkelijkheid gaat. Ik vind het dan ook best bijzonder en eigenlijk ook wel geestig dat 'de' Nederlandse

opvoeding internationaal wordt geprezen omdat we van die gelukkige kinderen weten af te leveren. Een aantal Unicef-criteria, zoals de aanwezigheid van goede scholen, een veilige leefomgeving en toegang tot medische hulp, hebben niet zozeer met onze opvoeding te maken als wel het feit dat we de mazzel hebben dat we in Nederland wonen. Maar als er één ding is waarvan ik weet dat Nederlandse ouders het wel degelijk aan hun kinderen proberen mee te geven, is het vrijheid. De vrijheid om je uit te spreken, je eigen ding te mogen doen, voor jezelf op te komen én de vrijheid om je eigen fouten te mogen maken.

'Franse kinderen worden behoorlijk getraind in het gehoorzamen. De Nederlandse kinderen worden meer getraind hun eigen zegje te doen.'

RUUT VEENHOVEN, GELUKSPROFESSOR AAN DE ERASMUS UNIVERSITEIT VAN ROTTERDAM

Een kind is geen verlengstuk van jou, maar een nieuw individu met een eigen karakter en de bijbehorende wensen en talenten. Het is dan ook van belang dat je van je kinderen houdt zoals ze zijn, niet zoals jij zou willen dat ze zijn. Jouw taak is hen positief te stimuleren en aan te sturen op zelfstandigheid. Sportclubjes, muziekles of andere hobby's zijn belangrijke onderdelen van een gezonde en gelukkige jeugd (in Nederland is 80% van de kinderen tussen de 6 en 11 jaar lid van een sportclub), maar de week hoeft niet dichtgetimmerd te worden met activiteiten. Liever niet zelfs: er moet ook ruimte zijn om te niksen. Laat kinderen op straat spelen en met vriendjes afspreken zonder dat jij er de hele tijd bovenop zit. Zo ontdekken kinderen hun eigen kracht en handigheid: 'Lukt het mij over deze sloot te springen?' 'Wat heb ik nodig om een hut te bouwen?' Veel Nederlandse ouders vinden autonomie en zelfredzaamheid belangrijker dan strikte gehoorzaamheid, maar het is zaak om goede afspraken te maken: bij vrijheid hoort verantwoordelijkheid. Alleen buiten spelen is goed, maar er zijn uiteraard een aantal regels waar ze zich aan moeten houden. En gedrag heeft consequenties. Zoals mijn vader vroeger zei: 'Als je de verantwoordelijkheid niet aankan, maken we de vrijheid wat kleiner.'

Het Boomkroonpad op de Hondsrug bij Drouwen is een 150 meter lang pad van Staatsbosbeheer dat je over de toppen van het bomen leidt – een geweldige belevenis voor kinderen. In de bossen eromheen vind je wandelroutes en kabouter speurtochten, maar je mag er ook hutten bouwen én je kunt hulpboswachter worden.

Je kind hoeft natuurlijk niet altijd zonder jou buiten te spelen: het is ook erg leuk om samen de natuur in te gaan. Het bos is het hele jaar open, ieder seizoen is anders en het is veel goedkoper dan een pretpark. De natuur daagt je uit en stimuleert de zintuigen: je kunt kinderen laten voelen, ruiken en proeven wat het bos allemaal te bieden heeft, en eindigen met warme chocolademelk of een bezoekje aan een pannenkoekenhuis. Toen mijn broer en ik klein waren, nam mijn vader ons ieder weekend mee op lange wandelingen door het bos. Als bioloog was hij een echte dierenliefhebber, maar hij was ook een geboren verhalenverteller. Onderweg tilde hij stronken op om te laten zien wat voor wereld eronder

Natuurbelevingscentrum Oostvaardersplassen in Almere organiseert voor kinderen tussen 7 en 9 jaar de WOW-dagen: Wildernis Onder Water. Samen met een 'onderwater boswachter' gaan de kinderen, gewapend met emmertjes, schepnetjes en onderwaterkijkers op zoek naar alles wat er leeft in en op de Oostvaardersplassen. Een avontuur!

schuilgaat: het krioelde van de pissebedden, torretjes en wormen. Terwijl wij met grote ogen toekeken, liet hij spinnen en duizendpoten over zijn handen lopen om ze daarna voorzichtig terug te zetten op de grond.

Mijn vader zei altijd dat er geen 'vieze' dieren bestonden, en dat het niet eerlijk was om alleen schattige beesten leuk te vinden. Ook wormen en geleedpotigen hebben een belangrijke plek in de natuur. Hij wees ons op wilde bramen, mooi gekleurde bladeren en de parelachtige dauwdruppels in een spinnenweb. Als we paddenstoelen zagen, moesten mijn broer en ik ze heel stilletjes benaderen omdat we dan misschien kabouters zouden zien. Mijn vader raapte eikelkapjes van de grond en zei: 'Kijk, dit zijn de

alpinopetjes. De kabouters zijn nét weg en hebben hun mutsjes in grote haast achtergelaten. Volgende keer moeten we nog stiller zijn.' Het is nu 45 jaar later en mijn vader is er helaas niet meer, maar zijn verhalen in het bos kan ik me nog zó voor de geest halen. Dit is ook wat jóúw kinderen zich later zullen herinneren: de dingen die je samen hebt gedaan, de avonturen die je hebt beleefd – en de grote pannenkoek op het eind.

Nu we toch buiten zijn: vergeet het kind in jezelf niet. Ga weer eens op een wip zitten, of ervaar hoe het ook alweer voelde om heel hoog te schommelen. En weet je nog hoe ontspannend het is om te knutselen? Het kliederen met vingerverf en glitterlijm, het gevoel van natte klei in je handen – voor je het weet ga je er helemaal in op. Als mijn kinderen vroeger in een restaurant zo'n papieren puzzel-placemat kregen, zat ik als eerste met de wasco in mijn handen. Ik vind het dan ook geen wonder dat er zoveel kleurboeken voor volwassenen zijn; het is leuk en rustgevend om te doen. Er gaat vaak een mindfulness-sausje overheen, maar je hoeft natuurlijk niet per se lotussen en mandala's te kleuren om er plezier aan te beleven. Spelen met kinderen is een heerlijke vorm van niksen: doe gewoon mee met wat zíj doen. Als ze thuiskomen met eikels en kastanjes, pak dan zelf ook wat lucifers of tandenstokers en maak er een beestje van. Of een mannetje, mét alpinopet.

De natuurorganisatie IVN heeft zich gespecialiseerd in natuureducatie. Ieder voorjaar organiseert IVN samen met scholen de Slootjesdagen, waarbij kinderen de biodiversiteit van hun plaatselijke sloten gaan onderzoeken. Ze doen bijvoorbeeld waterdiertellingen, van onder andere bootsmannetjes, kokerjuffers en waterkevers. IVN organiseert ook Modderdagen waarop kinderen gaan spelen in de natuur. Én ze helpt scholen met het aanleggen van een BinnenBos: een educatieve vergroening van het leslokaal met een plantenwand en een junglehoek. Meer weten? www.ivn.nl

Een vlieger stijgt pas
op met tegenwind

TEGENSLAGEN HOREN ERBIJ

Gelukkig zijn betekent niet dat er nooit iets tegenzit. Er zal altijd iets tegenzitten; de werkelijkheid is nu eenmaal niet *insta-perfect.* Tegenslagen, verdriet en teleurstellingen zijn dingen des levens. Hoe eerder wij onze kinderen de handvatten geven daarmee om te gaan, hoe beter. Wanneer je kind verdrietig is, raakt je dat recht in je hart. Je eerste reflex is dan ook dat je wilt helpen – tenminste, zo heb ik dat ervaren. Bij iedere strubbeling wilde ik meteen ingrijpen, relativeren of opbeuren. Uiteindelijk heb ik gemerkt dat je er niet zoveel aan hebt wanneer je als een stel curling-ouders de levensweg van je kind probeert schoon te vegen. Weerbaarheid is een spier die ze zelf moeten trainen. Natuurlijk moet je ze helpen en ondersteunen; zeker bij grote, verdrietige gebeurtenissen zoals het overlijden van opa of oma. Maar het ontwikkelen van weerbaarheid zit ook in de kleine, dagelijkse tegenslagen zoals een feestje waarvoor ze niet zijn uitgenodigd, een selectieteam waarvoor ze niet zijn gekozen of een vriendje dat niet meer met hen wil spelen. Probeer boven alles te *luisteren* zonder dat je meteen oplossingen begint aan te dragen. Vragen als: 'Waarom doe je niet dit? en 'Waarom zei je niet dat?' zijn niet zo productief. In plaats van verwijtend te klinken, zou je iets kunnen proberen als: 'Hoe zou je dit kunnen oplossen?' en 'Wil je dat ik je help?' Maar wat er ook gebeurt: neem het verdriet serieus en stel je ervoor open.

'Ze worden aangemoedigd om overal en in alle weersomstandigheden te fietsen omdat het hen leert moedig te zijn. Ze leren dat het leven niet altijd zonnig en vol regenbogen is. Ze leren niet op te geven.'

AMERIKAANSE JOURNALISTE RINA MAE ACOSTA OVER WAAROM NEDERLANDSE KINDEREN DE GELUKKIGSTE VAN DE WERELD ZIJN

Ik weet nog goed dat het hockeyteam van mijn dochter Emma een keer volledig werd ingemaakt. Toen de meisjes met trillende lipjes van het veld kwamen, zei een van de omstanders quasi-opgewekt: 'Nou meiden, niet zo zielig kijken, hoor. Jullie hebben toch ook veel lol gehad?' Eh, nee, dat hadden ze niet. Ingemaakt worden is niet leuk, daar mag je best even chagrijnig over zijn. Kinderen staan sterker in het leven wanneer ze begrijpen dat alle emoties er mogen zijn. We moeten ze juist leren hoe ze tegenslagen op een goede manier kunnen uiten en doorvoelen: door die te accepteren worden ze eerder én gezonder verwerkt. Het is oké om te huilen – ook voor jongens. Het lucht enorm op, maakt ontspannen en helpt bij het accepteren. En één ding moet je niet vergeten: kinderen doen niet wat jij zegt, kinderen doen wat jij doet. Hoe ga jij zelf met teleurstellingen om? Trek je het behang van de muren of kun je het accepteren en er iets van leren? Mijn oma heeft vroeger eens tegen mij gezegd: 'Tegenwerking is de beste medewerking.' Ik heb er even over gedaan om te begrijpen wat ze bedoelde, maar het is een waarheid als een koe. Daar waar dingen niet lukken, zit de meeste mogelijkheid tot groei.

Het internationale HBSC-rapport (Health Behaviour in School-aged Children) publiceert iedere vier jaar zijn bevindingen over het welzijn van kinderen in 45 landen. Volgens het rapport van mei 2020 behoort Nederland tot de tien landen waar jongeren naar eigen zeggen het *minst* intensief

gebruikmaken van sociale media. Slechts twee tot vier procent meldt problematisch gebruik van sociale media, het laagste percentage van alle deelnemende landen. Mooie cijfers, een beetje verrassend ook, waarbij moet worden aangetekend dat deze resultaten zijn verzameld vóór de corona-crisis. Na jaren van duwen en trekken (Kom Eens Achter Dat Scherm Vandaan!) moésten kinderen opeens maandenlang achter hun computer zitten: voor thuisonderwijs, voor contact met hun vriendjes en met oma, voor het ontvluchten van de werkelijkheid in films en games. Aan de ene kant zijn online media tijdens de corona-crisis op veel manieren onze redding geweest, maar aan de andere kant vond ik het erg jammer dat kinderen, zelfs de kleintjes, uren op hun scherm moesten turen – iets wat wij als opvoeders nu juist probeerden in te dammen.

Hoewel het fijn is om te lezen dat Nederlandse kinderen relatief weinig op hun smartphone zitten *(vraagje: hoe lang zitten al die andere Europese kinderen dan wel niet aan hun telefoon geplakt?)* hebben veel ouders er toch moeite mee. Om het thuis gezellig te houden is het raadzaam het gebruik van smartphones niet te verbieden maar te reguleren. 'Geen telefoons aan tafel' is een eenvoudige maar duidelijke regel die je zo kunt invoeren – ook voor volwassenen. Dan kom je tenminste tot een écht gesprek. Wanneer je even

'Zet de televisie uit
en je leven aan!'
DIRECTOR
HOLLYWOOD
PRODUCTION
DIRECTOR
CAMERA
DATE
SCENE
TAKE

helemaal klaar bent met polderen en hardere maatregelen wil nemen, is de gratis Google-app Family Link een idee: daarmee kun je een daglimiet instellen, websites weren, een bedtijd bepalen én via gps bijhouden waar je kind uithangt. Gameconsoles als Nintendo Switch en Sony Playstation hebben een eigen app waarmee je een maximale speeltijd kunt invoeren. En dan is er nog Myndr, de handige wifi-dimmer die door de Nederlander Maarten Wolzak is ontworpen. Door de draaiknop in verschillende standen te zetten, kun je zelf bepalen welk deel van het internet je op dat moment 'binnen' wilt laten in je huis.

Maar welke maatregelen je ook neemt, één ding is zeker: online media zijn niet meer weg te denken uit het leven van onze kinderen. Smartphones, iPads, SnapChat en groepsapps zijn een onlosmakelijk verbonden met hun dagelijkse werkelijkheid. Wij als volwassenen vinden het al moeilijk om van onze telefoon af te blijven: we blijken er gemiddeld 221 keer per dag op te kijken. Bij alle notificaties licht het beloningscentrum van onze hersenen op als ware het verdovende middelen. Hoe zouden kinderen hier dan weerstand aan kunnen bieden? Maar juist in deze tijd zijn er ook positieve signalen. Heb je gezien hoe intens blij alle kinderen waren toen ze na de lockdown weer de straat op mochten en hun vrienden weer konden zien? En hoe ongemotiveerd studenten zijn, nu ze al bijna een jaar online college krijgen? Blijkbaar kan alle verplichte schermtijd zelfs de *digital natives* van Generatie Z te gortig worden. Als er iets positiefs uit de corona-crisis zou kunnen komen, dan is het hopelijk het besef dat wij het échte geluk vinden in de verbinding met onze medemens. Sociale media zijn ook een vorm van gezelligheid, maar al dat appen en mailen is verdunde interactie. Persoonlijk contact, *face to face*, zorgt voor een diepere, wezenlijke connectie.

Dus laten we niet lukraak verbieden, maar vooral ook aanbieden: kinderen zijn er altijd voor te porren om iets spannends met hun vriendjes te gaan doen. Neem ze bijvoorbeeld mee naar een museum! De tijd dat musea saai en stoffig waren en kinderen er vooral stil moesten zijn, ligt ver achter ons. Musea zijn tegenwoordig gericht op avontuur en interactie, op dingen dóen en zelf ontdekken. Er valt zoveel te beleven! Een paar suggesties voor musea die ik zelf erg leuk vind:

Het Nijntje Museum – Utrecht Is je kind gek op de boekjes van Dick Bruna? Ga dan naar het Nijntje Museum, waar alle kamers uit het huis van de familie Pluis zijn nagebouwd. Ook zijn er ruimtes zoals het verkeer, de dokter en de dierentuin. Kinderen vinden het geweldig: het is alsof hun favoriete prentenboek tot leven is gekomen.

Het Kinderboekenmuseum – Den Haag In dit doe-museum worden kinderen omringd door karakters uit hun favoriete verhalen. Ze kunnen bijvoorbeeld varen met Kikker, klimmen in Rupsje Nooitgenoeg,

schaatsen met Eend of de lift pakken met Abeltje. Kinderen kunnen ook een Boekambassadeur worden door in de Kinderboeken-ambassade een filmpje op te nemen waarin ze vertellen over hun favoriete boek.

Het PIT Veiligheidsmuseum – Almere
Zit je kind in de brandweerauto-fase? In het PIT Veiligheidsmuseum staan auto's, motoren, vrachtwagens, jeeps en allerlei ander rijdend materieel uit de geschiedenis van de politie, de brandweer, de medische hulpdiensten en de ME. Kinderen kunnen er geen genoeg van krijgen.

Het Mondriaanhuis – Amersfoort
Het geboortehuis van kunstenaar Piet Mondriaan, de man van de iconische zwarte lijnen en rode, gele en blauwe vlakken, heeft een doe-het-zelfatelier waar kinderen allerlei creatieve schilderworkshops kunnen volgen, zoals porselein beschilderen en schilderen op muziek.

—

Wil je je kinderen enthousiasmeren om naar een museum te gaan? Maak ze 'museuminspecteur'. Onder het motto: Bezoek, Onderzoek en Beoordeel kunnen kinderen tot 12 jaar punten uitdelen aan de musea die ze bezoeken. Het leuke is dat ze hun taak erg serieus nemen: het idee dat hun mening telt, inspireert kinderen om alles heel goed te bekijken en uit te proberen. Is dat nu niet slim bedacht? Wil je meedoen? Ga naar www.museumkids.nl en download de museuminspecteur-app.

—

Batavialand – Lelystad Hier ontdek je de geschiedenis van Nederland, het land van het water. Ontdekkingsreizen, de handel op zee, de strijd tegen het water – alles komt op een spannende manier aan bod. Er is ook een watertheater waar kinderen zelf dijken en bruggen mogen bouwen. Dé trekpleister is een replica van de 17e -eeuwse Batavia; een groot, houten VOC-schip. Het kanonschieten is een belevenis!

Het NEMO Science Museum – Amsterdam Dit wetenschapsmuseum is razend populair bij kinderen. Er zijn honderden spelletjes, proefjes en experimenten die op een leuke manier laten zien hoe techniek, natuurkunde, scheikunde en biologie werken. Bolbliksem, vuurtornado, een waterval van rook – je kunt het zo gek niet bedenken of je krijgt het te zien.

Novamedia, de Nederlandse stichting achter de Postcode Loterij, de VriendenLoterij en de BankGiro Loterij, is de één na grootste goede doelen-donor ter wereld. Alleen de Bill & Melinda Gates Foundation heeft méér geld aan goede doelen gedoneerd. Het geld dat Novamedia heeft uitgekeerd aan musea, natuurstichtingen en andere sociale en culturele projecten is inmiddels de 10 miljard euro (!) gepasseerd. Dus ook als je niks wint, weet je in ieder geval dat het geld van je loten goed wordt besteed.

Museumpark Archeon – Alphen aan den Rijn Het Archeon neemt kinderen mee naar de Steentijd, de Romeinse tijd en de middeleeuwen. Het park heeft meer dan veertig 'bewoonde' huizen, boerderijen en hutten waar mensen uit verschillende periodes je leren boogschieten, ijzer smeden of vuur maken. De gladiatorengevechten zijn spectaculair om te zien, en ook het jaarlijkse Romeinse festival is geweldig om mee te maken.

Het Nederlands Openluchtmuseum – Arnhem In dit prachtige park zie je het leven in Nederland door de eeuwen heen. Ruim honderd historische huizen, boerderijen, molens en andere locaties zijn naar dit park verplaatst, en worden nu 'bewoond' door traditionele ambachtslieden. Het is een nostalgisch park met oud-Hollandse charme, waar kinderen kunnen zien hoe vroeger brood werd gebakken en akkers werden geploegd met paarden.

Naturalis – Leiden In negen schitterende zalen worden kinderen meegesleept in het verhaal van onze aarde. Er is ongelooflijk veel te zien én te doen: kinderen kijken hun ogen uit naar alle dieren, van de IJstijd tot nu. Er zijn natuurlijk ook veel dino's, met als hoogtepunt het skelet van de *Tyrannosaurus rex* met de meest ongevaarlijke naam van Nederland: Trix.

In navolging van de Museumnacht is er op diverse plekken in Nederland ook een Museumnacht Kids voor kinderen van 4 tot 12 jaar. Kinderen vinden alles leuk wat na bedtijd plaatsvindt, maar in het donker naar een spannend museum is wel een heel bijzondere ervaring.

'Zolang er boeken zijn, kun je altijd ergens heen.'
SCHRIJFSTER MARION PAUW

PRIKKEL DE FANTASIE MET BOEKEN

Om kinderen van hun telefoon af te houden hoef je natuurlijk niet per definitie ergens heen; dichter bij huis is er ook genoeg te beleven – gratis en voor niks. Doe een greep in de verkleedkist en speel een spannend ridderspel in het park. Laat de kinderen een poppenkastverhaal bedenken en voer het op in de tuin. Zet stoeltjes neer voor het publiek en nodig vooral ook de opa's en oma's uit. Kinderen *zelf* een verhaal of avontuur laten bedenken is belangrijker dan ooit. We leven in een maatschappij die veel verder is 'ingevuld' dan vroeger. Alles is gevisualiseerd, een kind krijgt nog maar weinig ruimte om zelf iets te verzinnen. Ik luisterde in mijn jeugd naar een LP met sprookjes en bedacht daar hele werelden bij. Nu kunnen kinderen ieder verhaal in 3D ervaren, soms zelfs al in 4D. Zo raakt de eigen creativiteit steeds verder ondergesneeuwd. Maar weet je hoe je de fantasie van kinderen kunt prikkelen? Met boeken! Kleine kinderen zijn dol op lezen: ze vinden het heerlijk wanneer ze worden voorgelezen en ze zijn er erg trots op wanneer ze zelf eenmaal kunnen lezen. Je kunt niet jong genoeg beginnen met voorlezen, en je kunt er niet lang genoeg mee doorgaan.

Toen mijn kinderen jong waren, heb ik alle Harry Potter-boeken voorgelezen. (Het was trouwens onvoorstelbaar hoeveel zinnen begonnen met: 'Harry, Ron en Hermelien…' Na zeven boeken kon ik die namen niet meer zien. Zwerkbalwedstrijden van zes pagina's vatte ik op een gegeven moment maar samen met: 'Ze hebben gewonnen/verloren.') Emma en Alec hadden de boeken ook zelf kunnen lezen, maar het ritueel van 'mama in het midden en samen onder de dekens' vonden ze erg gezellig. En ik ook. Voorlezen hoeft niet alleen een bedritueel te zijn: wanneer je op allerlei momenten voorleest, pikken je kinderen vanzelf op dat lezen voor allerlei momenten ís. Als je voorleest, probeer het dan een beetje verhalend te doen; het hoeft geen hoorspel te zijn, maar het is leuk om het een beetje spannend te maken. Mijn moeder gaf me de tip om ieder boek een mooi plekje op de kinderkamer te geven. Zo maak je kinderen van jongs af aan duidelijk dat een boek iets bijzonders is. Daarnaast is het een idee ze enthousiast te maken voor de bibliotheek. Dat is een heuse schatkamer waar ze helemaal voor niks nieuwe boeken mogen uitzoeken. Let wel: de interesses van je kind zijn hierbij leidend. Dring geen boeken op waarvan jíj denkt dat ze 'zinvol' of literair zijn.

Zodra kinderen naar de middelbare school gaan, lijken ze van de ene op de andere dag hun interesse in het lezen van boeken te verliezen. Uit het internationale PISA-onderzoek (waarin elke drie jaar de leerresultaten van 15-jarige scholieren uit 77 landen worden vergeleken) is gebleken dat een kwart van de Nederlandse jongeren niet op niveau kan lezen. Wat betreft leesvaardigheid bungelt onze jeugd zelfs onderaan de lijst van OESO-landen. Hoe is dat mogelijk? Het allerergste vond ik dat van alle onderzochte landen Nederlandse 15-jarigen het *laagst* scoren op leesplezier: 63% leest alleen als het moet en 42% vindt lezen tijdsverspilling. Als moeder en als schrijver gaat me dit echt aan het hart. Ja, boeken moeten concurreren met TikTok, Netflix en Fortnite, en als je eenmaal gewend bent aan de snelle bevrediging van korte filmpjes, likes en kills, kan het lezen van Een Heel Boek misschien minder aantrekkelijk lijken. Het helpt ook niet dat een e-reader aangeeft hoeveel uur en minuten je nog 'moet'. Maar als dit de redenen zijn, dan zouden jongeren uit andere landen daar toch ook last van moeten hebben? Wat doen wij dan verkeerd?

De overheid is inmiddels een leesoffensief gestart om het plezier terug te brengen in het lezen. Zo worden populaire influencers ingezet om jongeren uit te dagen in zes maanden drie boeken te lezen. Misschien kunnen de verplichte leeslijsten ook eens worden opgeschoond,

In de Kinderboekenweek van 2020 werden zes verschillende kinderboekjes toegevoegd aan de McDonald's Happy Meals om zo het lezen te bevorderen. Er kwam behoorlijk wat kritiek op, maar ik vond het eigenlijk wel een grappig, out of the box idee. Nee, het is niet de Schijf van Vijf, maar kinderen associëren een Happy Meal met iets leuks, dus de kans is groot dat ze de boekjes welwillend hebben bekeken.

'Ik geloof dat zelfontwikkeling een veel grotere plek op scholen moet krijgen. Want dan haal je het meeste uit jezelf, kun je het meeste geven en krijg je een betere wereld, wat dat ook mag betekenen.'

RAPPER EN ONDERNEMER ALI B.

zodat de titels wat meer aansluiten bij de belevingswereld van tieners. Er is de laatste jaren een aantal frisse, nieuwe titels bij gekomen maar er staan nog steeds boeken op de lijst die ik ook al voor míjn eindexamen heb moeten lezen. Natuurlijk moet je op school iets over de Nederlandse klassiekers leren, maar gezien de belabberde PISA-cijfers is het alle hens aan dek. Mijn dochter las de dikke delen van *De Hongerspelen*, mijn zoon de hele *Grijze Jager*-reeks maar toen kwam de middelbare school en was lezen een gepasseerd station. Niemand kan met zekerheid zeggen waarom tieners zo massaal hun interesse in boeken verliezen, maar ik vermoed dat hierbij een aantal factoren een rol speelt. Ten eerste ligt de lat op de Nederlandse scholen erg hoog: jongeren krijgen veel huiswerk te verstouwen en moeten ook nog eens veel groepsprojecten maken. Een boek 'voor de lol' schiet er dan al snel bij in.

Verder heb ik gemerkt dat de boeken die ze voor school moeten lezen tot op de draad moeten worden geanalyseerd aan de hand van begrippen als tekststructuren en signaalwoorden. Daarnaast krijgen de jongeren vaak ook nog opgelegd welke symboliek ze in een boek moeten zien en welke gevoelens het bij de lezer zou moeten oproepen. Voor mij als schrijver staat dit alles haaks op het plezier dat je van boeken kunt hebben. Een boek is om van te genieten; het kan je naar andere werelden brengen. Maar zodra je een pagina moet doorpluizen op 'tegenstellende verbanden' en 'oorzakelijke verbanden' gaat het op corvee lijken. Aan de reacties van mijn lezers merk ik dat iedereen iets anders uit mijn romans haalt – dat is de magie van een boek. Maar op school móét

je bepaalde dingen uit een boek distilleren; een boek dat je vaak niet zelf hebt gekozen. Ik geloof dat tieners enthousiaster over lezen zouden kunnen zijn als de aangeboden titels én de manier waarop ze in de klas worden behandeld beter zouden aansluiten bij hun interessesfeer. Veel van hun favoriete films en tv-series zijn als boek begonnen, van *Harry Potter, The Maze Runner* en *Big Little Lies* tot *The Handmaid's Tale, Game of Thrones* en *The Fault In Our Stars*. De *verhalen* spreken de jongeren dus wel degelijk aan. Hengel ze met díé boeken binnen, en breid het lezen van daaruit verder uit. En laten wij als ouders vooral ook de tijd nemen om zelf te blijven lezen. Want als wij niet het goede voorbeeld geven door lekker met een boek op de bank te gaan zitten – wie dan wel?

Er is ook goed nieuws: de Nederlandse 15-jarigen scoren wereldwijd in de top-5 bij het begrip van wiskunde.

VEILIG GEHECHT

Eén van de leukste conclusies uit het eerdergenoemde HBSC-rapport van 2020 is dat Nederlandse kinderen een beter contact met hun ouders hebben dan kinderen uit andere landen. Van de Nederlandse 15-jarigen zegt bijna 90 procent dat ze goed met hun ouders kunnen opschieten en dat ze zowel met hun vader als met hun moeder kunnen praten over de problemen waar ze tegenaan lopen. In Nederland zijn we niet gewend aan al te sterke uitingen van autoriteit en hiërarchie: we streven naar een egalitaire samenleving waarin iedereen mag meepraten. Dat zie je heel duidelijk in de kringgesprekken op de basisschool, waar kinderen niet alleen op een speelse manier wordt geleerd zich ten overstaan van een groep te uiten, maar ook om te luisteren naar de gevoelens en ervaringen van anderen. Maar het begint al in de opvoeding, waar ouders niet van bovenaf regels dicteren maar vaak op hun knieën gaan zitten om kinderen in de ogen te kunnen kijken en hen te betrekken bij het reilen en zeilen van het gezin. Het gevoel te worden gezien en gehoord is belangrijk voor kinderen. Het geeft hen het vertrouwen dat ze over alles met hun ouders kunnen praten, zoals bijvoorbeeld over seksualiteit.

In buitenlandse artikelen over 'het geheim' van de Nederlandse opvoeding wordt niet zelden verbaasd gereageerd op het feit dat Nederland één van de laagste percentages tienerzwangerschappen ter wereld heeft, 'en dat terwijl tieners bij elkaar mogen blijven slapen'. Op zich zijn deze cijfers niet zo verrassend. Hoe eerder kinderen seksueel zijn voorgelicht, hoe later ze aan seks beginnen. Ik ben blij dat Nederlandse ouders daar goed met hun kinderen over kunnen praten. Ook op school wordt er aandacht aan besteed, zoals tijdens de nationale Week van de Lentekriebels. Seksualiteit is een belangrijk onderdeel van een gezond en gelukkig leven. Met behulp van goede voorlichting kunnen kinderen weerbaarder worden en zich beter leren beschermen. Ook is het van belang dat kinderen al op jonge leeftijd meekrijgen dat seksuele diversiteit in onze samenleving wordt geaccepteerd.

Hoewel het heel leuk en eervol is dat onze jongeren tegen de HBSC-onderzoekers hebben gezegd dat ze goed met hun ouders kunnen opschieten, is het in de Nederlandse gezinnen natuurlijk niet alle dagen feest. Júíst als pubers veilig zijn gehecht, zullen zij zich flink tegen je afzetten. Volgens de opvoedboeken zou je dit dan ook als een compliment kunnen beschouwen. Nou, in dat geval heb ik nog nooit zoveel complimenten gehad. Maar ondanks hun dwarse gedrag willen tieners stiekem maar al te graag bij de gezelligheid van het gezin betrokken blijven. Samen aan tafel gaan – zonder telefoons – is dé manier om de dag door te nemen en met

Empathie is de basis van tolerantie. Wanneer je je kunt inleven in anderen en waardeert dat er verschillen tussen mensen zijn, heb je meer compassie voor andermans emoties, gevoeligheden en gedrag. Voor een multiculturele samenleving als de onze zullen de verschillende groepen en gezindten er samen voor moeten zorgen dat we open, vrij en tolerant kunnen blijven. Dat kunnen we onze kinderen niet jong genoeg leren.

iedereen verbonden te blijven. Wat bij mij thuis ook goed werkte, was naar een klimbos gaan: een avontuurlijke manier voor jongeren om even uit hun hoofd te waaien en in hun lichaam te komen. Klimbossen vind je door heel Nederland met parcoursen op elk niveau, dus ook voor mij was er geen excuus om niet in de touwen te gaan hangen. Bonus: het uitlachen van een stuntelende moeder doet wonderen voor het puberhumeur.

Wil je graag iets gezamenlijks doen maar zie je jezelf niet zo snel over een touwbrug wiebelen, maak dan van één avond een vaste spelletjesavond – vriendjes en vriendinnetjes zijn uiteraard welkom. Bordspelletjes zijn goed voor de ontwikkeling: kinderen leren niet alleen winnen en verliezen, maar ook dat er altijd een nieuwe ronde is. Er zijn spannende bordspellen met één duidelijke winnaar, en strategische spellen waarbij je juist moet samenwerken. Je kunt kiezen

Het hoogste parcours van Nederland is Klimbos Garderen: daar klim je op 25 meter! Fun Forest Klimpark Almere heeft de langste zipline van Nederland in een vrije val van 13 meter.

voor een kort en grappig spel als Halli Galli of een wat langer dobbelspel als Yahtzee waarbij iedereen evenveel kans heeft. Komt er bonje van? O, zeker. Maar precies dát worden de verhalen waar je later om kunt lachen. Ik ga geregeld naar mijn moeder in Zuid-Limburg en mijn zoon gaat graag mee. Hij is dol op oma's kookkunsten (over die van mij kan hij kort zijn – en ik ook) maar er is nog een reden: spelletjes. Alec is gek op online spelletjes maar hij houdt ook heel erg van ouderwetse bordspelletjes. Dan heeft-ie aan mijn moeder een goeie. Zo ouderwets zijn die spellen overigens niet, maar voor jongeren is alles van vóór het jaar 2000 onderdeel van de klassieke oudheid. Ik ben opgegroeid te midden van spelletjes: mijn moeder en háár moeder zaten altijd te kaarten en te yahtzeeën aan de keukentafel, en ze gingen ook vaak samen kienen. Thuis speelden mijn moeder, mijn broer en ik spellen als Monopoly, Mens Erger Je Niet, Scrabble en Zeeslagje. Van dat laatste hebben we het speelveld jarenlang op een papiertje getekend voordat het als een 'echt' spel werd gelanceerd.

Mijn vader deed zelden mee met de familiespelletjes, die had daar het geduld niet voor. Hij kon eerlijk gezegd ook niet zo goed tegen zijn verlies. En verliezen, dat deden we allemaal want mijn moeder veegde iedereen van het bord af. Ze was overal even goed in. Zelfs in Yahtzee, een dobbelspel waarvan ik – simpele ziel – altijd dacht dat het een kansspel was, maar waarvan je het formulier ook tactisch blijkt te moeten invullen om maximale punten bij elkaar te schrapen. Mijn moeder had één stelregel: kinderen laat je níét winnen, daar leren ze namelijk niks van. En dus vlogen de pionnen geregeld door de keuken, want als kind heb je niet altijd zin in het leermoment van een verliespartij. En toch was het leuk. Heel leuk zelfs. Ik koester de herinneringen aan onze spelletjesavonden, lekker in je pyjama met warme chocolademelk en lange vingers.

Online gamen is heel solistisch. Dat speel je soms ook in een team, maar de leden kunnen door het hele land zitten. De dynamiek van een gezelschapsspel is veel directer: de spanning is voelbaar, de ontlading ter plekke. Door de jaren heen hebben Richard en ik veel bordspelletjes met onze kinderen gedaan. Richard en Emma spelen clean en zakelijk: wat moet hier gebeuren en hoe los ik dat zo gunstig mogelijk op? Ik ben best goed in woordspelletjes, maar Richard verslaat mij steevast met Scrabble omdat hij geen mooie woorden wil leggen maar combinaties die keiharde punten opleveren. Alec is ook een calculerende speler, maar bovenal is hij een echte liefhebber. En dus wil hij graag zijn oma verslaan, de grootste winnaar uit de familie. 'Eén ding moet je weten, oma,' zei hij laatst, 'ik laat senioren níét winnen. Daar leren ze niks van.' Als we aankomen bij mijn moeder thuis, staat alles al klaar: het Yahtzee-bord uit het jaar kruik, de vergeelde spelletjesdozen van enige decennia oud, een pan met haar heerlijke tomatensoep. Gelukkiger kan een mens toch niet worden?

10

HERFST

laat het los

De herfst is een bijzonder seizoen. De natuur kleurt warm oranje; je kunt weer een lekkere dikke trui aan, en als je thuiskomt van een wandeling is er herfstthee of een stoofpotje met rode wijn. In deze tijd van het jaar krijg ik zin in kaneel en kruidnagels; ik wil kaarsjes aansteken, met dikke sokken voor de open haard zitten en kijken hoe de regen tegen de ramen slaat. Dit is een geweldig seizoen om met kleine kinderen het bos in te gaan: er zijn allerlei sprookjesachtige paddenstoelen, zoals de vliegenzwam (rood met witte stippen), elfenbankjes of een heksenkring (paddenstoelen in een cirkel). Kastanje-beesten maken blijft een favoriet; dat is iets wat wij vroeger al deden, net als beukennootjes eten of walnoten rapen. Hoe eerder kinderen oog krijgen voor de wonderen van de natuur, hoe beter. Dat geldt eerlijk gezegd ook voor volwassenen. Wanneer je moe bent, is de verleiding groot om voor de tv te gaan hangen – waar je vervolgens nog apathischer van wordt. Pak liever een 'bosbad': een wandeling waarbij je je onderdompelt in de prachtige herfstkleuren en je laat meevoeren door de geur van mos en natte bladeren – daar knap je écht van op.

De ANWB licht ieder jaar een aantal mooie herfstroutes uit die je kunt wandelen of fietsen. Ze liggen door het hele land en trakteren je op al het moois dat de herfst te bieden heeft, in het bos of langs de heide. Kijk voor alle routes op www.anwb.nl

Ondanks de schoonheid van de natuur is de herfst méér dan paddenstoelen en pompoensoep; dit jaargetijde heeft ook een andere kant. Het gaat opeens rap richting de feestdagen; de tijd glipt uit je handen en het lijkt of de weken steeds sneller gaan. Toen mijn kinderen nog op school zaten, dacht ik vaak: 'Hebben ze nú alweer herfstvakantie?' En dan zijn er nog de vallende blaadjes. De herfst staat in het teken van loslaten; de natuur trekt zich terug, er is minder daglicht, minder warmte – de zomer is nu echt voorbij. Ik kan soms best sterk op deze overgang reageren, meer dan op de overgang van herfst naar winter. Het is een gevoel van melancholie en gemis waarbij ik de behoefte krijg wat meer in mezelf te keren. Een langzamer tempo, tijd voor reflectie, meebewegen met het natuurlijke ritme. De westerse mens heeft zich grotendeels losgemaakt van de seizoenen, maar velen van ons voelen de cyclus nog steeds: de donkere dagen hebben wel degelijk effect op onze geest. Ook op die van mij. Als het buiten stormt, stormt het soms ook in mijn hoofd. Maar ik vind het geen vervelend gevoel; het is eerder verrijkend. Het maakt me dankbaar voor alles wat er wél is, groot en klein. Bovendien geeft het me ieder jaar de motivatie om een grote opruiming te houden: in mijn hoofd, in mijn agenda, in mijn huis. Én in mijn garderobe.

'Geluk is overal, maar we zien het niet altijd. We zijn als iemand die zijn autosleutels zoekt, terwijl die gewoon in zijn broekzak zitten.'

VIETNAMEES-NEDERLANDS BOEDDHISTISCHE LERAAR CUONG LU

high fashion
high cost

AMSTERDAM FASHION WEEK

Met de Amsterdam Fashion Week voor de deur is de herfst een uitgelezen moment om mijn kledingkast niet alleen op te ruimen, maar ook eens kritisch te bekijken. De meeste mensen (onder wie ikzelf) worden vrolijk van het kopen van nieuwe kleren, maar het is goed om je te realiseren dat dit vooral door het moment van aankoop komt. Leuk pakpapier, een mooie draagtas, de belofte van een 'nieuwe jij': als je aan het shoppen bent, ga je altijd blij naar buiten. Dát is wat je zoekt – niet méér kleding. Het schijnt zo te zijn dat je slechts 20 procent draagt van alles wat er in je kast hangt. Door de goedkope *fast fashion* blijf je stouwen; je kasten puilen uit en nóg heb je het gevoel dat je niets hebt om aan te trekken. Te veel keuze maakt een mens onrustig. Je kunt beter een paar mooie, goed te combineren kledingstukken hebben waar je écht dol op bent dan een kast vol floddertjes. De verleiding om iets te kopen dat je eigenlijk niet nodig hebt, is echter heel groot. Trends wisselen elkaar razendsnel af, en bij de grote modeketens hangt elke week iets nieuws in de winkel. Mensen kopen dan ook veel meer kleding dan vroeger, maar ze dragen ieder item minder vaak.

Fast fashion is veel te goedkoop; een T-shirt voor €2,99 is geen realistische prijs. Het betekent dat iemand anders de rekening heeft betaald: zijn het niet de slecht betaalde werknemers in lagelonenlanden, dan is het wel het milieu. Ik vond het choquerend om te lezen dat het produceren van 1 katoenen T-shirt maar liefst 2700 liter water kost, en het produceren van 1 spijkerbroek 10.000 liter. De productie van kleding is zelfs verantwoordelijk voor 10% van de wereldwijde CO_2-uitstoot. Gelukkig worden steeds meer mensen zich hiervan bewust; niet in de laatste plaats de mensen in de mode-industrie zélf. Begrijp me niet verkeerd: mode is leuk, nieuwe kleding is fijn en de perfecte jurk vinden kan een mens echt gelukkig maken. Maar in deze tijd van overproductie is het goed om te kijken hoe we het proces kunnen verduurzamen.

In 2019 sloten couturehuizen zoals Gucci, Saint Laurent, Armani, Hermès, Chanel en Burberry het Fashion Pact: de afspraak om tussen 2030 en 2050 tot een volledig klimaatneutrale mode-industrie te komen. Ook grote winkelketens als Zara, GAP en H&M hebben zich hierbij aangesloten. De inkt onder dit pact was nog niet droog of daar kwam 2020 met de corona-crisis, waardoor alle goede voornemens die over 25 jaar zouden worden uitgesmeerd een urgente duw voorwaarts hebben

Influencer Sandra Kleine Staarman had jarenlang een zeer succesvol modeblog totdat zij zich realiseerde wat voor zware wissel de mode-industrie trekt op het milieu. Ze was helemaal klaar met het consumentisme en de fast fashion en besloot unfluencer te worden: tegenwoordig laat Kleine Staarman juist zien hoe je kunt ontspullen. Ze probeert haar volgers te inspireren een 'mode-dieet' te volgen om zo hun koopdrang aan te pakken.

gekregen. De Parijse couture week ging voor het eerst volledig digitaal: ruim dertig ontwerpers lieten hun collecties zien via video's. Ontwerper Dries van Noten pleitte voor aanpassingen van het modesysteem: het moet duurzamer en meer gericht op het seizoen, dus geen bikini's meer in februari en zomeruitverkoop in juni. De productie mag ook wat minder: na de corona-lockdown zei Alessandro Michele, creatief directeur van Gucci, dat hij van vijf shows per jaar terug wilde naar twee.

Wat heeft dit met Nederland te maken? Een heleboel. De koers van de grote namen uit de mode-industrie heeft zijn weerslag op de Nederlandse winkelstraten. En op de Amsterdam Fashion Week, die door de populariteit van de Nederlandse mode is uitgegroeid tot een evenement van formaat. Ja, je leest het goed: de Nederlandse mode is populair. Misschien denk je nu: wáár dan? Wanneer je op een gemiddelde herfstdag om je heen kijkt, lijkt onze kleding bovenal praktisch te zijn: je moet het lekker heet kunnen wassen en er goed mee kunnen fietsen. Een regenjack, een makkelijk kapsel, een driekwartbroek en verstandige schoenen zijn vertrouwde onderdelen van het *Dutch Fashion Starter Pack*. Tenminste: zo lijkt het. Want het leuke is: Nederlandse modeontwerpers zijn internationaal heel succesvol. Een greep uit de namen:

Viktor&Rolf: Viktor Horsting en Rolf Snoeren staan bekend om hun grote mouwen, strikken en het populaire eau de parfum Flowerbomb. Vanuit het oogpunt van duurzaamheid gebruiken ze graag vintage materialen of stoffen uit hun eigen archief, die ze ontrafelen en opnieuw laten weven.

Daily Paper: Abderrahmane Trabsini, Jefferson Osei en Hussein Suleiman begonnen in 2008 een blog over mode, muziek en sport. Dat groeide uit tot een zeer succesvol internationaal *streetwear* merk, met verkooppunten in 28 landen en een eigen winkel in New York. Ze putten inspiratie uit hun Marokkaanse, Ghanese en Somalische *roots*, en vertalen hun passie voor mode, muziek en straatcultuur in kleding.

Iris van Herpen is een Nederlandse ontwerper die kunst, dans, architectuur en technologie in haar ontwerpen integreert. Haar beroemde *skeleton dress* is aangekocht door het Costume Institute van het Metropolitan Museum of Modern Art in New York. De jurken van Iris van Herpen zijn *statement pieces* en worden graag gedragen op de internationale rode lopers.

Ronald van der Kemp is voor zijn RVDK-label altijd op zoek naar overgebleven rollen stof, oude partijen die ergens liggen opgeslagen of restpartijen die iedereen is vergeten. Hij is tegen verspilling en overproductie, en voorstander van het hergebruik van bestaande materialen. Zijn *Army of Love*-collectie uit 2020, waarbij gemaskerde modellen met witte vlagen zwaaiden, symboliseerden overgave aan een duurzame toekomst.

Rushemy Botter en Lisi Herrebrugh: dit jonge design-duo creëerde samen het veelgeprezen mannenlabel Botter dat hoeden, sjaals en jassen maakt uit gerecyclede plastic tassen en flessen. In 2018 werden ze aangesteld als de nieuwe hoofdontwerpers van Nina Ricci in Parijs. 'Er werd lange tijd vooral over duurzame mode gepraat,' zei Herrebrugh in een interview met Fashion United, 'maar vandaag de dag kunnen we het ook zien.'

Duncan Lantink was een van de eerste designers die koos voor upcycling: hij gebruikt *designer overstock*, oftewel overgebleven designerkleding die hij opdiept uit tweedehandswinkels of rechtstreeks van de modehuizen betrekt. Uit al deze stukken creëert hij razend populaire nieuwe mode-items die hij 'collages' noemt, als protest tegen de milieuvervuilende overproductie van de modewereld.

Jong talent: **Hodan Yusuf (28)** is oprichter van het succesvolle haarwrap en tulbandmerk Turbrand. Een stukje van een instagramvideo van Hodan werd zelfs gebruikt in Beyoncé's documentaire *The Gift*.

Daily Paper lanceerde in 2020 in samenwerking met het Van Gogh Museum een Daily Paper x Van Gogh collectie, ter ondersteuning van het project Van Gogh Connects. Hiermee wil het museum een brug slaan tussen klassieke kunst en de jeugdcultuur, en de inclusiviteit in de kunstwereld vergroten.

GELUK KUN JE LENEN

Het is mooi en veelbelovend om te lezen dat enkele grote namen uit de Nederlandse mode-industrie al druk bezig zijn hun maakproces te vergroenen. Maar wat zouden wij zelf, aan de consumentenkant, kunnen doen?

✦ Houd grote opruiming in je kast, al dan niet met behulp van een opruimcoach, het boek van Marie Kondo of de lessen van styliste Manon Meijers, die als *Style Shrink* laat zien hoe je met een paar items je eigen stijl kunt samenstellen. Bewaar alleen de kleding die je echt graag draagt. Zie je lege kast vooral níét als startschot voor nieuwe aankopen, maar geniet van de rust en het overzicht.

✦ Breng kleding die je niet meer draagt naar een kringloop- of tweedehandswinkel en ga er zelf ook eens neuzen. Websites als Vinted, Marktplaats, The Next Closet en Designer Vintage hebben samen met vele boetiekjes een enorm aanbod gecreëerd.

✦ Laat kapotte kleding repareren in plaats van het weg te gooien; probeer á la Duncan Lantink van meerdere items één nieuw stuk te creëren (onze moeders zijn vaak nog heel handig met een naaimachine) of houd een ouderwets ruilmiddagje met je vriendinnen.

✦ Mijn man Richard brengt zijn oude pakken en overhemden naar Dress for success in Amsterdam: een non-profit waar zowel mannen als vrouwen met een minimuminkomen een gratis sollicitatie-outfit kunnen uitzoeken. De eerste indruk is altijd belangrijk, en bij Dress for success word je aan een professionele outfit geholpen als ondersteuning bij het solliciteren.

✦ Doe niet mee aan uitverkoopgektes als Black Friday. Je koopt dan vaak alleen maar om het kopen of omdat er een fikse korting op lijkt te zitten, maar níéts kopen is uiteindelijk het allergoedkoopste.

✦ Wanneer je niet-milieuvriendelijke stoffen wast, komen er microdeeltjes plastic in het spoelwater terecht die vervolgens afdrijven naar de oceanen. Dus kijk goed naar het label. Wél milieuvriendelijk zijn linnen, biologisch katoen, wol, recycled denim, recycled polyester en recycled nylon. Niet milieuvriendelijk zijn nieuw polyester, nieuw nylon, fleece, bont, nepbont.

✦ Er komen steeds meer winkels waar je mooie kleding of tassen kunt lenen (huren) vanuit het idee dat mode duurzamer en bewuster gebruikt kan worden. Zoals LENA The Fashion Library in Amsterdam, Kledingbibliotheek Bij Priester in Den Haag of Outfit Library LESS in Arnhem.

✦ Er zijn tegenwoordig zelfs prachtige trouwjurken die je kunt huren, en er is ook een groot aanbod aan vintage trouwjurken. Een tweedehands trouwjurk is voor veel bruiden waarschijnlijk een brug te ver, want trouwen in een 'maagdelijke' witte jurk is een romantische traditie. Maar het blijft een beetje gekkigheid om voor één dag zoveel geld uit te geven. Je zou ook kunnen kiezen voor een witte jurk die je na je trouwdag vaker kunt dragen, of van tevoren met de bruidswinkel afspreken dat zij de jurk terugnemen en doorverkopen.

'Het hoeft niet perfect te zijn, maar je kunt je publiek wel de goede kant op sturen.'

SERENA VERBON, VAN SHOPLOG *BEAUTYLAB*, OVER BEWUSTWORDING ROND DUURZAAMHEID EN TWEEDEHANDSKLEDING

✦ Bezoek in Amsterdam de Fashion for Good Experience: een interactief museum waar ze je alles vertellen en laten zien over innovatie en duurzaamheid de mode-industrie. In de Innovation Lounge zie je welke nieuwe, milieuvriendelijke technieken er zijn, en je kunt er je eigen, duurzame T-shirt ontwerpen.

✦ A Beautiful Mess is een lokale textielfabriek in Nederland, opgericht door Naz Kawan, waar de talenten van gevluchte kleermakers worden ingezet om uit gerecyclede restmaterialen nieuwe kledingcollecties te maken.

✦ Draag kleding waar je blij van wordt. Of een kledingstuk jou een goed gevoel geeft, is een beter criterium dan of het in de mode is. Met kleding kun je onderstrepen wie je bent, spelen met je identiteit of uiting geven aan je gevoelens. En laat je niks wijsmaken: je bent nooit ergens te oud voor (alleen babykleertjes hebben een leeftijdsaanduiding) en de perfecte maten bestaan niet. Draag wat jóú gelukkig maakt. Bewustwording is goed, heel goed zelfs, maar je kledingkeuzes hoeven niet altíjd groen en verantwoord te zijn. Ook hier geldt: het doel is progressie, niet perfectie.

LICHTJES IN HET DONKER

De herfst kan soms wat donker en stormachtig zijn, maar gelukkig worden er in dit jaargetijde overal in Nederland feesten en evenementen georganiseerd die licht, gezelligheid en verbinding brengen. In 2020 kon een aantal van deze activiteiten door de corona-maatregelen niet doorgaan of slechts in een aangepaste vorm plaatsvinden, maar toch wil ik ze graag benoemen alsof ze er gewoon zijn – noem het nostalgie of juist hoop voor de toekomst.

In het Gelderse Groesbeek worden ieder jaar in de laatste week van september de Nederlandse Wijnfeesten gehouden. Groesbeek is door de heuvelachtige omgeving uitgegroeid tot hét wijndorp van Nederland: de wijnen hebben inmiddels meer dan dertig internationale medailles gewonnen. Er is een mooie fietsroute door het bosrijke en heuvelachtige gebied: de Wijnroute Groesbeek, waarmee je langs wijngaarden en wijnhoeves gaat, en er is zelfs een NK-wijnvatrollen. Maar de driedaagse Wijnfeesten zijn natuurlijk vooral bedoeld om lekker te genieten en veel Nederlandse wijnen te proeven.

Heb je de smaak te pakken, dan kun je half oktober nog een tandje bijzetten in het Limburgse Sittard: daar wordt ieder jaar het Oktoberfest gevierd. Dit 'grootste najaarsfeest van het zuiden' is een vijfdaags muziek- en bierfestival volgens de Duitse traditie, met immens grote feestpaviljoens, *Biergartens*, parades én zaagwedstrijden: wie kan de meeste planken uit een boomstam zagen? De bedoeling is dat je in *Trachten* kleding komt, dus de dames in een *Dirndl* en de heren in een *Lederhose*.

Pompoenen zijn heus niet alleen Amerikaans: iedere herfst wordt het NK Pompoen Kweken gehouden, in de Botanische Tuinen van Utrecht. Vorig jaar won een pompoen van 669 kilo, dus een kweker moet van goeden huize komen. Maar er zijn nog meer wedstrijden: onder andere voor de grootste zonnebloemknop en de langste snijboon. Wat een heerlijke en gezellige kneuterigheid.

Geen kostuum uit de feestwinkel, maar iets moois. Het Oktoberfest heeft zijn eigen Wiesencamping, dus na een dagje bieren kun je zó doorrollen naar een opblaasbed.

Denk je bij het perfecte herfstgevoel meer aan stilte en inspiratie? Ga dan eens naar de prachtige Japanse Tuin van Landgoed Clingendael in Den Haag. Sinds ik met Richard een rondreis door Japan heb gemaakt, ben ik een liefhebber van Japanse tuinen: de serene rust en de natuurlijke esthetiek zijn een lust voor het oog. De tuin bij Landgoed Clingendael is aangelegd rond 1910, met authentieke, uit Japan overgebrachte attributen als stenen lantaarns, houten bruggetjes en watervaten – uniek in Nederland. De tuin mag maar een beperkt aantal weken per jaar worden bezocht, waaronder twee weken in oktober. Een aanrader!

Een andere gezellige activiteit in oktober: met je kinderen naar een pompoenveld gaan, samen mooie exemplaren uitzoeken en ze thuis uithollen tot een *spooky* Halloween lantaarn. Ja, Halloween is wéér zoiets dat is overgewaaid uit Amerika, maar de kinderen vinden het hartstikke leuk: een bezoekje aan het pompoenveld doet het altijd goed, en het snijden van de lantaarn is een leuk klusje om samen (aan de hand van een YouTube tutorial) te ondernemen.
Het is vroeg donker in de herfst; een

perfect moment om mooie lichtfestivals te organiseren. Zo kun je ieder jaar in november genieten van GLOW in Eindhoven: een internationaal lichtkunstfestival met een wandelroute van vijf kilometer langs dertig lichtkunstwerken, vol nieuwe lichttechnieken of spectaculaire projecties. Dat Eindhoven 'de lichtstad' wordt genoemd heeft overigens niets met Philips te maken, maar met het feit dat de stad aan het einde van de 19e eeuw dé plek was waar lucifers werden geproduceerd. De luciferhoutjes, gemaakt van Brabantse populieren, gingen de wereld over totdat de gasaansteker ze in de jaren '70 de das omdeed. De gloeilampen van Philips hebben het imago van 'de lichtstad' opgepakt en verder gedragen.

Richard en ik woonden nog niet zo lang met baby Emma in Muiderberg toen we op de avond van 11 november werden verrast door een sliert zingende kinderen met doorweekte lampionnen. Het bleek Sint-Maarten te zijn; een dag waar ik weliswaar van

TIP

In het voormalige energiehuis van Philips in Eindhoven zit een geweldig restaurant: Radio Royaal, waar je eet tussen de industriële oude ketels en hogedrukmeters.

had gehoord, maar die ik nooit zelf had meegemaakt. Sindsdien hebben we ieder jaar snoepzakjes in huis, want de kinderen staan niet voor de kat z'n kanarie 'De koeien hebben staarten' te zingen: mini-marsjes willen ze zien. Het ene jaar liep ik met onze kinderen langs de deuren en bleef Richard thuis om de hordes van snoep te voorzien, het andere jaar deden we het andersom. De lampionnen werden meestal op school geknutseld: vaak uit lege melkpakken want die kunnen tegen de onvermijdelijke regen, en je kunt er 'glas-in-loodramen' in maken van vliegerpapier. De achterliggende gedachte van het lampionnetje is eigenlijk dat het kinderen leert dat hun innerlijke licht hen door de donkere dagen kan loodsen. Die boodschap is niet helemaal blijven hangen, vrees ik. Toch doet Sint-Maarten iets met de kleintjes: ze vinden het reuze spannend dat ze in het donker de straat op gaan en dat ze moeten zingen voor vreemden. Maar met papa of mama bij het tuinhek (en een doosje Smarties toe) durven ze toch heel dapper te zijn.

Sint-Maarten is een knusse en onschuldige traditie die je ook bij jóu in de buurt zou kunnen opstarten. Bespreek het eens met de school van je (klein)kinderen, misschien zijn er meer mensen in jouw woonomgeving die het zouden willen introduceren – al kun je er natuurlijk ook gewoon zelf mee beginnen.
Voor kinderen is de herfst sowieso één groot feest, want ze rollen van

Sint-Maarten via het Sinterklaas Journaal, de intocht en het schoentje-zetten naar pakjesavond op 5 december. De lekkernijen waar we met Sinterklaas van genieten zijn een unieke verzameling Nederlandse zoetigheden: pepernoten en kruidnoten, speculaasjes en taaitaai, schuimpjes en marsepein, kikkers en muizen. Én natuurlijk de chocoladeletter. Toen ik klein was, vond mijn broer Clark het al moeilijk te geloven dat er in zijn C evenveel chocolade zat als in mijn D, en ook voor de kinderen van nu (zoals de dochters van een vriendin van mij: Eline en Lisanne) blijft dat een twistpunt. Verder hebben de kleintjes geen problemen met Sinterklaas; het is voor hen één groot, magisch feest. Er zijn wel nog wat volwassenen die het moeilijk vinden dat de Zwarte Piet uit hun jeugd, aan wie zij zelf zo veel goede herinneringen hebben, is veranderd in een Pakjes Piet met roetvegen. Tradities staan echter niet in steen gebeiteld; met de komst van koning Willem-Alexander is Koninginnedag ook probleemloos van naam en datum veranderd. De Roetpiet sluit naadloos aan bij het verhaal van Sinterklaas: de cadeautjes komen nog steeds door de schoorsteen, de schoentjes kunnen gewoon worden gezet en het strooigoed rolt evengoed door de kamer. Maar dankzij de Piet met roetvegen – zonder kroeshaar, gouden oorringen en dikke, rode lippen – krijgen álle kinderen goede herinneringen aan het Sinterklaasfeest. En dat is uiteindelijk het enige waar het om gaat.

'Wees niet zo druk met de buitengewone momenten dat je vergeet te genieten van de gewone momenten: de momenten die je het meeste zou missen wanneer ze weg zouden vallen.'

PSYCHOLOOG EN LIFECOACH KELLY WEEKERS

11

WINTER

Het seizoen van de stilte

In Nederland begint het winterseizoen op 21 december, maar de wintertijd gaat al in op de laatste zondag van oktober. Deze dag wordt ook wel de Dag van de Stilte genoemd, vanuit het idee dat je het 'extra uur' kunt gebruiken voor wat meer stilte en bezinning in je leven. Er wordt die zondag een aantal stilte-activiteiten georganiseerd en er is ook een stilte-uur, van 11.00 tot 12.00 uur. Het is heel bijzonder om dat uur met meerdere mensen door te brengen. Wanneer je in je eentje mediteert, creëer je een rustmoment voor jezelf. Maar wanneer je samen in stilte bent, ontstaat er een krachtige, collectieve energie die het gevoel intensiveert. Hoewel een dag van stilte een mooi begin is, zou de winter het *seizoen* van de stilte kunnen zijn. Het heeft er alle ingrediënten voor in huis: de natuur doet een stapje terug, de kracht vloeit naar de wortels, veel dieren gaan in een winterrust. Zou leven in een lagere versnelling niet ook voor ons heilzaam kunnen zijn? Stilte is meer dan 'geen geluid'; het kan ook minder ruis van sociale media betekenen, of iets meer afstand van de jachtigheid van het moderne leven.

'We leven zo vluchtig en er gebeurt zoveel om ons heen en we zijn altijd maar bereikbaar, dat er veel verloren gaat en niet verwerkt wordt als er niet stiltemomenten zijn.'

PRINSES IRENE VAN LIPPE-BIESTERFELD,
COMITÉ VAN AANBEVELING VAN DAG VAN DE STILTE

In Franeker drink je natuurlijk een Planetenpils, of zoals ze het zelf zeggen een 'eiskoud' biertje met het gezicht van Eise Eisinga op het etiket.

De commerciële belofte van Het Grote Geluk wordt voor onze neus gehouden als een wortel aan een hengel: je krijgt het nooit écht te pakken maar je bent er *bijna*. Alleen nog even dat ene stapje extra: een grotere tv, een nieuwe telefoon, een verre reis – koop jezelf gelukkig! Ik herken het maar al te goed, want ik ben er zelf ook gevoelig voor. Als mijn moeder vroeger ergens over piekerde, ging ze een potje patiencen, daar werd ze rustig van. Ik ga online winkelen. Het scrollen langs rijen met kleding heeft wel iets weg van patiencen: het heeft hetzelfde verdovende effect. Onderweg klik ik van alles in mijn mandje, maar ik reken het zelden af. Hoezeer de spullen me ook toelachen, ik weet uit ervaring dat nieuwe kleding het probleem waar ik mee zit niet gaat oplossen; het zal het hooguit tijdelijk toedekken. Verdriet hoef

je niet 'weg te klikken' – dat zal in de meeste gevallen ook niet lukken. Je hoeft ook niet altijd alleen maar positief te zijn; een teleurstelling mag je best doorvoelen. De decembermaand is hét moment voor reflectie. Maak ruimte voor kwetsbaarheid. Heb compassie met jezelf. En ga naar buiten, want in de winter ligt het geluk letterlijk op straat.
Hoe lekker is het om je aan te kleden met zo'n beetje alles wat je hebt, plus een muts, een sjaal en handschoenen? Een winterwandeling geeft een koud neusje en rode wangen, en een heerlijk tintelfris gevoel. Ik houd van de geur van houtkachels in de koude avondlucht, van fietsen met een stormwind in mijn rug, van het kijken naar vogeltjes die blij zijn met een voederbol. Hoe mooi is een spinnenweb met kristallen draden, hoe lieflijk de dwarrel van dikke sneeuwvlokken? Ik verheug me op mijn warme flanellen lakens, een koffie verkeerd met een dikke laag schuim, het knappen en sissen van de open haard.
In heldere winternachten worden we ook regelmatig getrakteerd op een sterrenhemel. Dat is niet alleen mooi, het kijken naar miljoenen sterren blijkt ook goed te zijn voor je humeur. Volgens een onderzoek van de Universiteit van Berkeley kan de grootsheid van een sterrenhemel gevoelens van stress verminderen: het uitzicht doet je beseffen dat je onderdeel bent van een immens geheel. De vele 'lichtjes in het donker'

In de Kaapse Bossen op de Utrechtse Heuvelrug bij Maarn ligt Het Stilste Plekje van Nederland. Om dat te markeren, is er een bankje neergezet aan de rand van een prachtige open plek. Er is een flinke wandeling voor nodig om het bankje te bereiken – wat misschien maar beter is als het stilste plekje stil wil blijven. Op het bankje is een plakkaat aangebracht met een citaat van dichteres Henriette Roland Holst: 'De stilte der natuur heeft veel geluiden.'

PLANETARIUM
ANNO
1768

geven hoop en troost. Dus trek een warme jas aan en ga kijken; na zo'n avondwandeling kom je met hernieuwde energie thuis.

Wanneer je in de sterrenhemel bent geïnteresseerd, moet je zeker eens het Planetarium van Eise Eisinga bezoeken, het oudste nog werkende planetarium ter wereld. In 1774 joeg een bekende Friese predikant de bevolking schrik aan door te stellen dat het einde der tijden nabij was door een bijzondere samenstand van de planeten. Wolkammer Eise Eisinga was een enthousiast wis- en sterrenkundige. Hij wilde mensen geruststellen door in zijn woonkamer in Franeker een bewegend model van het zonnestelsel te bouwen, zodat iedereen met eigen ogen de stand van de zon zou kunnen zien en de banen van de zes planeten die eromheen draaien. Het zou uiteindelijk zeven jaar duren voordat hij zijn planetarium had voltooid, maar het resultaat is fenomenaal. Sinds het in 1781 in werking is gezet, volgt het model van Eisinga nauwkeurig de actuele stand van de planeten. Het prachtig versierde planetarium is indrukwekkend om te zien, maar ook de techniek die erachter zit is de moeite van het bekijken waard. Het is bijna onvoorstelbaar dat iemand dit in de 18e eeuw met de hand heeft gebouwd en dat het nog steeds tot op de minuut accuraat is.

'Het om je heen kijken, bomen, bladeren, insecten zien, wordt zachte fascinatie genoemd. Dat is het tegenovergestelde van harde fascinatie: de dingen die we bijvoorbeeld in de stad zien, die onze aandacht opeisen, energie kosten. Van zachte fascinatie laden we op.'

WANDELCOACH
BABETTE ENGELGEER

Het Planetarium staat op de nominatie om in 2022 te worden opgenomen in de lijst van UNESCO Werelderfgoed. Wil jij het museum bezoeken of weten wat er nog meer te zien en te doen is? Ga naar www.planetarium-friesland.nl

WINTERWONDERLAND

Je moet er vroeg voor uit de veren, maar de winterse schoonheid van het Hollandse ochtendgloren is absoluut de moeite waard. Rijp, grondmist en nevelbanken maken van een eenvoudig weiland met een slootje en knotwilgen een *picture perfect* winterwonderland. Ook het avondrood is in de wintermaanden een klasse apart: de roze, soms zelfs paarse luchten maken de oranjerode zonsondergang nog mooier dan in de zomer.

'Ik ben in armoede opgegroeid, maar in landschappen vond ik rijkdom. De vogels in bomen, de geur van het land... Je kunt jezelf tevredenstellen met in feite niks. Met kijken en ruiken. Zet je zintuigen open.'

SCHRIJVER EN SCHILDER JAN CREMER

'Het streven naar geluk moet geen obsessie worden. Trek het je niet aan als het eens tegenzit. Geef jezelf wat ruimte. Het is oké.'

KONING WILLEM-ALEXANDER, KERSTTOESPRAAK VAN 2019

Niet alleen de natuur trakteert ons op fraaie lichtshows: steeds meer steden brengen sfeer in de donkere dagen met lichtfestivals, zoals het bekende Amsterdam Light Festival en GLOW Eindhoven. Het oudste lichtfeest rond de kerstdagen is 'Gouda bij kaarslicht'. Kaarsenmaker Gouda Kaars vierde in 1958 zijn 100-jarig bestaan, en besloot dat luister bij te zetten door de vensters van het gotische stadhuis te verlichten met 1500 kaarsen. Het effect was zo sprookjesachtig dat al snel werd besloten er een jaarlijks terugkerende traditie van te maken. Op de tweede vrijdag van december worden om zeven uur 's avonds alle kaarsen ontstoken: niet alleen in het stadhuis, maar ook in de ramen van de historische huizen rondom de Markt. De enorme kerstboom die ieder jaar door Gouda's Noorse zusterstad Kongsberg wordt geschonken, heeft inmiddels ledverlichting, maar alle andere lichtjes op de Markt worden nog steeds met de hand aangestoken.

Hoewel er veel is om van te genieten, zijn de Nederlandse wintermaanden natuurlijk geen aaneenschakeling van fraaie zonsondergangen en gezellige lichtfeesten. Het grijze wolkendek en het gebrek aan zonlicht kunnen sommige mensen neerslachtig maken. Deze winterdepressie (in het Engels nogal toepasselijk SAD genoemd: *Seasonal Affective Disorder*) wordt veroorzaakt doordat je lichaam minder vitamine D en meer melatonine aangemaakt. Dit maakt je niet alleen slaperig maar ook lusteloos, somber én hongerig. Dat de winterblues serieus wordt genomen, blijkt uit het feit dat er aantal ziekenhuizen is met een Polikliniek Winterdepressie, waar je een lichttherapie kunt volgen. Wat zou je zelf nog kunnen doen om je niet SAD te voelen?

- **Kom in beweging** Een van de meest effectieve manieren om de winterdip te bestrijden is sporten. Dat hoeft heus geen rondje provincie te zijn: wanneer je tussen de 15 en 30 minuten per dag gemiddeld tot intensief beweegt (fietsen, wandelen, crosstrainer) maak je al een aardige dosis endorfine aan. Dit 'gelukshormoon' maakt blij en tevreden, en prikkelt het energieniveau. Samen sporten is nóg leuker: dan heb je niet alleen extra gezelligheid maar ook een vriendelijke stok achter de deur.

- **Ga zingen** Bijna iedereen weet hoe fijn het is om in de file mee te zingen met de radio. Zingen doet iets met je: het lucht op, het maakt vrij, het laat alles stromen. Uit een onderzoek is gebleken dat van alle soorten muziek het luisteren naar zielige liedjes het

Ook bijzonder:
tijdens de feestdagen ligt rondom het stadhuis in Gouda een schaatsbaan, zodat je een romantisch rondje om het middeleeuwse gebouw kunt zwieren.

meest effectief is wanneer je uit een dip wilt komen: je voelt je gesteund en begrepen, en na een fikse huilbui kun je er weer helemaal tegen.

- ✦ **Durf te dansen** Het is geen toeval dat uitgerekend TikTok de jongeren door de lockdown heeft gesleept: dansen maakt vrolijk! Het overspoelt je lichaam met positieve hormonen en geeft een heerlijk gevoel van loslaten. Je zou het in je work-out kunnen integreren door bijvoorbeeld Zumba-klassen te volgen, maar dansen kan ook thuis. Zet je favoriete muziek op en laat je lekker gaan.

- ✦ **Bezoek een boekwinkel** Met een goed boek kun je alles even parkeren en opgaan in een andere wereld. Ook de boekwinkel zélf is een andere wereld. Veel winkels organiseren tegenwoordig niet alleen lezingen en signeersessies van bekende auteurs, maar ook lees- en kookclubs en debatmiddagen. Vaak is er ook een klein lunchcafé met biologische streekproducten. Een fijne, culturele plek waar je kunt afspreken voor een koffie en een broodje, en kunt grasduinen tussen de boeken en de tijdschriften.

Modeontwerper Bas Timmer (30) uit Enschede werd in oktober 2020 door het Amerikaanse TIME verkozen tot één van de tien Next Generation Leaders. Timmer is de ontwerper van de Sheltersuit, een warme jas waar je een slaapzak aan kunt ritsen. Na gebruik kun je ze samen oprollen tot een tas. De Sheltersuit is bedoeld om daklozen en vluchtelingen te ondersteunen in de wintermaanden. Timmer ontwikkelde ook een eenvoudiger variant: de Shelterbag. Inmiddels heeft hij samen met zijn naaiateliers al 12.500 gratis Shelterbags uitgedeeld aan daklozen in Europa en de Verenigde Staten, en aan vluchtelingen op de Griekse eilanden. Alle Shelterbags en -suits worden gemaakt van restmaterialen en zijn betaald uit donaties. Wil jij ook doneren? Ga naar www.sheltersuit.com

✦ **Doe vrijwilligerswerk** Mensen worden er aantoonbaar gelukkiger van wanneer zij een ander kunnen helpen. Vrijwilligerswerk is gezellig, het geeft voldoening en het is zelfs gezond: oudere vrijwilligers hebben minder kans op hoge bloeddruk en hun brein is in een betere conditie. Los van het feit dat het een positieve invloed heeft op je gemoed: vrijwilligers zijn hard nodig om allerlei verenigingen, sportclubs en sociale projecten goed te kunnen laten draaien. Zou jij bij jou in de buurt het verschil willen maken? Kijk voor de mogelijkheden op www.vrijwilligerswerk.nl, www.rodekruis.nl of www.ikwilvrijwilligerswerkdoen.nl

'Door te lezen kunnen we zelfs onder de meest strikte lockdown reizen; niet alleen naar andere plaatsen, dichtbij en ver weg, maar ook naar binnen. Lezen is veranderen. Lezen is je terugtrekken in een rijke, innerlijke tuin waar je je gedachten kunt ordenen en de connectie kunt hervinden met jezelf.'

SCHRIJFSTER
ELIF SHAFAK

DE KRACHT VAN KERSTMIS

Voor veel mensen is Kerstmis de gezelligste tijd van het jaar. Families komen bij elkaar, vrienden gaan samen aan tafel, kleine kinderen glimmen van trots dat ze in hun mooiste kleertjes (en met een paar vissticks) aan het grote-mensen-diner mogen meedoen. De feestverlichting in de stad, de uitbundige etalages, de kaarsen in huis – alles is even knus en sprookjesachtig. Ik houd ook van alle terugkerende activiteiten: dat je het lichtjessnoer wéér uit de knoop moet halen. Dat je misselijk wordt van de schuimkransjes. Dat gourmetten ieder jaar uitdraait op 'brood met saus eten totdat het vlees is verbrand'. Toch zou ik het niet anders willen. Het wordt nooit zoals de kerstcommercials op tv – daar stoppen de kinderen geen erwtjes in hun neus – maar het is helemaal perfect in al zijn imperfectie.

Kerst is die speciale tijd van het jaar waarin de altijd wat behoudend geklede Nederlander zich waagt aan een glitterdasje of paillettenjasje. In de afgelopen decennia is Nederland ontkerkelijkt, maar de kerstdagen

In het Nederlands Bakkerij Museum in Hattem kunnen kinderen in de kerstperiode leren hoe ze peperkoekmannetjes kunnen maken. Verkleed als een echte bakker gaan ze met deeg en specerijen aan de slag. Zo leuk dat je zelf mee wilt doen.

'De grootste kerstboom ter wereld' is de Gerbrandytoren in IJsselstein, beter bekend als Zendmast Lopik. Met zijn 367 meter is dit niet alleen de hoogste toren van Nederland: in de wintermaanden wordt hij met extra kabels en 120 grote ledlampen omgetoverd tot een stralende kerstboom, zichtbaar vanaf de A2, A12 en A27. Licht in de duisternis!

worden uitbundiger gevierd dan ooit. Er is ieder jaar wel iemand die cynisch opmerkt dat de kernboodschap van 'vrede op aarde' is veranderd in 'vreten op aarde' maar daar zou ik tegenin willen brengen dat samen aan tafel gaan een van de meest verbindende dingen van het leven is – zeker na zo'n verschraald coronajaar. Het is tegenwoordig zo moeilijk om alle agenda's op één lijn te krijgen dat er vaak een datumprikker aan te pas moet komen, maar tijdens de kerstdagen komt iedereen als vanzelf bij elkaar. Nou ja – niet helemáál vanzelf, want er is altijd wel enige discussie over wie op welke dag waarheen gaat, maar naar goed gebruik wordt dat polderend opgelost. Samen praten, koken, lachen, spelletjes doen – en dan uitbuiken, zodat er weer ruimte komt voor een nieuwe ronde van oma's chipolatapudding, kerststol en musketkransjes. Heerlijk!

KERSTUITJES (een woord dat ik altijd lees als kers-tuitjes)

- Steden met een historische binnenstad hebben dé perfecte achtergrond voor sfeervolle winterfeesten. Zo organiseert Deventer ieder jaar in december het Dickens Festijn, waarbij 950 karakters uit de boeken van Charles Dickens tot leven komen; van Oliver Twist en Ebezener Scrooge tot de Christmas Carol Singers. Het 19e-eeuwse decor is prachtig aangekleed, en ruikt naar gepofte kastanjes, *gingerbread* en cider.

- Kerstmarkt Dordrecht is de grootste kerstmarkt van Nederland. Overal in het romantisch verlichte centrum en langs de iconische binnenhavens vind je gezellige kraampjes, gospelkoren en glühwein. Er is ook een Kersttheater en een levende Kerststal met dieren die de kleintjes mogen aaien.

- In december wordt het historische Vrijthof in Maastricht onder de naam Magisch Maastricht omgetoverd tot een flonkerend kerstdorp met een schaatsbaan en een reuzenrad, Limburgse stoofpotjes én het Huis van de Kerstman. De Sint heeft op 6 december zijn hielen nog niet gelicht, of daar arriveert de Kerstman per trein op het Centraal Station. Daarna trekt hij in een sprookjesachtige optocht met zijn elfjes naar het Vrijthof, waar hij zijn intrek neemt in het Huis van de Kerstman.

Als je iets meer verstilling zoekt, kun je je laten betoveren door een heel andere Zuid-Limburgse kersttraditie: de *kribkeswandelingen*. In het katholieke heuvelland vind je op veel plaatsen langs de provinciale binnenwegen nog kleine Mariakapelletjes. Deze weg- en veldkapelletjes worden van advent tot Drie Koningen aangekleed met (al dan niet verlichte) *kribkes*, Limburgs voor kerststalletjes. Tussen deze kapelletjes zijn mooie winterwandelingen uitgezet, waar je op sommige plaatsen een warm drankje of een streekgerecht kunt krijgen. Kijk voor de routes op www.kribkes.nl

‘Ik ben ervan doordrongen wat een enorm geluk het is hoe wij nu leven in Nederland. Met alle mitsen en maren, besef ik toch altijd dat dit een paradijs is, vergeleken met veel andere plekken op de wereld.’

ACTRICE LINEKE RIJXMAN

Het Duitse opinieblad *Focus* heeft in 2020 een onderzoek gedaan naar 577 steden over de hele wereld om te bepalen waar Duitsers die wilden emigreren het beste zou kunnen gaan wonen. Criteria waren luchtkwaliteit, woongenot, infrastructuur, veiligheid en gezondheidszorg. Op de eerste plaats eindigde de Zuid-Koreaanse stad Incheon en op de tweede plaats… Den Bosch. Ik vond het een beetje jammer dat de gezellige Brabantse volksaard én de Bossche bol niet in de pluspunten waren meegenomen, maar toch: een fraaie tweede plaats voor 's-Hertogenbosch. Brabant scoort sowieso goed, want in de top-20 van fijne steden vinden we ook Eindhoven en Tilburg (plus Rotterdam en Almere). Over Den Bosch gesproken, de kerststal in de Sint Jan wordt gezien als de meest indrukwekkende van Nederland: grote, levensechte figuren die jou te midden van vele kerstbomen en levende dieren meenemen op een reis door het kerstverhaal. Het 'stallekes kijken' is een Brabantse traditie op Tweede Kerstdag, dus om de drukte te vermijden kun je beter op een andere dag de Sint Jan bezoeken.

Sinds jaar en dag ervaar ik de kerstdagen als een periode waarin ik een soort van heimwee krijg, ook al ben ik thuis. Het begint meestal met de boom. Zodra ik die neerzet, denk ik: 'Is het nú alweer zover?' Maar ik denk ook aan die ene december waarin mijn broer en ik de (toen nog échte) kaarsjes in de boom stiekem hadden aangestoken, waarna we onze ouders wakker moesten maken met de mededeling: 'Eh, de kerstboom staat in brand.' Ik moet ook denken aan de kerstboomverbrandingen van mijn jeugd, waarbij we één lootje per aangesleepte boom kregen. Dat hele evenement vonden we zó spannend: de jacht op de bomen, het grote vuur, de loterij, de prijzen. Inmiddels zijn kerstboomverbrandingen op veel plaatsen afgeschaft. Fijnstof, weet je wel. Aan de ene kant begrijpelijk, maar ergens ook jammer: alles moet tegenwoordig door-en-door veilig zijn. Al zijn er natuurlijk goede redenen te bedenken (zie mijn eigen stunt) waarom een kerstboom geen echte kaarsjes meer mag hebben.

Maar los van het feit dat de feestdagen mij sowieso een beetje melancholiek maken, voelde ik het twee jaar geleden nog eens extra. Dat was de eerste Kerst zonder mijn vader. Het jaar daarvoor belde ik hem vanuit Florida om hem een gelukkig nieuwjaar te wensen. Twee weken later was hij er niet meer. Het werd lente, het werd zomer, het werd herfst. Ik heb in mijn tuin een boom voor hem geplant waar heel vaak dezelfde merel in zat te zingen. Het hele jaar vielen er veertjes voor mijn voeten; daarvan zegt men dat het berichtjes zijn van boven. Eerlijk gezegd geloof ik daar niet zo in, maar ik wílde het zo graag geloven. Op een gegeven moment pakte mijn leven het weer over: ik had mijn gezin, mijn kinderen, mijn werk, mijn agenda. Soms zag ik een mooie hemel als ik met de hond liep te wandelen, zo'n wolkenpartij waar zonnestralen achter vandaan schieten. Dan vroeg ik: 'Hé pap, ben je daar?' En dan liep ik maar weer door.

Maar met de feestdagen sta je juist stil. Je mist een bord aan tafel. Zijn vertrouwde plek bleef leeg. Ik heb geprobeerd een kerststalletje te maken zoals hij dat vroeger altijd deed: met rotspapier, en een spiegeltje onder het mos als drinkplaats voor de schapen. Hij plaatste ook altijd ergens een piepkleine wc 'omdat de herders ook naar het toilet moesten' – tot hilariteit van mijn kinderen. En over mijn kinderen gesproken: Emma was dat jaar voor de allereerste keer met Kerst niet bij ons. Ze was met haar Australische vriend naar Melbourne. Dat is natuurlijk van een heel andere orde dan het verlies van mijn vader, maar toch: we misten toen dus twee borden aan tafel. Ouders die overlijden en kinderen die uitvliegen – het is nu eenmaal de *circle of life*. En toch wilde ik dat ik nog één keer op de schouders van mijn vader kon zitten, kijkend naar dat grote kerstbomenvuur, de lootjes verwachtingsvol in mijn handen.

AFTELLEN NAAR HET NIEUWE JAAR

Het jaareinde is een uitgelezen moment om een brief aan jezelf te schrijven. We weten tegenwoordig allemaal hoe we een goede selfie moet maken, maar een goed gesprek met jezelf, eerlijk en zonder filters, is ook een verdraaid nuttige vaardigheid. Het kan je helpen om je gedachtes en ervaringen op een rij te krijgen en het jaar op een positieve manier af te sluiten. Schrijf bijvoorbeeld eens op wat er goed ging en wat je in het nieuwe jaar wilt blijven doen. Wat ging er minder goed en hoe denk je dat te kunnen bijsturen? En misschien wel de belangrijkste vraag: waar ben je dankbaar voor? Mensen die regelmatig opschrijven waar ze dankbaar voor zijn, blijken optimistischer en meer tevreden in het leven te staan. Zijn er personen die jij dankbaar bent? Laat ze dat dan weten. Het is natuurlijk heel makkelijk om na middernacht zo'n *to all*-appje eruit te gooien met de beste wensen voor je hele adresboek, maar het geeft meer voldoening wanneer je de belangrijke personen in je leven een persoonlijk berichtje schrijft met een boodschap uit het hart. Of stuur ze een *good old* kerstkaart met een handgeschreven tekst over iets moois wat jullie samen hebben meegemaakt. Dat vindt iedereen leuk om te krijgen.

'Er wordt al twintig jaar geroepen dat mensen steeds hufteriger worden, maar ik constateer dat mensen juist veel beleefder geworden zijn. Ja, op sociale media wordt flink gescholden, maar face to face zijn mensen doorgaans ontzettend aardig.'

ETIQUETTEDESKUNDIGE BEATRIJS RITSEMA

Het zou zomaar kunnen dat de Nederlandse oliebol de moeder is van alle doughnuts. Aan het schilderij 'Vrouw met schaal oliebollen' van Albert Cuyp (ca 1652, Dordrechts Museum) kun je zien dat oliebollen – of oliekoeken, zoals ze destijds ook wel werden genoemd – in de loop der eeuwen nauwelijks van uiterlijk zijn veranderd. Oliebollen werden in de 17e eeuw gebakken in raapolie, waarbij het moeilijk garende middelste deel werd gevuld met rozijnen, kaneel, gember en gehakte amandelen. Nederlandse immigranten namen de *olykoeken* mee naar New Amsterdam, het huidige New York, waar ze veelvuldig werden gebakken. Ook de moeder van de Amerikaan Hanson Gregory maakte ze graag. Toen hij in 1847 op het schip waar hij werkte zelf oliebollen

probeerde te bakken maar steeds met het ongare midden bleef zitten, besloot hij een gat in het deeg maken: de doughnut was geboren. Volgens de Amerikanen lag de *Dutch olykoek* hieraan ten grondslag, maar de Duitsers zijn ervan overtuigd dat hun Berliner bol de ware *Mutti* van alle doughnuts is. Nu lijkt een Berliner bol eerlijk gezegd méér op een doughnut dan een oliebol, maar je weet wat ze zeggen: de feiten mogen een goed verhaal niet in de weg staan.

Het afsteken van consumentenvuurwerk is een relatief jonge Nederlandse traditie. Siervuurwerk was iets voor feestelijke, officiële gelegenheden; voor de gewone man was het veel te duur. Dat veranderde in de jaren zestig van de vorige eeuw, toen vuurwerk opeens in groten getale geïmporteerd kon worden en daarmee steeds goedkoper werd. Ik kan erg genieten van mooi vuurwerk; samen met onze kinderen hebben Richard en ik heel wat vuurpijlen de lucht in geschoten. Helaas werd het vuurwerk ieder jaar zwaarder, de schade groter en het letsel ernstiger. Per 1 december 2020 werden vuurpijlen en knalvuurwerk verboden. Hoewel ik het knalvuurwerk zeker niet zal missen, vind ik het jammer dat ook de vuurpijlen in de ban zijn gedaan. Je stond altijd zo gezellig buiten met de buurtjes, en voor de

'Lichtpuntjes: soms zijn ze groot, soms zijn ze klein. Je hoeft ze niet te zoeken, je kunt ze ook zijn.'

TOON HERMANS, CABARETIER, ZANGER, KUNSTSCHILDER EN DICHTER (1916-2000)

kinderen was het reuze spannend. Maar gelukkig hebben we de sierpotten nog. En feit is: oogartsen, traumachirurgen, brandweer én politie zijn erg blij met de maatregelen, en ook onze huisdieren kunnen opgelucht ademhalen.

De Nederlandse Nieuwjaarsduik op 1 januari is veruit de grootste nieuwjaarsduik van de wereld: maar liefst 60.000 mensen springen op verschillende plaatsen door heel Nederland in het steenkoude water, waarvan de meesten in Scheveningen. Het idee om op de eerste dag van een nieuw jaar in de zee te springen, komt oorspronkelijk uit Canada. Daar heet het de Polar Bear Plunge en ook in Nederland wordt het soms 'ijsberen' genoemd. Het Nederlandse gebruik begon in 1960 toen een zwemtrainer met een paar vrienden in de Noordzee dook. Waarom de Nieuwjaarsduik uitgerekend in Nederland is uitgegroeid tot zo'n groot evenement is niet helemaal duidelijk. Ik vermoed dat het een combinatie is van uitwaaien en uitdossen: de 'nuchtere' Nederlander is altijd te porren voor een ludieke verkleedpartij.

Sinds 1998 worden alle Nieuwjaarsduiken gesponsord door Unox. Deelnemers krijgen niet alleen de welbekende oranje muts maar ook erwtensoep en oliebollen. De tv-beelden

Het lukt slechts 8 procent van de Nederlanders om zich aan zijn of haar goede voornemens te houden. Misschien helpt het om je voornemens niet zo strak af te kaderen. In plaats van: 'Ik móet dit jaar meer gaan bewegen – minstens iedere dag een uur!' zou je tegen jezelf kunnen zeggen: 'Ik ga proberen om dit jaar meer te gaan bewegen – alles wat ik doe is winst.'

van duizenden goedgemutste mensen die over het brede strand bij Scheveningen de zee in rennen, gaan ieder jaar de hele wereld over. Ook Nederlanders die in andere landen een Nieuwjaarsduik willen starten, worden door Unox van mutsen voorzien. Inmiddels kun je al op meer dan dertig plaatsen – van Australië en Hongkong tot Tanzania en Colombia – hordes oranje mutsen het water in zien rennen. Da's nog eens culturele expansie!

'In het leven en in de kunst
moet men elke dag opnieuw beginnen.'
LOUIS COUPERUS

'Nederland' betekent letterlijk het lage land; grote delen van ons land liggen onder zeeniveau. Schiphol ligt bijvoorbeeld 4,5 meter onder NAP. Het laagste punt van Nederland vind je in een weiland in de Zuidplaspolder bij Nieuwerkerk aan den IJssel: 6,76 meter onder NAP.

De winter omvat uiteraard méér dan dennenappels met kaneelgeur en stiltewandelingen. Zeker in de eerste dagen van januari, als de euforie van de feestdagen is weggezakt en de kalende kerstboom zonder veel ceremonie de deur uit gaat, kun je enorm de behoefte voelen om éven iets anders te doen. Een paar suggesties.

- **Indoor skydiving** Laat alles van je afglijden met een 'vrije val' boven een gigantische windturbine – een fantastisch gevoel. City Skydive Utrecht heeft twee tunnels die 300 km per uur blazen, en Indoor Skydive Roosendaal heeft één tunnel van 250 km, maar mét de keuze voor een *virtual reality* bril, zodat het net lijkt of je parachutespringt boven Dubai of Hawaii.

- **Escape rooms Kasteel Huys ter Horst** Als je zin hebt om te griezelen, kun je naar de spannende escape rooms in de ruïnes van Kasteel Huys ter Horst. De donkere middeleeuwse gangen en kerkers zijn niet voor de poes: twee ontsnappingen zijn voor 15 jaar en ouder, en een route is 18+. Leuk om te weten: met de opbrengst van de activiteiten wordt het kasteel gerenoveerd.

- **Kleiduivenschieten** Nadat onze kinderen Emma en Alec hun eindexamen hadden gehaald, hadden

wij als familie enorm de behoefte een en ander van ons af te schieten. Bij kleiduivenschieten lanceert een werpmachine kleine aardewerken schoteltjes die je moet zien te raken. Ik kan uit eigen ervaring zeggen: het lucht verrassend op. Je krijgt er een instructeur bij, plus een veiligheidsbril en oordoppen.

✦ **Onderwater haaien voeren** Bij Deltapark Neeltje Jans ligt het Bluereef Aquarium Zeeland, waar je in een wetsuit met duikbril en snorkel verschillende soorten haaien mag voeren door middel van een voertang. Voor mensen met stalen zenuwen! Je kunt ook een winterse 'zeesafari' langs de stormvloedkering boeken, en de Delta Experience: een indrukwekkende 4D-animatie die je de verwoestende kracht van het water laat ervaren.

In de nacht van 31 januari op 1 februari 1953 werd Nederland getroffen door een van de grootste natuurrampen uit haar geschiedenis. Door een combinatie van stormvloed en springtij kwamen grote delen van Zeeland, Zuid-Holland en Noord-Brabant onder water te staan. De Watersnoodramp eiste 1836 levens; meer dan 100.000 mensen verloren hun huis en 165.000 hectare land kwam onder water te staan. Al snel viel de beslissing: *dit nooit meer*. De Watersnoodramp was het startschot van de Deltawerken: een ingenieus systeem van dijken, polders, sluizen en waterkeringen.

De Deltawerken zijn inmiddels nauw verbonden met de Nederlandse identiteit. Wij zijn trots op ons waterbeheer en de bijbehorende technische innovaties, die van Nederland de best beschermde delta ter wereld hebben gemaakt. De Deltawerken zijn overigens nooit af: door de klimaatverandering zal Nederland altijd alert moeten blijven. De strijd *tegen* het water is echter veranderd in een meer harmonisch leven *met* het water. De Nederlandse expertise is vandaag de dag zo groot, dat baggeraars en wateringenieurs over de hele wereld dijken en waterkeringen aanleggen, en betrokken zijn bij grote landaanwinningsprojecten, zoals de palmeilanden van Dubai. De Deltawerken zijn door de *American Society of Civil Engineers* uitgeroepen tot een van de zeven moderne wereldwonderen. De twee kroonjuwelen zijn de beroemde Oosterscheldekering en de Maeslantkering.

De Oosterscheldekering in Zeeland is de grootste stormvloedkering die ooit is gebouwd. De aanleg van deze imposante constructie heeft tien jaar geduurd. De kering is 9 kilometer lang en bestaat uit 65 kolossale pijlers. Daartussen hangen schuiven van 42 meter lang en 6 tot 12 meter hoog. Bij een waterstand van 3 m boven NAP gaat de kering dicht; dit gebeurt gemiddeld één keer per jaar. De Oosterscheldekering is gebouwd om een hoogwaterniveau te weerstaan dat statistisch één keer in de 4000 jaar voorkomt.

De Maeslantkering in de Nieuwe Waterweg beschermt Rotterdam tegen overstromingen. Ze bestaat uit twee gigantische deuren van 22 meter hoog en 210 meter breed, die bij een zeer hoge waterstand

Boven op de Oosterscheldekering ligt een tweebaansweg waar de Nationale Kampioenschappen Tegenwindfietsen plaatsvinden. Wanneer een storm met windkracht 7 of hoger wordt verwacht, worden de deelnemers drie dagen van tevoren ingelicht. Het wedstrijdparcours beslaat de 9 kilometer van de kering, waarbij je tegen de wind in moet fietsen op een fiets met terugtraprem, zonder versnellingen.

naar elkaar toe draaien. De holle deuren vullen zich met water en zinken af naar de bodem. De Maeslantkering is volledig computergestuurd en wordt ook wel 's werelds grootste robot genoemd. De sluiting van de kering is een spectaculair gezicht en trekt vaak publiek.

Wanneer je in Amerika vertelt dat je uit Nederland komt, is er altijd wel iemand die zegt: 'Ah, het land van Hans Brinker, het jongetje met zijn vinger in de dijk!' De grap is natuurlijk dat wij dat kind niet kennen; het is geïmporteerde folklore. *Hans Brinker en de Zilveren Schaatsen* was een zeer populair Amerikaans kinderboek van de schrijfster Mary Mapes Dodge. Nadat het in 1865 voor het eerst was gepubliceerd, werd het al snel een groot succes. *Hans Brinker en de Zilveren Schaatsen* omvat verschillende verhalen rond de jonge Nederlander Hans Brinker uit Broek in Waterland, die een schaatswedstrijd wil winnen om een dokter voor zijn zieke vader te kunnen betalen. Eén van de verhalen die Hans in het boek vertelt, gaat over de Held van Haarlem: een naamloos jongetje dat een dijkdoorbraak had weten te voorkomen door zijn vinger in de dijk te steken.

In het collectieve geheugen werd het in de loop der jaren Hans Brinker zélf die de heroïsche redding had gedaan, en met name Amerikaanse toeristen begonnen te vragen waar zijn standbeeld stond. Er is toen onderzoek gedaan of er ooit ergens rond Haarlem sprake is geweest van een dreigende dijkbreuk, en daarbij stuitte men warempel op een voorval uit 1646 in Spaarndam, waarbij de 13-jarige Johannes Brincqer betrokken zou zijn geweest. Was hij de Held van Haarlem? We hebben besloten van wel. En dus staat er sinds 1950 op de

Woerdersluis in Spaarndam een heus standbeeld van Hans Brinker dat erg populair is bij toeristen. Op de plaquette staat in het Nederlands (én in het Engels, uiteraard): 'Opgedragen aan onze jeugd als een huldeblijk aan de knaap die het symbool werd van de eeuwigdurende strijd van Nederland tegen het water.' Toen Madurodam in 1952 opende, kreeg Hans Brinker ook daar een prominente plek. Inmiddels staat hij in het buitenland symbool voor onze Deltawerken.

De provincie Zeeland draagt al sinds het jaar 1586 de wapenspreuk Luctor et Emergo: ik worstel en kom boven. Deze wapenspreuk is ontstaan na de overwinning op de Spaanse overheersing, maar sinds de Watersnoodramp staat hij meer symbool voor de overwinning op het water.

VAART HOUDEN, ZWIEREN!

Nederlanders houden van wintersporten. Het hoeft maar even te sneeuwen of iedereen blijkt een slee te hebben en hup, daar gaan we al van de dijken af. Het gebrek aan bergen heeft ons er niet van weerhouden enthousiaste skiërs te worden: ieder jaar vertrekt in februari een grote stoet Nederlanders richting de populaire skigebieden. Skiën is ontspannend en sportief, maar veel Nederlanders gaan óók voor de Pisten Party. Het après ski van weleer is uitgegroeid tot carnaval on ice, en Hollanders gaan graag voorop in de polonaise. We vinden het zelfs zo leuk dat we er thuis mee doorgaan: zo kun je in de Après Skihut Rotterdam 365 dagen per jaar Pisten Party vieren. Skiën doen we thuis ook, in SnowWorld Terneuzen en SnowWorld Rucphen, waar je trouwens ook kunt ijskarten: een coole vorm van karten waar het niet zozeer om de snelheid draait als wel om het driften op ijs. En dan is er natuurlijk SnowWorld in Landgraaf: met vijf afdalingen en zeven liften een van de grootste overdekte skipistes ter wereld. Er is zelfs een officieel FIS-racecircuit beschikbaar, zodat er WorldCup en Europacupwedstrijden kunnen plaatsvinden. Maar ook als 'gewone' skiër kom je aan je trekken. Toen mijn kinderen kleiner waren, vond ik het erg leuk om met ze naar SnowWorld te gaan.

Wat voor weer het buiten ook is: opeens zit je midden in de sneeuw, in een Berghütte en kaasfondue.

Maar hoe graag de Nederlander ook gaat skiën – het is niets vergeleken bij onze nationale liefde voor het schaatsen. Koning Willem-Alexander heeft Máxima niet voor niets al schaatsend op de bevroren hofvijver van Huis ten Bosch ten huwelijk gevraagd. Nederland is plat en weids en we hebben veel water; de ideale condities voor een winterwonderland van sfeervol natuurijs. Schaatsen is zoals het leven zelf: je moet even doorbijten om het te leren, durven vallen en weer opstaan totdat je vertrouwen krijgt in je slag. Vanaf dat moment glijd je, nee – vlieg je over het ijs met het heerlijke, ritmische *kkrrsj, kkrrsj* geluid onder je voeten. Op de schaats ervaar je Nederland als nooit tevoren: de serene polders met hun bevroren rietpluimen, de stuifsneeuw in de vennen – het is een landschap als een schilderij. Ik vind het ook altijd geweldig om kleine kinderen op het ijs te zien; de wangetjes rood, en de wanten met een touwtje door de mouwen van hun jas.

Het Nederlands IJsbeelden Festival brengt ieder jaar 40 internationale sneeuw- en ijskunstenaars naar De IJsselhallen in Zwolle. Daar creëren zij uit 275.000 kilo sneeuw en 275.000 ijs prachtige, metershoge sculpturen. In De IJsselhallen is het uiteraard heel koud, maar geen nood: je kunt er genieten van allerlei warme winterkost.

In het begin van de jaartelling werd er al geschaatst op rendierbeenderen die onder de voeten werden gebonden. Deze botschaatsen bleven in gebruik tot er rond het jaar 1200 iemand in

de Lage Landen op het idee kwam om ze van hout te maken met een metalen glij-ijzer eronder. Deze 'iserene scoe' (ijzeren schoen) bracht een schaatsrevolutie teweeg: nu kon je opeens écht schaatsen, afzetten, zwieren en vaart maken. Er zijn trouwens nog steeds glij-ijzers te koop die je om je schoenen kunt binden met klittenband. Je schaatst er zó mee weg, ze zijn heel handig voor kinderen en beginnende schaatsers.

In de 'kleine IJstijd', tussen de 17e en 19e eeuw, was het 's winters vaak kouder dan nu, waardoor de populariteit van het schaatsen een enorme vlucht nam: glijdend over de bevroren grachten, sloten en plassen kon je niet alleen snel reizen, mensen vonden het ook erg leuk om te doen. Op de beroemde winterlandschappen van de schilders uit de Gouden Eeuw zie

'Leven is schaatsen over een nacht ijs. Sta erbij stil en het is gebeurd. Vaart houden, vaart houden. Zwieren.'

THEO BAKKER, SCHRIJVER, DICHTER, SPORTJOURNALIST

Het schaatsmuseum in Hindelopen heeft een grote, historische collectie van verschillende soorten schaatsen door de eeuwen heen, en een Elfstedenzaal met attributen uit iedere editie.

'Waar wordt er nu een evenement georganiseerd dat niet doorgaat?'

WIEBE WIELING, VOORZITTER VAN DE KONINKLIJKE VERENIGING DE FRIESCHE ELF STEDEN, BLIJFT HOPEN OP EEN ELFSTEDENTOCHT

Willem-Alexander, toen nog prins, reed in 1986 onder de naam W.A. van Buuren de Elfstedentocht. Tot op de dag van vandaag, wanneer hij in vol ornaat is – zoals bijvoorbeeld bij de inhuldiging van de Japanse keizer in 2019 – draagt hij naast al zijn medailles, linten en erekruizen het kruisje van de Elfstedentocht fier op zijn borst.

je allerlei schaatstaferelen: vrolijk volksvermaak waarbij arm en rijk, jong en oud gebroederlijk door elkaar zwieren. Schaatsen was de grote gelijkmaker; er werden wedstrijden georganiseerd waar iedereen aan mee kon doen en waar je fikse prijzen mee kon winnen. Er kwamen ook ijsjachten en ijsschuiten waarmee de handel in de winter gewoon kon doorgaan.

Aan het einde van de 19e eeuw ontstonden de ijsclubs, die op steeds professionelere wijze parcoursen uitzetten en competities organiseerden. De schaatswedstrijden trokken erg veel publiek, en dat doen ze nog steeds. De successen van schaatsiconen en volkshelden Ard Schenk en Kees 'Keessie' Verkerk vormden in de jaren zestig van de vorige eeuw hét begin van de Oranjegekte tijdens sportwedstrijden. Ik herinner me nog goed hoe zelfs mijn nuchtere vader vroeger opgewonden alle rondetijden bijhield op het invulschema van de krant. Samen op de bank naar 'het schaatsen' kijken is één van mijn favoriete jeugdherinneringen. Inmiddels kan Nederland bogen op een heleboel winnaars van wereldbekers en olympisch goud, die bij ieder toernooi worden toegejuicht door het schaatsgekke Oranjelegioen. Mét dweilorkest, uiteraard.

En dan is er natuurlijk nog de Elfstedentocht – de Tocht der Tochten. Een uitputtingsslag van bijna 200

De Sven Kramer Academy biedt een toegankelijk lesprogramma waarbij kinderen tussen de 4 en 12 jaar spelenderwijs een goede schaatstechniek leren. De olympisch kampioen zelf en zijn team bieden ook schoolschaatsen aan. Het is de ultieme droom van Sven dat ieder kind voor zijn of haar twaalfde jaar minimaal één keer het plezier van schaatsen heeft ervaren.

'Hoe meer mensen zich erbij voelen horen, hoe groter de kracht om er gezamenlijk iets moois van te maken. Laten we deze tijd gebruiken om dat gevoel te verstevigen; dat zorgt voor liefde en een enorme kracht.'

SCHRIJVER EN OUD-POLITICUS JAN TERLOUW

kilometer op natuurijs langs de elf Friese steden met stadsrechten. Voor het houden van de Elfstedentocht is een minimale ijsdikte van 16 centimeter op de gehele route verplicht, vanwege de vele deelnemers, toeschouwers en de motoren op het ijs. Dat betekent dat het heel lang heel koud moet zijn, en dat is het helaas al sinds 1997 niet meer zo geweest. De laatste Elfstedentocht werd gewonnen door Henk Angenent, marathonschaatser en spruitjeskweker – hoe Nederlands wou je het hebben. Je kunt de Tocht ook wandelen of fietsen, het is een prachtige route door het Friese landschap. Maarten van der Weijden heeft hem zelfs gezwommen!

Maar iedereen blijft hopen op een échte Elfstedentocht, die in ons collectieve geheugen is uitgegroeid tot een cultureel fenomeen van welhaast mythische proporties: De Hel van '63, de IJsmeesters, de rayon-hoofden... zodra het begint te vriezen komt alles weer voorbij. De Elfstedenvereniging is overigens ieder jaar paraat, want stél dat het doorgaat – dan moet je binnen de kortste keren tienduizenden mensen op de schaats hebben staan.

Zal het er ooit nog van komen? Een Elfstedentocht brengt het hele land samen, dus het is leuk om er met z'n allen van te dromen. Of, zoals ze in Friesland zeggen: 'Iedere dag die voorbijgaat, is een dag dichter bij een nieuwe Elfstedentocht.' Mijn dochter Emma is geboren in 1998, mijn zoon Alec in 2000 – zij kennen de Tocht der Tochten alleen van horen zeggen. Iedere generatie zou het een keer mee moeten kunnen maken.
Toen het in 2009 zo hard had gevroren dat we vanuit Muiderberg over het IJmeer naar de haven van Muiden konden schaatsen, waren Emma en Alec helemaal onder de indruk van de magie van het natuurijs: je ziet de wereld écht vanaf een andere kant. Maar of er nu wel of geen Elfstedentocht in het verschiet ligt, *it giet oan* (Fries voor: het gaat beginnen) geldt eigenlijk voor iedere dag. Er is in Nederland nog zoveel te zien, zoveel te beleven. Zoveel geluk, dicht bij huis.

UITWAAIEN PER PROVINCIE

WEBSITES

APPS

REGISTER

VERANTWOORDING

AFBEELDINGEN

Het copyright op de afbeeldingen berust bij de onderstaande rechthebbenden:

p. 17 Christa Bruggenkamp
p. 27 Peter de Wit
p. 40 Stichting Flevo-landschap
p. 118 Warren Gregory/Fraser McIlwraith
p. 122 Maurice Savage/Alamy Stock Photo
p. 204 Joyce van Belkom/Hollandse Hoogte
p. 213 Bart Hoogveld/ANP
p. 228 SOPA Images/Getty Images
p. 230 Aad Hoogendoorn/Stedelijk Museum Schiedam
p. 273 Hans de Kort
p. 278 Frans Lemmens/Alamy Stock Photo
p. 308 Platvorm/Mike Bink Fotografie
p. 328 Paul van Riel/Hollandse Hoogte/ANP
p. 332 Dmitry Kostyukov/The New York Times/ANP
p. 352 Robin Utrecht/ANP
p. 358 Tobias Kleuver/Hollandse Hoogte/ANP
p. 396 Yvette Kulkens Photography

CITATEN

p. 18, p. 58, p. 180 citaten Phil Bosmans: Je leeft map. 18, p. 58, p. 180 citaten Phil Bosmans: *Je leeft maar één dag vandaag*, Lannoo, 1990.
p. 48 citaat Rutger Bregman: 'Vertrouwen is het water waarin we zwemmen' door Julika Marijn, *Happinez*, 2020.
p. 53 citaat Frank G. Bosman: 'Ratrace op pauze' door Marie-Therese Roosendaal, *De Telegraaf*, 23 mei 2020.
p. 72 citaat Joop Alberda: *Bewegen. Het Nieuwe Normaal*, 23 mei 2020.
p. 81 citaat Jochem Myjer: 'Adem in, adem uit', Oerol, juni 2019.
p. 87 citaat Typhoon: *Zomergasten*, VPRO, 19 juli 2020.
p. 91 citaat Wim Hof: *The Goop Lab*, Netflix, 2020.
p. 109 citaat John Green: *The Fault In Our Stars*, Penguin, 2012.
p. 110 citaat Marcel Wanders: www.brainyquote.com.
p. 112 citaat Joy Delima: 'De kicks voor niks van Joy Delima' door Machteld van Gelder, *NRC* Handelsblad, 29 juli 2020.
p. 124 citaat Anton Corbijn: 'Q&A with Anton Corbijn', *CNN*, 3 oktober 2006.
p. 130 citaat Taco Dibbits: 'Kunstgrepen' door Michiel Kruijt, *de Volkskrant*, 22 mei 2020.
p. 142 citaat Ronald Giphart: 'Cultuur', *Zin*, 2020.
p. 152 citaat Pieter van den Hoogenband: *XTR Gids*, 4 april 2020.
p. 153 citaat Jetze Plat: *Elsevier*, juli 2020.
p. 163 citaat Duncan Laurence: 'Ik ben op de wereld gezet om muziek te maken over wat ik voel' door Robert van Gijssel, *Volkskrant Magazine*, 11 juli 2020.
p. 167 citaat Lidewij Edelkoort: 'Niet iedereen is klaar voor de grote reset' door Jeroen Junte, *Volkskrant Magazine*, 3 oktober 2020.
p. 168 citaat Sanne Wallis de Vries: www.citaten.net.
p. 175 citaat Leo Vroman: www.citaten.net.
p. 177 citaat Jalou Langeree: 'In de mix: weer en wind' door Tanja Spaander, *VROUW magazine*, 25 juli 2020.
p. 179 citaat Sevdaliza: 'Als een komeet' door Aybala Carlak, *Volkskrant Magazine*, 5 september 2020.
p. 184 citaat Claudia de Breij: 'Mooi ben je eigenlijk zeg', *NRC Het Blad*, september 2020.
p. 187 citaat Eugene Rhuggenaath: 'Er is ook zoveel dat in Nederlands voordeel kan werken' door Kees Broere, *de Volkskrant*, 2 juli 2020.

p. 192 citaat Dirk de Wachter: 'De kunst van het ongelukkig zijn' door José Rozenbroek, *Happinez*, 2020.
p. 198 citaat Oprah Winfrey: 'Oprah's Next Act', *Vogue*, augustus 2018.
p. 205 citaat Lévi Weemoedt: *Flora en Trauma*, uitgeverij Plint, 1994.
p. 208 citaat Ben van Berkel: 'Building bridges' door Marlies Dekkers, *#FeminineFeminist*, februari 2020.
p. 211 citaat Nan Goldin: www.azquotes.com.
p. 213 citaat Shantie Jagmohansingh: 'Dat werd tijd: Rotterdam is erkend als wereldstad', *Trouw*, 7 april 2014.
p. 219 citaat Wim Pijbes: 'Stop de verpietering van het park' door Wim Pijbes, *Elsevier*, 6 juni 2020.
p. 227 citaat Ahmed Aboutaleb: 'Stop de verpietering van het park' door Wim Pijbes, *Elsevier*, 6 juni 2020.
p. 256 citaat Freddy Heineken: www.quotes.nl.
p. 258 citaat Ali B.: 'Mijn succes heb ik volledig te danken aan zelfontwikkeling' door Nathalie Huigsloot, *Volkskrant Magazine*, 15 mei 2020.
p. 298 citaat Ruut Veenhoven: 'Geluk wordt vaak gekocht met wat blauwe plekken', *Quality of Life*, 12 april 2016.
p. 333 citaat Rushemy Botter en Lisi Herrebrugh: 'The end of plastic: Eco-fashion becomes catwalk reality', *Fashion United*, 27 september 2018.
p. 337 citaat Serena Verbon: 'Meer influencers kiezen voor duurzaam, al blijft fast fashion populair', *NOS*, 24 februari 2019.
p. 343 citaat Kelly Weekers: *Happy Lifehacks 365*, Kosmos Uitgevers, 2019.
p. 345 citaat Irene van Lippe-Biesterveld: Dag van de Stilte, 15 oktober 2020.
p. 349 citaat Babette Engelgeer: 'Wandelcoach Babette Engelgeer vertelt waarom (en hoe) je mindful moet wandelen', *Linda.nl*, 21 oktober 2020.
p. 351 citaat Jan Cremer: 'Het leven is een ontdekkingsreis, houd je ogen open', *Fokus Lifestyle*, september 2020.
p. 355 citaat Elif Shafak: 'When words take wing', *Harper's Bazaar*, augustus 2020.
p. 360 citaat Lineke Rijxman: 'Blij tegen de klippen' door Herien Wensink, *Volkskrant Magazine*, 10 oktober 2020.
p. 366 citaat Beatrijs Ritsema: 'Ik houd er helemaal niet van anderen de maat te nemen' door Evelien van Veen, *de Volkskrant*, 18 juli 2020.
p. 369 citaat Louis Couperus: www.quoteverbs.com.
p. 379 citaat Theo Bakker: *Toch daagt het weer*, De Beuk, 1999.
p. 380 citaat: Wiebe Wieling: Citatenpuzzel 2019, *Trouw*, 2019.
p. 382 citaat Jan Terlouw: 'Jongens, pik het niet meer, want het is jullie toekomst' door Nathalie Huigsloot, *de Volkskrant*, 16 mei 2020.

BIBLIOGRAFIE

Alfabetisch op titel artikel/boek.

'7 redenen waarom vrijwilligerswerk je gelukkiger én gezonder maakt', *Het Laatste Nieuws*, 2019.
'15-jarigen lezen slechter dan leeftijdsgenoten', *Het Parool*, 3 december 2019.
'Al dat thuiswerken speelt burn-outs in de kaart: hoe voorkom je dat je opgebrand raakt?', *de Volkskrant*, 31 augustus 2020.
'Algemene schaatsgeschiedenis' door Marnix Koolhaas, www.sportgeschiedenis.nl, 25 februari 2018.
'Biggest artwork in the world hits The Netherlands; Dubbed 'Sistine Chapel of Rotterdam', *The Huffington Post*, 2 juni 2014.
'Bij digitale gesprekken mis je de subtiele signalen' door Ykje Vriesinga, *NRC Handelsblad*, 3 juni 2020.
'Can art really make you happier?', theculturetrip.com, 12 juli 2017.
'Coastal populations healthier than those inland', University of Exeter Medical School, 2012.
'Coronacrisis glijdt (nog) van ons af', interview met SCP-onderzoeker Josje den Ridder door Bart Dirks, *de Volkskrant*, 10 september 2020.
'Cross-cultural differences in temperament: Comparing paternal ratings of US and Dutch infants', Eric Desmarais, Mirjana Majdandžić, Maria A. Gartstein, David J. Bridgett & Brian F. French, *European Journal of Developmental Psychology*, 24 juli 2017
'Dutch Moms Shared 13 Secrets to Raising a Happy Child', brightside.me.
'Dutch parenting secrets' door Lauren Wellbank, parentology.com, 26 juli 2019.

'Een kantoor is geen lab' door Dewi Gigengack, www.denieuwedraai.nl.
'Exploring temperamental differences in infants from the USA and the Netherlands', Jimin Sung, Roseriet Beijers, Maria A. Gartstein, Carolina de Weerth & Samuel P. Putnam, *European Journal of Developmental Psychology*, 17 juli 2014.
'Fietsen is groen, gezond en voordelig', rapport TNO, Ingrid Hendriksen en René van Gijlswijk, 2010.
'Five surprising ways art can make your life better', seasideart.com, 22 december 2017.
'Geschiedenis Langebaan in Nederland', www.schaatshistorie.nl.
'Gezonde kamerplanten' door Jacqueline Leenders, *Groener Wonen*, 2020.
'Het is officieel: de Nederlandse man is gemiddeld het langst' door Caroline Kraaijvanger, www.scientias.nl, 26 juli 2016.
'Homohaat: laat diversiteit geen taboe zijn in lesboeken', *de Volkskrant*, 22 mei 2020.
'How the world donates', *Giving Magazine*, december 2019.
'I spent 7 years studying Dutch parenting – here are 6 secrets to raising the happiest kids in the world', *CNCB*, 25 juli 2019.
'Ik wilde af van mijn koopdrang' door Lizette van Loenen, *VROUW Magazine*, 2020.
'Is this the next big wellness trend?', item over het Nederlandse koe-knuffelen, *BBC Health*, 16 juli 2020.
'Kantoortuin en productiviteit: slechtste combinatie ooit', www.timemangement.nl, 2020.
'Leven is geluk, 7 rijke inzichten uit het boeddhisme' door Hidde Tangerman, *Happinez*, 2020.
'Monitor Brede Welvaart & Sustainable Development Goals', rapport CBS, 27 mei 2020.
OESO Beter Leven Index Levenstevredenheid.
'Moodfood: de invloed van voeding op psychische gezondheid', www.nedkad.nl.
'Nederland nummer 1 in onderzoek naar welzijn van kinderen', Report Card 16, UNICEF, 3 september 2020.
'Nederlandse pubers best tevreden', *de Volkskrant*, 19 mei 2020.
'Nederlandse vrouw is blij', www.hetmoederfront.com, 11 maart 2010.
'Next Generation Leaders' door Bas Timmer, *TIME*, oktober 2020.
'Oppeppers voor je gezondheid' door Anne Piek, *Psychologie Magazine*, 2020.
'Raus aus Deutschland: Das sind die zehn besten Städte der Welt für Auswanderer', *FOCUS*, 10 september 2020.
'Schaatsen is de enige echte Nederlandse volkscultuur', www.kunst-en-cultuur.info.nu.nl.
'Science Says Listening To Sad Songs Can Make Us Happier' door Chris Haigh, www.lifehack.org, 14 oktober 2020.
'Slechte slaap: een probleem voor de volksgezondheid?', rapport van het Trimbos Instituut, RIVM en Hersenstichting, 2018.
'Stimuleer dat kleuterbrein', *Psychologie Magazine*, 2020.
'Stress in de stad' door Judith Rauch, www.eoswetenschap.eu, 20 november 2019.
'The History of the Doughnut' door David A. Taylor, *Smithsonian Magazine*, maart 1998.
'The simple Dutch cure for stress: uitwaaien', *Nautilus Magazine*, 8 november 2019.
'Thuiswerken voorbij de coronacrisis' door Marc van den Eerenbeemt, *de Volkskrant*, 24 juni 2020.
'Thuiswerken', *de Volkskrant*, 5 juni 2020.
'Zet acteurs zonder podia in voor covid-leesoffensief', *de Volkskrant*, 2 juni 2020.
Gary Ferguson, *De acht grote lessen van de natuur*, VBK Media, 2019.
Brené Brown, *De moed van imperfectie*, A.W. Bruna, 2013.
R.A. Baer, *Oefenen in geluk*, Uitgeverij Nieuwezijds, 2014.
Thomas Hurka, *The best things in life, a guide to what really matters*, Oxford University Press, 2011.
Mark Manson, *The Subtle Art of Not Giving a F*ck*, Harper Collins, 2016.
Sue Stuart-Smith, *Tuinieren voor de geest*, De Bezige Bij, 2020.
European Social Survey.
Tuinmonitor 2020, WOLF-Garten.
World Happiness Report, 2013.
World Happiness Report, 2020.

NOTITIES